总策划／邢涛　主编／龚勋

DISCOVERY BOOK

勇敢者探秘系列

最不可思议的

世界未解之谜

The reading

Series

ARTTIME

时代出版

时代出版传媒股份有限公司

安徽科学技术出版社

一个个无法解释的神秘事件 ……

当今世界，科学技术日新月异，人类已经开始大量使用先进的技术手段和发达的科学设备，对前人未曾涉足的领域进行了大规模探索和考察。通过上至宇宙空间、下达海洋深处的不懈探索，人们从各个方面解开了从前无法解释的各种神秘现象和自然奥秘。

然而，尽管如此，人类对大自然的探索历程仍未止步。在广阔的世界中，还有太多扑朔迷离的谜团尚待破解：茫茫宇宙中，难道真的存在UFO吗？各种突发的神秘大火、爆炸又是怎么回事呢？大自然里，各种动植物之间的"生存交易"又是如何进行的呢？一夜之间突然消失的城市和人类文明究竟是怎么回事呢？还有，海洋中真的生活着美丽、善良的美人鱼吗？……这些无法解释的神奇现象，总像一个面罩轻纱的少女，不断地向人们闪现朦胧而神秘的面庞，不停地刺激着人们充满疑惑的大脑，吸引着人们去寻找事实的真相。

本书秉承科学、严谨的态度，精心收录了人类历史进程中的众多神秘事件，经过查证、筛选，最后编写而成。全书总共分为6章，每一章各介绍了一个探索领域：从神秘的太空魅影到骇人的魔鬼地域，从难解的人类谜团到惊世的人间悬案，从疯狂的自然异象到惊悚的生物秘闻，其中还涉及神鬼异说等玄秘内容。

本书的每一章都包含了若干个主题，这些主题以精彩的故事见长，以离奇的情节取胜，其中还有大量罕见而又精彩的图片，这些都将带给读者强烈的视觉冲击和文字享受。精彩的叙述方式、巧妙的图片解说，旨在向读者们展示出一个最真实、最玄妙、最摄人心魄的大千世界。亲爱的读者朋友们，你还等什么？赶快翻开下一页，一起去感受冒险的刺激，一起去经历探索的乐趣，一起去探寻这些未解之谜的惊人真相吧！

目录] CONTENTS

1 神秘的太空魅影

2 骇人的魔鬼地域

3 难解的人类谜团

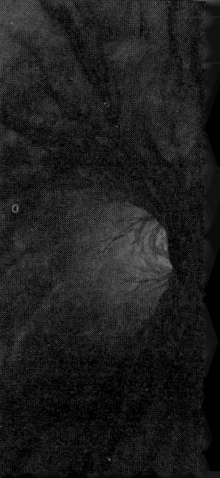

5 疯狂的自然异象

4 惊世的人间悬案

6 惊悚的生物秘闻

MYSTERIOUS ......

1 神秘的太空魅影

　　无边无际的宇宙空间充满神秘，总是带给人无限的遐想。那些行踪诡秘、忽隐忽现的UFO也总是吸引着人们去探索外星智慧生物的有无。让纽约瘫痪的UFO大火球是什么？惊动比利时的高空魅影来自何方？如果有外星人，他们在地球上建立了多少基地？他们又为什么要绑架地球人类……翻开这一章，一系列与地外生命相关的神秘事件会一一展现在你的面前，它们将带你步入时空隧道，去发掘人类文明以外的精彩。

神秘飞行器 "游览" 月球

夜晚，明月当空，人们喜欢坐在院子里欣赏皎洁的明月。然而，你是否知道，这轮看似普通的月亮上隐藏着许多不为人知的秘密？

早在1540年，就有月球观测者指出，在月球的表面出现过明亮的光斑和一些不规则的小点。这些光斑和小点在停留几分钟或几小时后就会神秘消失。这一发现，引起了科学家的强烈兴趣。

随着科技的发展，在宇宙中进行月球探测成为可能。1968年11月24日，"太阳神"8号太空船在调查将来的月球登陆地点时，遇到了一个巨大的神秘飞行器。这个飞行器的面积大约有2.6平方千米，周身闪着光芒。但是，当"太阳神"8号沿着月球表面绕行第二圈的时候，这个巨大的神秘飞行器就突然消失了。之后不久，"太阳神"10号太空船也在距离月面上空16000多米的地方，发现一个不明飞行物载着长相奇异的生物奔向月球。

这些不明飞行物到底是什么东西？它们与之前人们观察到的月球表面的光斑、小点有什么关系呢？

1969年7月16日，"阿波罗"11号飞船载着3名美国宇航员尼尔·阿姆斯特朗、埃德温·奥尔德林和迈克尔·柯林斯发射升空，开始了人类首次登月之旅。

但是在出发后没多久，飞船上的宇航员就遇到了一些怪事。他们发现飞船后面跟随着一些"闪亮的光球"，这些"光球"以同样的飞行轨迹跟随着"阿波罗"11号一路飞行。宇航员立即将观测到的情况汇报给休斯敦地面控制中心，控制中心的工作人员十分震惊和担忧。一些官员认为，这一定是美国"太空争霸"的最大对头——苏联玩的"肮脏把戏"。有些人甚至认为，苏联为了挫败美国的登月计划，用火箭秘密发射"太空鱼雷"跟踪"阿波罗"11号，试图将其炸毁在太空中。

然而，事情并不是这么简单。当"阿波罗"11号飞抵月球轨道后，它装载的"鹰"号登月舱载着阿姆斯特朗和奥尔德林在月球表面登陆。当时，他们一边在月球表面行走，一边向地面控制中心汇报他们的情况。数百万观众也通过电视直播听到了他们的声音。

人们发现，宇航员的汇报听起来有些怪，汇报说："我看到了许多小陨坑，有的直径为6～15米。在离我们登月舱800米外的地方，显然有一些轨迹，看起来就好像是一辆坦克留下的一样。我们无法确定这些轨迹是怎么形成的……"突然，人们听到无线电中传来了类似火车头或电锯发出的尖锐的混合声。阿姆斯特朗更换了一个频道继续对地面控制中心说："我想知道这儿到底发生了什么！"

地面控制中心急忙问："怎么了？那儿有什么事不对头吗？"

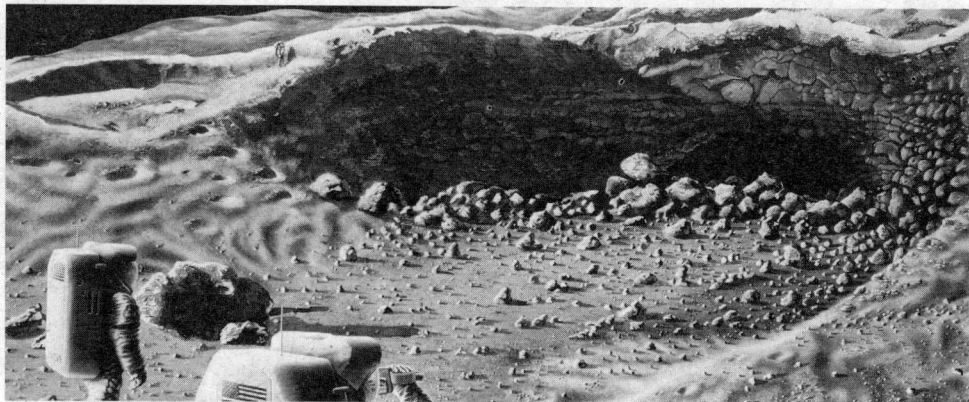

科学家介绍，月球上的阿里斯塔克斯环形山、柏拉图环形山、格里马尔迪环形山、开普勒环形山、哥白尼环形山和第谷环形山等都是出现光斑和小点比较频繁的地方。所以，这些光斑和小点可能与火山运动有关，而与外星人无直接关系。

"阁下，那儿有许多大东西！老天，它们真的非常大！它们在大陨坑的另一头，它们正在月球上看着我们到来……"

没有人知道阿姆斯特朗后来说了什么，因为控制中心已经迅速切换到了安全通讯频道，防止阿姆斯特朗后来说的话被全世界听到。

多年后，阿姆斯特朗的助手回忆说："3个UFO（不明飞行物）曾逼近到距他们的飞船（"阿波罗"11号）只有1米远的地方。当他们乘坐登月舱降落到月球表面时，他们看到，在陨石坑的边缘，停着3个直径为15～30米的UFO！"阿姆斯特朗等3名宇航员的奇异经历证明，跟踪"阿波罗"11号的不是苏联发射的"太空鱼雷"，很有可能是UFO。而之前太空船发现的不明飞行物也与之类似。

根据以前资料显示，月球上发现的UFO最常见的行为就是沿着月球表面绕行，而且速度很快，所以人们曾经推测这些UFO和人类的太空船一样，只是想探测月球。但是，也有一种观点认为，这些UFO的控制者在守卫月球。他们根据阿姆斯特朗等人的经历认为，这些UFO的控制者在密切监视人类的探月行动，似乎担心人类的探月活动影响到他们。

当然，这些只是猜测，也许还有很多种可能。随着科学探索的深入，相信有关月球的一个个谜团终有一天会被揭开。

现身二战的神秘UFO

1943年，第二次世界大战的硝烟仍然弥漫全球。10月14日，根据反法西斯同盟军（简称"盟军"）的统一部署，美国和英国的战机奉命攻击施韦因富特，那是一个拥有全欧洲最重要的滚珠轴承厂的德国城市。根据预定计划，美国和英国所有担当此次攻击任务的战机统一向施韦因富特进发。可是，当美、英的战机编队到达目标上方，准备发动进攻的时候，意想不到的事情发生了。

驾驶B-17型轰炸机的英国少校霍姆斯发现在自己的战机编队附近出现了一些发亮的大"圆盘"，它们的大小与一架B-17型轰炸机差不多。"圆盘"的飞行速度很快，而且逐渐向美军的战机编队靠近。这些"圆盘"从容地穿梭于美军的战机编队中，似乎对美军战机机群的700门疯狂扫射的机关炮以及地面上无数高射炮组成的火网并不在意。此时，美军飞行员也发现了这些奇怪的"圆盘"，不禁心生疑惑，不知道它们到底是从哪里来的。但是，由于这些"圆盘"只是单纯地穿梭于美军的战机编队之中，或者尾随其后，无意进攻，所以美军飞行员没有对其发起进攻，也没有第一时间把这件事报告给总指挥部。

突然，德国的歼击机群出现了，美军士兵全力以赴投入战斗。德军这次投入了3000多架飞机，第一次成功突破了美英盟军轰炸机的密集队形（每70架飞机组成一个方阵）。空战一开始就进入了白热化阶段，双方都陆续有战机被击落。

在这场激烈的空战中，盟军取得了最终的胜利。但是，他们的损失却相当惨重：其中，有111架歼击机被击落，将近600架轰炸机被击伤。而德国军队只损失了300架飞机。

这场可怕的战斗结束后，霍姆斯少校的战机侥幸得以平安返回基地，他下飞机的第一件事，就是向皇家空军统帅部递交了一份详细报告。报告中提到了他在战斗初期发现的神秘飞行"圆盘"。英国的军事专家和科学家们对报告的内容非常感兴趣，但是又迷惑不解，他们猜测，神秘的飞行"圆盘"可能是德国人研制出的新型

美军情报部门早在1942年就开始对二战中的UFO进行调查。但是鉴于这些不速之客没有对美军构成太大的威胁，所以美军对这一调查并不十分积极。

秘密武器，因为飞行"圆盘"刚巧在德国飞机到来前10分钟出现。

然而，事情远没有这么简单。3个月后，英国情报部门汇报说，奇怪的"圆盘"跟德国空军以及世界上任何一个国家的飞机都毫无关系，因为德军也曾以为这些"圆盘"是盟军派出来的。

1943年12月18日，从11时45分起，德国设在黑尔戈兰岛以及汉堡、维滕贝尔格和诺伊施特雷利茨市的雷达站相继发现了一大群圆筒形物体，这些物体以每小时3000千米的速度静静地从空中飞过。虽然德国空军拥有当时世界上飞行速度最快的飞机——时速925千米，但是，这一速度和"圆筒"的飞行速度相差甚远。德军指挥官们一想到这些魔鬼般的空中"圆筒"可能是盟军投入战斗的新武器时，心中就不寒而栗。

由此可见，德军也不知道这些神秘的"圆盘"或"圆筒"到底是什么。而更让军方担心的是，这些神秘的物体经常出现在德军和英军的军事基地上空，人们不知道它们的目的究竟是什么。

1944年9月29日，德国最大的秘密试飞基地正在检验一架Me-262型飞机。在1.2万米的高空，飞行员发现一艘奇特的飞船，这艘飞船呈纺锤形，没有机翼，但是有舷窗和金属天线。据德国飞行员估计，飞船长度超过B-17型飞机。这艘飞船以大约2000千米的时速从基地上方掠过，德国喷气式战斗机尽管超高速飞行，也没有能够截住它。这一事件，引起了德国军方的高度关注，德军将领认为这对将来德国的军事行动会构成重大影响。

无独有偶，在英国和美国也出现过类似的事件。1944年11月23日22时，美国空军第9军415大队的两架野马P-51型歼击机在美军设在英国南部的基地上空巡逻。突然，飞行员舒勒特和林格瓦尔德中尉惊慌地报告说，发现一个由10个明亮的大"圆盘"组成的飞行大队快速地掠过他们上空。两架野马式歼击机立即上仰，组成战斗队形想截住那些奇怪的"圆盘"。但尽管舒勒特和林格瓦尔德开足了马力，时速达730千米，两个飞行员仍觉得他们简直是在"圆盘"后面爬行。最后，他们不得不返回基地。

既然这些神秘的飞行物体不是战争双方的秘密武器，那么它们到底是什么呢？人们猜测，它们可能是来自外太空的不明飞行物—UFO。为此，各国军方都开始进行调查。

为了查证二战中的UFO事件，德国成立了"13号专门小组"。这个小组拥有第一流的专家和最先进的仪器，而且还调用了先进的飞机中队配合调查。与此同时，英国皇家空军也成立了一个由许多科学家和航天工程师组成的专门小组，一个受过专门训练并配有英国最先进飞机的拦截大队。而美国也投入到行物的调查当中。

但是，在当时的环境下，军方封闭了所有的调查线索。至于二战中是否真的出现了UFO，人们可能只有在所有的历史档案都解密之后才能知道。

使纽约瘫痪的UFO大火球

1965年11月9日晚上，纽约城像往日一样平静，人们忙碌而有秩序地在城市中穿梭着。然而，一个突如其来的事件却让整个城市几乎陷入瘫痪，连白宫的领导人也对此束手无策。当时的总统约翰逊彻夜未眠，更下令紧急战备部宣布全国处于紧急状态。而这一切，都起因于纽约上空出现的两个巨大的不速之客。

原来，正当人们享受夜晚的凉爽与祥和之时，纽约上空突然出现了一个大得令人瞠目结舌的"火球"，没有人知道它从哪里来，更没有人知道它到底是什么，这对汉考克机场的几位工作人员和其他目击者来说，绝对是一个新奇的事件。当时，航空局官员沃尔什刚从停在汉考克机场的飞机上走下来，他清楚地看到这个"火球"，并估摸它的直径有30米左右。只见它慢慢下降，随后在贴近纽约城的低空缓慢地飞行，好像是在巡视着什么。令人意想不到的是，几分钟后，天空中居然又出现了第二个大"火球"，同第一个一模一样。

汉考克机场的教官韦尔登·罗斯对这一情景也看得非常清楚。当时，他正驾驶着一架飞机向机场飞来，突然看到城市上空出现一个通红的大"火球"，起初他还以为是城里某处着了火。可是，过了一会儿，夜空中又出现了一个同样的大"火球"。这时，罗斯已经明白，这可不是什么房屋起火。那它们到底是什么呢？他和随行的控制论专家詹姆斯沉默了一会儿，突然一起惊呼：难道是天外来客！这个想法让两人目瞪口呆，而更让他们吃惊的是，过了几分钟，那两个"火球"又骤然离开地面，向高处疾速飞去，眨眼便消失在夜空中。

震惊之余，罗斯才意识到，他遇到了更大的挑战——机场竟然一片漆黑，飞机无法正常着陆。事实上，当时的纽约城已经陷入了黑暗之中。原来，自从第一个"火球"出现之后，整个纽约城的电器和电网的电压就开始急剧减弱，紧接着所有的灯光都熄灭了，城市中一片黑暗：不但广播停了、电视停了，在黑暗的隧道中，电梯则颤巍巍地停在了半空中……人们不知所措地奔跑着，道路堵塞，汽车相撞，混乱的局面简直无法想象。据统计，地铁和火车停驶，6万人被困其中，更有无数的人被关在电梯里等待救，有的砸开电梯的门爬往楼道，有的则只有在电梯中悲哀地等待……

这起停电事故持续的时间之长，可谓史无前例。罗斯驾着飞机在纽约上空盘旋许久，终于凭借自己的丰富经验让飞机安全着陆。他走下飞机做的第一件事，就是立即向指挥塔和上级沃尔什进行了如实汇报。而这时，这起莫名其妙的停电事故早已传到了华盛顿，惊动了白宫。总统约翰逊马上颁布命令，宣布全国处于紧急状态。那一晚，他一直守在电话机旁，每5分钟就向紧急战备部询问一次情况。

这次停电让纽约陷入一片混乱，因此受伤的人不计其数。医院的急诊室里挤得水泄不通，连疯人院里的床位也都被抢订一空。纽约的市民不知道发生了什么事，有人以为是敌国发动了闪电战，还有人以为是天外来客入侵了地球。真正的原因是什么呢？没有人能给出肯定的答案。

有关部门首先想到设备问题，难道是纽约电网出了故障？可是，纽约城以及周围的电网用的全是新设备，即使某处出现故障，也不可能造成如此大规模的停电。约翰逊总统当夜召开了紧急会议，下令联邦能源委员会组织专家调查、解决此事。然而，经过调查和研究，能源专家们也一筹莫展，根本无法解释这起罕见的突如其来的停电现象。他们对纽约的供电和控制系统进行了详细的排查研究，最终，他们一致认为，绝对不可能是线路或其他技术方面的问题。那到底是什么原因造成了这次停电呢？人们纷纷猜测，这是空中突然出现的巨大"火球"引起的。

事实上，第二天清晨，美国各家报纸就把昨晚出现在纽约上空的UFO（即大"火球"）说成是"罪魁祸首"。锡拉丘市的《先驱报》率先发表了目击UFO的报告，该报的记者明确指出，有人在克莱配电站附近亲眼看到奇怪的不明飞行物。接着，印第安纳州波利斯市的《明星报》也发表文章，罗列了一系列以前因UFO出现而发生的停电事件，进而该报总结："……答案只有一个：UFO在作怪……这应该是调查员们不能忽视的一个假设。"

有人猜测，使纽约瘫痪的巨大"火球"来自天外，是UFO在作怪，因为当日有多人称曾目睹UFO出现在纽约上空。

而事故发生后，各大发电站负责人以及能源委员会的负责人，也相继发表了声明。首先，美国东北部最大的发电公司经理查尔斯·普拉特先生向报界发表谈话："我们不知道用什么来解释这次事故。不过，可以说明的是，我们的线路没有断，发电机组没有毛病，保险器也没有发生特别故障。"

爱迪生电业集团的发言人同样表示这次停电事故非常奇怪，他说："大量的电能好像莫名其妙地被什么东西吸走了，仿佛整个电流都通入地球内部似的。我们无法作出任何解释。"联邦能源委员会主席约瑟夫·C·斯威德勒则垂头丧气地说："东北部的大停电事故，很可能永远也找不到答案。而且，谁也不能保证今后不会再发生类似的事情。"

这起事件引起了美国上下长期的争论，但最终不了了之。不过，据有关专家透露，他们经过长期的调查，认为只有一种解释：当时有一股强大的电磁波袭击了电路，瞬间产生了超高电，导致配电站设施被烧毁。

如今，许多研究证明，UFO的确有中断电流的本领，进而可导致汽车熄火、引擎停转、飞机导航仪以及无线电通讯不能正常工作。这些现象非常危险，特别对那些正处于航行中的飞机来说，可能是毁灭性的灾难。而对日常生活中的人们来说，因停电造成的交通堵塞、电梯停运等问题不但会给其生活造成困扰，而且可能会导致人们产生心理恐慌和心理疾病等。

地球惊现UFO着陆痕迹

天空中划过神秘的亮光，地面上出现离奇的烧焦痕迹……这一切究竟是怎么回事？难道这就是传说中的UFO？

1965年1月12日，在美国华盛顿州库斯特镇发生了一件奇怪的事情。当天晚上8时20分，镇郊的一位女农场主在回家的路上，忽然发现一道强光从天空中射来。起初，这名女农场主还以为是夜空中的一颗流星，但当她看清亮光后，发现这并不是流星，而好像是一个刺眼的白色光环。据这名农场主估计，这个光环的直径约为9米，光环顶部微呈拱形。四五分钟后，光环突然垂直升起，迅速地消失在了东北□□这一情景时，女农场主非常吃惊，立即报警。警方马上用无线电设备通知□□□留意夜空中出现的异常光环。

□□警官正好在华盛顿州边境地区巡逻。他接到通知后不久，便看到夜□□环降落在了远方的雪地上。但是，还没等他回过神来，那个神秘

据目击者报告，UFO的外形多呈圆盘状（碟状）、球状和雪茄状。20世纪以前，较完整的UFO目击报告竟然在300个以上。

当这名警官赶到光环曾经降落的雪地上时，发现在雪地上有一个圆形的印痕，其半径有3～4米，印痕下面的土地完全被烧焦。从这个圆圈出发，等距离出现了一行长约20厘米的椭圆形印痕，这些印痕到松树林前面便突然消失了。

后来，警方在雪地附近进行了大规模的搜查，但是除了地上的印痕外，没有其他线索。人们怀疑这是UFO留下的痕迹。

在德国，也有过关于UFO留下痕迹的报告。1974年5月的一天，一位德国科学家在中部地区进行考古研究的过程中，偶然发现草地上有一个圆形的印痕，而且印痕周围的土地明显被烧过。这名科学家无意间把指北针放进了这个圆形圈子里，结果奇怪的事情发生了：指北针竟然指向了南方。他重复试验多次，结果都是这样。为了详细研究这些圆形印痕，这名科学家准备提取附近的土样。这时，他惊奇地发现，这块土地不再吸水了。后来，经过专家鉴定，这块土地曾经承受过高电压。科学家们据此推测，这里很可能是一个UFO的着陆点。

这些圆形的印痕真的是UFO留下的吗？为了解决这一问题，俄罗斯的科学家组成了一个考察团，专门去调查和研究UFO的着陆地点。他们曾到一片古老而荒凉的山区进行调查，因为那里是最有可能发现神秘痕迹的地区。在一条林中大道旁边50米的草地上，他们发现了一处直径为8米的圆形印痕。科学家立刻用仪器进行探测，结果发现，这个圆形痕迹内有一个很强的磁场，其中含有一种对人体有害的放射性物质。科学家的实验结果更令人震惊：在圆形印痕内部，时间非常缓慢；而在圆形印痕外，时间明显加快；在离开圆形印痕20米以外的地方，时间则完全正常。在这次调查的最后，科学家还在空中发现了一个圆形的不明飞行物。它在低空盘旋，并向下方射出一道耀眼的光柱，大约1秒钟后，它就消失了。

虽然俄罗斯科学家在考察过程中并没有给出一个明确的结论，但是根据他们发现的线索和之前一系列有关神秘痕迹的报告可以看出，这些神秘痕迹的出现不是一个简单的自然现象，因为其中存在许多目前我们无法解释的环节。由于每一个异常痕迹附近几乎都发生过UFO目击事件，所以人们有理由相信，这些痕迹很有可能是UFO着陆时造成的。

外星人衣食揭秘

在法国康塔尔省克萨客高原上，有一个名为克萨客的小镇。1967年8月29日10时30分左右，在这个镇上的一个牧场里，十几头奶牛正悠然地吃着青草。13岁的弗朗索瓦·德伯什一边看守这些奶牛，一边陪9岁的妹妹安娜·玛丽玩耍。忽然，玛丽指着半空向哥哥惊叫："哥哥，你看，那边飞的是什么东西？"德伯什顺着玛丽指的方向望去，顿时惊呆了：半空中竟然有一个圆形怪物在盘旋，并且一点点地向他们靠近。那个怪物的形状极像一个巨大的面包，只是上面还发出耀眼的白光，并伴随着刺耳的轰鸣声。

"危险！快跑！"眼看着那个不明飞行物向他们飞来，德伯什拉着妹妹向远方的树林跑去。但是玛丽没跑几步就摔倒在地上。德伯什害怕得顾不上玛丽，一个人急忙躲到一棵大树的背后，并探出半个脑袋观看动静。只见那个怪物伸出3条腿（实际上是支架），稳稳地停在草地上，随即一阵热风迎面扑来。离怪物只有二十几米的玛丽害怕极了，坐在地上不停地哭。

这时，怪物的上方开了一道门，3名长相怪异的矮人从里面跳了出来。德伯什看到这3名矮人穿着银白色的连体衣，衣服上没有丝毫缝制的痕迹，也没有纽扣或口袋之类的东西，除了头部之外，矮人的身体都被这个连体衣包裹得严严实实。

3名矮人向玛丽走了过去。德伯什很担心妹妹，但是他被吓坏了，也不知道该怎么救她。只见那3名矮人走到玛丽面前，把手中的一面"镜子"对准她照了一会儿。1分钟后，那3个矮人就回到圆形怪物上，"嗖"的一声离开了。看到怪物离开后，德伯什赶紧跑到玛丽跟前，摇醒已经惊呆的玛丽。玛丽回过神来以后，大哭不止。

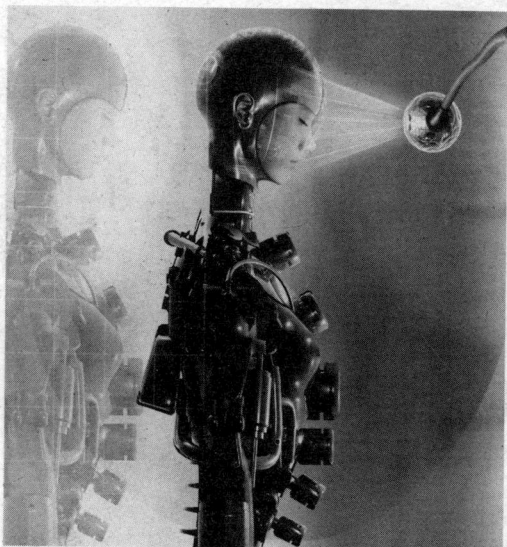

研究人员发现，有些外星人头上戴有一种类似头盔的装置。他们猜测，这个装置可能是一个自动语言翻译器，它可以帮助外星人与地球上的人类进行交流。

后来，德伯什把这件事情告诉了父母，他的父母起初以为他在撒谎。直到几个星期后，德伯什的父母看到了有关附近出现UFO的报道，这才相信德伯什和玛丽真的遇到了外星人，并把这件事告诉了警方。

根据德伯什的描述，警方认为他和妹妹见到的外星人与世界其他地方出现的外星人穿着非常相似，他们大都穿着光滑的连体衣，不同的是德伯什遇到的外星矮人把头露在了外面。

当然，外星人的穿戴并非只有这些，人们发现，在他们的着装中，还有许多不同寻常的配件。1957年10月16日，巴西圣弗朗西斯科河附近也出现了UFO，而且UFO内的外星人也走出了舱外。根据目击者的描述，这些外星人全身被连体衣包裹着，胸前都挂着一个金属十字架。1978年，人们在巴西又一次发现了外星人，这次外星人胸前挂着一个神秘的金属环。人们猜测，金属十字架和金属环可能是外星人的某种定位系统。

人们不仅对外星人的穿着好奇，对他们吃什么也很好奇。但就目前来说，人类对外星人的饮食习惯知之甚少。人们遇到的类似例子也只有一个。

1961年4月，在美国威斯康星州，当地的一个居民看到一个外星人走下了飞碟。他向这个目击者走来，并做出喝水的样子。目击者明白后，便给他倒了一杯水。喝完水后，他回赠给目击者一块饼。后来，专家对这块饼进行了研究，结果表明，这些饼的成分是地球上没有的。

许多年以后，人们意外地发现了外星人的尸体，并对尸体进行了解剖。人们希望通过研究外星人的消化系统来获得更多有关外星人饮食习惯的信息。专家指出，外星人的消化系统不同于人类，他们的消化系统非常复杂。遗憾的是，专家不能判断外星人的消化系统是如何构成的，所以也无法推测外星人的食物究竟是什么。

虽然世界各地都经常出现有关UFO和外星人的报道，但是，外星人对于人类而言仍然是个谜。外星人为什么穿着奇装异服？外星人到底吃什么？这些问题只能随着科学的发展一点一点地被揭晓。

许多人都听说过有关美人鱼的传闻，有些人猜测，这些神奇的美人鱼可能就是"海底人"。

奇异外星人栖身海底

千百年来，人们都认为人类是地球上唯一的智慧型动物，然而，随着UFO事件的频繁发生以及人类对"外星人"研究的深入，人们对这一想法产生了怀疑。

1938年，一群渔民正在爱沙尼亚的朱明达海滩上晒渔网。他们高兴地谈着各种打鱼的经历。忽然，其中一个渔民看到不远处的海滩上有一个从来没有见过的怪物。这个怪物长得有点像人，但与人又有明显的不同，他的嘴如同鸭子嘴一样扁平，而胸部却像蛤蟆。

这些渔民感到非常奇怪，其中几个胆大的准备靠近怪物，看看到底是什么东西。那个怪物看见有人靠近，便立即往海里跑。后面的渔民也跟着追，但是，始终没有追上。这个怪物猛地跳进了海里，然后消失得无影无踪。

据当时在场的渔民回忆说，这个怪物跑得很快，在后面追的渔民都无法看清他的双脚。后来，人们发现他留在沙滩上的脚印，就像硕大无比的蛤蟆掌。

根据渔民的描述，人们推测这个怪物可能生活在海中，因为他的样子一半像人一半像鱼。因此，人们称之为"海底人"。

有关"海底人"的案例并不止这一个。

1968年的一天，美国迈阿密城水下摄影师穆尼正在水下拍摄海底鱼类。突然，他看到了一个怪物。这个怪物的脸部像猴子，看上去好像有鳃囊；两眼像人但没有长睫毛，而且比人眼要大；两条前肢像猴子，但长满了光亮的鳞片，脚掌像鸭蹼。当时，那个怪物死死地盯着穆尼，吓得他心惊胆战。幸运的是，这个怪物并没有攻击穆尼，而是突然转身打开脚部的"推进器"飞快地游走了。

后来在接受采访的时候，穆尼说："我当时清楚地看见他足底有五个爪子，但我来不及把他拍下来，真是个大遗憾！"

1973年，在大西洋斯特里海湾，船长丹德尔·莫尼在航行时也发现了一个水下怪物。据他介绍，这个怪物形状像一艘"船"，长40～50米。当时，这个怪物正以每小时110～130千米的速度航行，并直奔丹德尔·莫尼的船而来。于是，丹德尔·莫尼立即下令船员做好防御准备，以抵挡怪物发起的进攻。然而，这个怪物并没有攻击他们的船，而是绕过这艘船，悄然离开了。

在这件事发生之后半年，北约组织和挪威的数十艘军舰在威恩克斯纳海湾又发现了一个被称为"幽灵潜水艇"的水下怪物。当军舰对这个怪物发起进攻时，他没有任何反应，而且没有任何受伤的迹象。当这个怪物浮出水面的时候，所有军舰上的雷达、无线电通讯装置全都失灵了，直到他消失后才恢复正常。

难道，浩瀚的大海深处真的存在"海底人"吗？他们到底从哪里来呢？为了解开这些谜团，科学家广泛搜集了有关"海底人"的资料，并进行了深入的调查和研究。

人们不仅多次目击"海底人"，而且还在海下发现过疑似海底城市的建筑。1958年，美国动物学家范伦坦博士来到巴哈马群岛进行观测研究。范伦坦博士是个深海潜水好手。在水下考察时，他在海底意外地发现了一些奇特的建筑。这些建筑是一些古怪的几何图形——正多边形、圆形、三角形、长方形，还有一些建筑组成了连绵数海里的笔直的线条。

后来，美国探险家特罗纳在巴哈马群岛海域也发现了一批奇特的建筑，这些建筑后来被称为"比密里水下建筑"。当时，人们猜测这些建筑是"海底人"用来采集石油和天然气的化工厂，也有人猜测这是"海底人"安置净化和淡化海水设备的场所，甚至还有人猜测这些建筑是"海底人"发电用的电磁网络设施。

此外，美国和英国的科学家还在大西洋约1000米的深海中发现了两座大型"金字塔"。这些"金字塔"像是用水晶玻璃建造的，其底座边长约100米，高约200米。于是，有人猜测，这些"金字塔"就是"海底人"居住的地方。

海底发现的这些神秘建筑进一步证实了关于"海底人"的猜测。如果地球上真的存在"海底人"，那么，他们到底是从哪里来的呢？

根据有关"海底人"的报道，以及在海底发现的神秘建筑群，一些科学家推测，这些"海底人"来自于外太空。首先，从外貌和体形上来说，他们与人类有很大的差异，而且他们喜欢生活在水里。其次，如果海底的神秘建筑群与这些"海底人"有关，那么他们一定有着高度发达的智商，而不是普通的鱼类或两栖动物。所以，他们很有可能是从外太空移居到地球的。

至于"海底人"为什么要移居到地球，科学家的说法不一。有些人认为他们为了寻找更适宜生存的环境而长居海底；另一些人则认为他们只是暂居地球，他们来到这里可能有着特殊的任务。这些猜测，使许多人对"海底人"有了更加浓厚的兴趣。

关于"海底人"的研究还在继续，随着科学的发展和调查的深入，相信谜底总有一天会被揭晓。

| 不怕枪击的外星人 |

1955年8月21日，在美国肯塔基州克利城郊的一个小农庄里，发生了一件匪夷所思的事情：人类向外星人开枪后，外星人竟然安然无恙。这是怎么回事呢？

在当天晚上大约7点的时候，农场主萨顿和他的家人刚吃完晚餐。萨顿的11个孩子正在客厅里嬉戏，而萨顿则在摆弄着自己的盆栽。这时，萨顿的朋友泰勒匆匆忙忙地赶来。

"萨顿，你知道我看到什么了吗？太不可思议了，我竟然看到了一个闪着亮光的飞碟。"泰勒上气不接下气地说。"开什么玩笑，你一定是眼花了，那肯定是流星！"萨顿对此不以为然，继续摆弄着他的盆栽。泰勒好像又想说什么，但是看到萨顿似乎并不相信他的话，也就不做声了。

半小时后，萨顿突然听到家里的狗不停地叫。不一会儿，他看到狗夹着尾巴跑进屋里躲了起来。萨顿觉得很奇怪，他叫上泰勒，走到院子里，看究竟是什么把狗吓成这样。突然，他们发现一个奇怪的发光体从田里走了过来，逐渐向他们靠近。当亮光走近的时候，他们清楚地看到，那是一个与人类长相不同的生命体：这个生命体全身不到1米，脑袋又大又圆；眼睛像铜铃那么大，而且发出黄色的光；双臂很长，几乎垂到了地上，手掌也很大；整个身体好像是由银色金属制成的。

萨顿和泰勒看到这样的怪物，顿时惊呆了。他们急忙跑回屋里，拿出了家里的枪，并在门口埋伏起来。当那个怪物距离大门仅6米时，萨顿和泰勒一齐开枪。枪响之后，那个怪物往后退了一步，停顿了一下，然后离开了。萨顿和泰勒长舒了一口气。但是，事情并没有结束，他们又看到了一个同样的怪物——也许就是以前的那个，他们也无法确定，只见那个怪物在玻璃窗外向屋里窥视。萨顿和泰勒急忙对准玻璃窗，扣动扳机，可那个怪物又消失不见了。

他们确信子弹击中了那个怪物，于是去寻找尸体。然而，当他们来到院子里时，第三个怪物又出现了，就站在院子里的一棵树上。萨顿和泰勒立即朝他开枪。枪声一响，那个怪物就从树上掉了下来，飘落到地面上，然后飞快地走了。很快，第四个怪物从屋顶上飘落下来，并直奔萨顿和泰勒而来，他们又开了枪。但是，与之前一样，他们本以为射中了那个怪物，可是那个怪物还是安然无恙地跑开了。萨顿和泰勒惊恐地意识到，这些怪物好像在跟他们玩捉迷藏，而他们手上的枪却对这些怪物一点威胁也没有。

由于这些怪物并没有做出任何想要伤害他们的举动，所以萨顿和泰勒停止了开枪。有意思的是，这些怪物看到萨顿和泰勒放弃了抵抗，也就神秘地消失了。这时已经是夜里11点了，萨顿和泰勒仍然感到不安，于是迅速到附近的霍普金斯维尔警察局报了案。

一个半小时后，警方派人来到了萨顿的家，开始进行详细的调查。警方对房屋、院子和周围的建筑物进行了彻底的搜查，结果却一无所获。

后来，人们猜测，这些怪物可能是外星人，他们身体上可能穿有防弹衣，或者他们本身就不怕子弹，所以才能在萨顿和泰勒的射击下安然无恙地逃脱，而且没有留下任何痕迹。

类似的枪击事件在巴西也发生过，但是，这次的当事人就不像泰勒和萨顿这么幸运了。

1967年8月13日，农场经理伊纳西欧悠闲地开车载着妻子玛利亚和5个孩子到附近的森林去野餐。一家人其乐融融地玩了一个下午。大约午后4点，当伊纳西欧一家回到农场的时候，他们惊奇地发现，家门口停着一个巨大的物体。这个物体直径超过30米，形状像倒置的洗面台。更令人吃惊的是，在伊纳西欧的家与这个巨大物体的中间，有3个长得有点像人的怪物在来回走动。

伊纳西欧完全不相信有关UFO的传闻，所以他根本没想到那3个怪物是外星人，他只把他们当成流浪汉之类的非法入侵者。为了驱逐他们，伊纳西欧把妻子和孩子藏到了安全的地方。他自己则拿着枪悄悄地朝那3个怪物走去。当他走到离怪物只有五六米远的时候，他扣动了扳机，一连射了好几发子弹。然而，让他意想不到的是，那3个怪物被射中后竟安然无恙，只是把目光聚焦在了伊纳西欧

深夜，外星人可能在人类的家门口窥视或者直接潜入人类的家，他们的行动如此肆无忌惮，也许是因为我们人类没有什么有效的武器可以对付他们。

身上。伊纳西欧有些害怕了，但他还是壮着胆又开了几枪。那3个怪物依然没有受伤，但显然被激怒了。其中一个怪物向伊纳西欧发出了一道绿光，径直射中了伊纳西欧的胸部，他立即倒下了。

等这些怪物离开之后，伊纳西欧立即被妻子送往医院。经过诊断，伊纳西欧胸口的确有灼伤，更不幸的是，医生告诉伊纳西欧，他患上了白血病。不久，伊纳西欧就离开了人世。

科学家认为，伊纳西欧的案件又一次证明，人类的射击对外星人没有任何作用。科学家通过对现场的勘察发现，即使目击者确信已经射中了外星人，但是，在外星人所站的位置附近没有发现任何子弹壳或者血迹之类的痕迹。由此可以判断，枪械之类的武器不能对外星人的生命构成威胁。

▎外星婴儿降落人间 ▎

1983年7月14日晚上8点左右，一个火红的发光体突然出现在了位于咸海东侧的索诺夫卡村。这个发光体光芒四射，将群山和村庄全都照亮了。当时，索诺夫卡村村民们都看到了这个发光体发出的耀眼光芒，一个个惊得目瞪口呆。

几秒钟后，空中突然传来一声巨响，似乎是什么东西爆炸的声音，这个爆炸声震动了附近的山谷。天空中的红光也随之变成了紫色。

得知这一离奇事件的消息后，苏联边防军立即派出军队对边界进行严密监视。当晚，附近的伏龙芝市也出动了3架军用直升机进行搜查。直升机强大的探照灯将索诺夫卡村一带照得亮如白昼。直升机在空中发现，在索诺夫卡村一片空地上有一堆冒着烟火的残骸。于是，当地军方立即派陆上搜查队对这片空地进行仔细搜查。没多久，士兵们便在空地上找到了紧急着陆的一个不明飞行物和一堆仍然烫手的黑色灰烬。

这一消息引起了伏龙芝市新闻界和军政当局的高度重视。苏联军队立即将索诺夫卡村和周围的山地封锁起来，进行详细调查。事发24小时后，有消息报道，在索诺夫卡村找到的不明飞行物和几个月前飞过苏联上空的一艘疑似宇宙飞船的东西十分相像。

7月15日晚上10点，一支苏联部队进驻索诺夫卡村，并在该村东南4千米的一个山谷里驻扎了下来。不久，他们又得到消息，一个牧羊人在草地周围又看到一个不明物体从空中掉了下来。两架直升机立即奉命赶往出事地点。

与此同时，附近军区的佐尔达什·埃马托夫上校也乘车赶到现场进行实地调

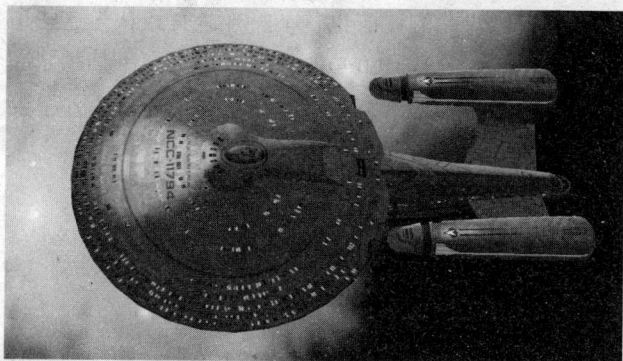

专家推测，外星婴儿降落到地球的原因可能有两种：一种是UFO意外失事，另一种是外星人故意把外星婴儿带到地球，看他们是否能够适应地球上的生活。但是，大多数人还是倾向于第一种原因。

查。佐尔达什上校在现场看见了一个椭圆形的金属物体。这个金属物体的长、宽、高均在1.5米左右。它的下部有短而粗的支架，上部有一扇紧闭着的门。军事专家经过测试，认为这个金属物体内没有炸弹。于是，佐尔达什上校下令打开这个金属物体的大门。大门刚一打开，只见一个婴儿躺在里面。他呼吸缓慢，似乎在熟睡。为了弄清楚这个婴儿的来历，军方把婴儿连同这个金属物体一同抬到了位于伏龙芝的研究中心。

研究人员仔细检查后发现，虽然这个婴儿长得很像地球人，但是跟地球人却有明显的不同。他的手指和脚趾之间有蹼，而且眼睛是紫色的。X光透视结果显示，这个婴儿的肌肤结构与正常人一样，但是心脏特别大。此外，他的大脑活动比地球上的成年人还要频繁。

一位看护这个婴儿的护士介绍说："这个婴儿可能有1岁的样子，体长0.66米，体重11.5千克。他没有头发、眉毛和睫毛，好像没有长眼皮。他不哭也不笑，但很聪明，在给他换衣服时，他能够配合得很好。他最感兴趣的是一个闪光铝片制成的机械玩具，也许是因为这个玩具像他所乘坐的飞船吧。"

此后不久，军方发言人对新闻记者介绍说："种种迹象表明，这个婴儿是一个外星婴儿，是一架失事的UFO在紧急时刻释放出来的，那个承载婴儿的金属物体十分平稳地着陆了。我们认为这个金属物体是一个太空急救系统，所以孩子并没有受到伤害。"

发现外星婴儿的消息引起了全世界的关注，人们希望从这个婴儿身上了解更多有关外星人的资料。但不幸的是，他在降临地球一年后就突然得病死去了，给人们留下了许多疑问。

后来，在巴西，人们又一次发现了外星婴儿。那是在1988年7月14日，人类学家波顿·史皮拉在巴西的原始森林里发现了"一个被遗弃的外星婴儿"。据波顿·史皮拉介绍，这个外星婴儿年龄在14~16个月，他与人类婴儿有点相似，但是，他的耳朵呈尖角形，双眼无色，而且鼻子像管子。据说，这个婴儿后来被带到阿诺里市以南的一个军事机构接受研究。至于研究结果如何，我们还无从知晓。

关于外星婴儿的报道还有很多，人们对此的说法也各不一样。有人认为这些事件纯属捏造；有人则认为，既然世界上有许多关于UFO的报道，那么由于某种原因导致外星婴儿降落人间，也不是没有可能的。如果有一天，你也发现了一个外星婴儿，你会作何反应呢？

罗斯韦尔的外星人尸体

1947年7月5日夜晚，在距离美国新墨西哥州罗斯韦尔小镇120千米的福斯特牧场下起了一场罕见的大雨，风啸雨注，雷鸣电闪。电光闪现下，一幢木板房在风雨中飘摇。49岁的农场主麦克·布拉索尔就住在这里。突然，夜空发出一阵巨响，大地颤抖了。布拉索尔心里嘀咕："这阵雷声可不一般，我的房子都要晃倒了。"

第二天早晨，天气晴朗，布拉索尔惦记羊群在夜间是否受到雷击伤害，就早早地起来，前往1千米开外的牲畜圈查看情况。他刚走出不远，一块块发光的碎片映入他的眼帘。这些碎片既不像金属的，又不像塑料的，质地异常坚硬，拿在手中却轻若无物。在距离牧场5千米的荒地上，还有一架金属碟形物的残骸。当时，直径约10米的碟形物已经裂开，有几具尸体分散在它的周围。这些尸体体形瘦小，身长仅100~130厘米。他们全都没有头发，大眼睛，小嘴巴，手上只有四根指头，每人穿着一件闪亮的银灰色连身衣。

布拉索尔意识到此事非同一般，第二天便把金属碎片交给了罗斯韦尔小镇的警长。警长又迅速上报给军方。驻扎在罗斯韦尔的空军基地获悉了这个消息，立即派人去调查此事。杰西·马赛尔上尉驾驶一辆吉普，带着几卡车士兵，风驰电掣般向牧场驶来。来到出事地点，马赛尔通过对现场的分析勘察，排除了这是坠机残骸的可能。因为现场的东西虽已破烂不堪，但仍可分辨出它的轮廓：乌龟壳状，直径足有10米；分内、外两个舱，内、外舱中间是一种空腔夹层，内有各种密密麻麻的缆线，内舱似乎是驾驶舱，舱壁的板上有数不清的奇形怪状的控制开关。

"这是外星人的飞碟，那些尸体也是外星人的。"马赛尔得出这样的结论。他克制住内心的兴奋，指挥士兵们把大块的残骸和死尸都装上了带篷的卡车，并且命令士兵和围观的人群保守秘密。

然而，基地另一位负责对外联络的情报官奥特中尉却向美国新闻界公布了这一消息。翌日，罗斯韦尔《每日新闻报》全文刊出了基地司令布朗查德上校签发的"新闻公报"："7日晨，布拉索尔的牧场发现不明坠毁物。空军认定是飞碟，并直接采取了行动。现在，飞碟残骸已经回收，正由专人送往总部。"

一只巨大的飞碟在罗斯韦尔坠毁，震惊了世界，这也使得罗斯韦尔成为世界上研究UFO的焦点。

可是到了第二天，事情却开始变得扑朔迷离。美国军方的新闻发言人改口说"UFO坠毁"只是耸人听闻的谣言，那些碎片只不过是气象探测器的残片，而那些看似外星人的生物只不过是用作军事试验的橡胶人罢了。但此时，关于"UFO坠毁"的新闻已经传开，人们并不相信军方的这番解释。

很多人推测，美军在事发当晚就已经将UFO残骸和外星人尸体秘密转移到了一个空军基地，并对这些外星人进行了解剖。同时，政府和军方首脑担心此事可能会引起社会恐慌，所以将它作为重大机密对世界隐瞒起来。但这种欲盖弥彰的做法更激发了人们的好奇心。几十年来，人们对于罗斯韦尔事件的猜测和争议从未停止过。

为了平息众议，1994年，美国军队发表了一份正式文件，首次透露罗斯韦尔事件与当时一项被视为高度机密的侦察苏联核试验计划有关。因为涉及国家机密，无法向大众说明，所以才引发了各种传言。

然而，很多UFO爱好者、当时的目击者和一些研究人员都不认同这种解释。关于在罗斯韦尔坠毁的不明飞行物到底是什么，至今也没有人能够说清楚。

揭秘外星人的"定身术"

英里斯是法国瓦朗索尔镇的一名41岁的农场主，他在瓦朗索尔镇开了一家薰衣草香精提炼厂。在工厂附近，他曾与外星人有过一次近距离接触。

1965年7月1日清晨，太阳刚刚升起。英里斯就驾着拖拉机到薰衣草地去耕地。工作了一会儿，他觉得有点累了，于是将拖拉机停在乱石堆附近，自己在乱石堆后面休息。正当英里斯准备掏出香烟点火的时候，他忽然听到从薰衣草地里传来尖利的声音，听起来好像是钢锯锯金属时发出的"嗞嗞"声。这个奇怪的声音立即引起了英里斯的注意，他透过乱石堆屏障向薰衣草地看去，只见80米以外的地方停着一个物体。

起初，英里斯以为这个物体是一架临时降落的直升机，但是，他再仔细一看，又感觉好像是一辆某品牌的轿车。因为那个物体不像飞机那样有机翼，它呈圆形，而且大小和轿车差不多。

英里斯心想："这车怎么停在这里呢？这车里的人不会就是前几天偷花的盗贼吧？"于是，他没有点烟，就站了起来，偷偷地向这辆"车"走了过去，他打算捉住这些小偷。当英里斯走到薰衣草地的时候，他惊奇地发现这个物体并不是一辆车，更不是直升机，而是一个椭圆形的"圆球"，而且在"圆球"下还站着两个长相奇特的人。

在好奇心的驱使下，英里斯一步步地靠近这个"圆球"。眼看自己离这个"圆球"只有几十米远了，英里斯开始仔细打量"圆球"下的两个人。他发现，这两个人很矮小，可是脑袋很大，脸形和普通人完全不同。他们站在草地上，似乎正在盯着薰衣草看。突然，英里斯意识到他们不是地球人，可能是外星人。他们身边的"圆球"没准就是外太空的飞行器。

在距离外星人只有五六米远的时候，英里斯觉得其中一个外星人看到了自己，因为那个外星人把头转向了英里斯，死死地盯着他。英里斯开始害怕了，但是不知道该怎么办。这时，那个发现英里斯的外星人慢慢地伸出了一只手，英里斯这才发现，他手里拿着一根管子。那个外星人已经把管子对准了英里斯。

就在一瞬间，英里斯觉得自己全身像"瘫痪"了一样，无法动弹。但奇怪的是，他一点也没有麻木的感觉。英里斯更加害怕起来，他觉得自己好像被"定身"了。之后，他看到那个拿着管子的外星人把管子收了回去，并转身和旁边的外星人交谈了几句。随后，这两个外星人抬起两双手，转眼间就飞进了"圆球"。不久，"圆球"发出了低沉的声音，然后缓慢地飘了起来。当"圆球"上升到离地面1米左右的位置时，它的垂直支架也慢慢地收了起来。最后，这个"圆球"骤然加快了速度，朝着西南方向飞去。英里斯又一次惊呆了，因为"圆球"的速度比喷气式飞机快了好几倍。

"瘫痪"状态下的英里斯逐渐回过神来，他意识到这些外星人的确是飞走了。他仍然被"定"在原地，既不能动，也不能说话。英里斯开始绝望了，如果没有人经过的话，他可能就要死在这里了。然而，幸运的是，大约一刻钟之后，英里斯觉得自己居然渐渐可以动了。先是双手，然后是四肢，英里斯终于可以活动自如了。

他顿时感到十分轻松，随后急忙走过去查看"圆球"降落的地方，他发现草地上有明显的擦痕。

后来，英里斯把这件事报告了警方。警方派专人来到薰衣草地查看。调查人员提取了草地上的土样回去检验。检验结果显示，"圆球"着陆点的土地含钙量明显比别的地方高。他们猜测这些钙可能是被电离出来的。

除了对现场进行调查外，医生还立即给英里斯做了全面的检查。在检查中，医生并没有发现任何异常的情况，英里斯的生理指数一切正常。但是，奇怪的是，这件事情发生之后的第四天，英里斯开始极度嗜睡，这一症状延续了好几个月才恢复正常。医生对此也找不出合理的解释。

此后，在美国和加拿大也发生了类似的事件，外星人的目击者被一种神秘的力量"定"在了原地，在那些外星人离开的时候，他们才能动弹。

根据以上这些事例，人们推测，"定身术"是外星人的特异功能之一。他们利用这种能力进行自我保护，而这种奇异的防御能力也客观上保住了目击者的性命。

在有些电影里，外星人只要把手中的武器对准人类一射击，人类就一动不动了。

诡异UFO惊现莫斯科

1981年8月23日晚上，对于莫斯科的退休医生博加特列夫来说注定是一个不眠之夜，因为他和UFO进行了近距离接触。

这天晚上，博加特列夫像往常一样早早地上床睡觉。几十年来，他已经养成了早睡早起的习惯。可是不知道为什么，这天晚上他就是睡不着，眼前像过电影一样，闪现出他曾经照料过的病人和当时的情景。博加特列夫医生越想越兴奋，仿佛有一个陀螺在他的脑子里不停地旋转，把他搞得头昏脑涨。最后，他穿上衣服，走进了厨房。

博加特列夫医生喝下一大杯牛奶后，觉得舒服多了。正当他想回卧室休息时，突然感觉窗外有个影子，他转头往外一看，只见在距离他30多米的空中悬浮着一个像面团一般的发光的飞碟。"这个东西太奇怪了，难道它就是人们传说的UFO？"博加特列夫医生的心不禁怦怦直跳。尽管有些害怕，但好奇心还是驱使他靠近窗户，睁大眼睛观察那

能发出耀眼的光束常常被认为是UFO的一个特征，在人们的想象中，这些光束具有神奇的力量。

个神秘的飞碟。他隐约地看到飞碟里也有一双眼睛在窥视着他。突然，UFO向他射出一道光束，那道光明亮但不刺眼，好像有一种无形的力量，仅仅一晃，就将原本完好的玻璃窗射熔了一个直径约8厘米的洞。"啪"的一声，玻璃圆片掉在地上。"天啊，他们发现了我，要对我动手了。"博加特列夫医生心头一紧，转身想走。就在这时，飞碟腾空而起，转眼就不见了。博加特列夫医生稍稍平静了一下，躲在角落观察了一会儿，确定UFO已经离开后，他才来到窗前，捡起了玻璃片。令人吃惊的是，玻璃片的边缘十分光滑。他拿着玻璃片回到卧室，反复玩味，脑子里不断闪现刚才的情景，一夜未眠。

第二天早晨，有不少人都惊奇地发现自家的玻璃窗上莫名其妙地出现了一个圆孔。人们开始议论纷纷，认为这是UFO干的，一时间人心惶惶。

为了弄清事实真相，苏联当局让太空物理学家艾沙沙博士带领一批科学家对此事进行调查。艾沙沙博士访问了很多目击者。其中一位目击者说："当夜7点12分，首批飞碟出现在莫斯科的上空——两艘雪茄状太空船，它们停在高空，两船并排，20分钟后飞向北方。"

苏联太空学家史尼博士也报告说，当夜他看见一个飞碟，飞行速度估计在90千米/秒。不久，他又看见第二个飞碟，状如巨鲸，喷射出蓝色光芒，在天空盘旋了很久。

据统计，那天夜里，莫斯科有60多户人家的窗户被神奇的力量射熔了同样的圆洞。博加特列夫医生是唯一目击飞碟如何袭击窗户玻璃的证人。玻璃行业的专业人士通过对玻璃圆片进行鉴定后发现，玻璃的分子结构完全改变了，与普通玻璃迥然不同，他们表示无法复制跟飞碟射熔的玻璃圆片一模一样的物品。苏联的专家们也研究不出到底是什么力量能使玻璃的分子结构发生了改变。

到底有多少UFO光临莫斯科？射穿玻璃的光束是什么？光束的力量到底有多强大？它射穿玻璃的动机是什么？艾沙沙博士收集了大量的资料，但始终无法弄清这一连串的问题。最后，他只好向当局报告说："这是一起无法破解的神秘飞碟事件。"

然而，事情并没有结束。两个多月过后，11月16日晚上8点多钟，莫斯科市区东部的依兹玛伊公园又有UFO出现。当时，一位妇人见到从UFO上走下一个怪物，怪物的头好像倒置的漏斗，两眼又大又圆，毫无表情，它的手只有四根指头，身上好像没穿衣服或者只穿塑胶紧身衣服。妇人见到怪物后大声惊叫，怪物听到叫声立即返回飞碟内，腾空而去。

怪物听到妇人的叫喊为什么要离开呢？它和8月份出现的UFO又是什么关系？这种种疑点让莫斯科的UFO事件变得更加扑朔迷离。

追踪飞机的外星人间谍

1957年7月17日清晨，随着一阵"轰隆隆"的巨响，一架RB-47型飞机从美国得克萨斯州的福布斯空军基地腾空而起，有20多年飞行经验的蔡斯上校坐在驾驶员的位置上，熟练地驾驶着飞机。

突然，一束淡蓝色的光在蔡斯上校的视线中闪现，他心中暗想：这一定是另一架喷气式飞机的着陆灯。蔡斯上校用眼角的余光向光的源头扫去，希望能够看清对方的来路。不料，这一瞧却让他大吃一惊！他发现这束光并不是普通飞机的灯光，而是一个通身发亮的发光体发出来的。此刻它正位于比蔡斯上校驾驶的飞机稍稍高一点的空中，速度和飞机差不多，并与飞机保持着一定的距离。

"难道这是UFO？"蔡斯上校的头脑中一下子闪现出这个念头，还有一种压抑不住的惊奇和兴奋。然而短短的几秒后，蔡斯上校激动的心情就平复下来，他转念一想："UFO为什么要跟踪自己驾驶的飞机呢？如果它发动进攻怎么办？"想到这里，蔡斯上校通过对话机向机组人员麦克科伊德发出警报，让他注意这个发光物体。

"请密切注意飞机上方的淡蓝色光，我们要做好准备，应对其可能发动的进攻。"麦克科伊德从蔡斯上校的语气中听出了事态的严重性，他目不转睛地注视着蓝光的动静。只见那束强光继续前进，锲而不舍地跟随着RB-47型飞机。

"全体机组人员请注意，全体机组人员请注意，请做好偏航的准备，以免发生碰撞。"蔡斯上校再一次发出指令。就在他们准备偏航的时候，一件怪事发生了：发光体改变了方向，以某种角度横穿RB-47型飞机的航线中心线，从飞机的左侧一下子"跳"到了右侧。其速度之快令所有的人瞠目结舌。在精密仪器的监视下，那个发光体仍然在飞机的周围逗留着，似乎是在观察和研究人类的飞行物，直到几分钟后它才一下子消失了。蔡斯上校长长地舒了一口气，感觉时间过去了很久。事后，他戏谑地称这次经历是遭遇了外星人的跟踪，并认为其跟踪的目的是想了解地球的军事力量和水平。

然而，外星人并不仅仅对战机"情有独钟"，他们对地球的客机也表现出了极大的兴趣。

1965年2月5日夜里，美国国防部租用的一架客机飞越太平洋，向日本运送飞行员和士兵。大约在东京时间凌晨1点的时候，机组人员突然发现空中有3个巨大的椭圆形物体，它们闪烁着红光，以令人吃惊的速度俯冲，向飞机直扑过来。飞机马上转弯回避，那3个飞行物也立即改变航线并突然减速，与飞机飞行在同一高度，大约相距8000米。

机上人员立刻紧张起来，精神高度集中，屏气凝神地注视着这3个怪物，不知道它们下一步要采取什么行动，机内的空气仿佛凝固了一样。一分钟，两分钟……几分钟过去了，3个不明飞行物始终不紧不慢地跟随着客机，人们无法摸清它们的动机。"难道它们要袭击我们？"机长心里寻思着。为了防备3个怪物的突袭，机长决定向日本的冲绳海岸呼叫，希望地面派喷气式战斗机前来护航。

不过这时，一位随机的美国官员走到机长面前，说："等一等，尊敬的机长先生，请允许我说两句。我刚才仔细观察了那3个UFO，它们看上去大得惊人，起码有700米长，其速度之快，是人类研制出来的任何飞行器都无法相比的。且不说喷气式战斗机能否赶来救援，即使赶到了，也未必是它们的对手。相反，如果招来对方的攻击，后果将不堪设想。"机上其他人员听了都六神无主，目光齐刷刷地投向了机长，等待着他的决定。机长沉思了一会儿，才默默地点点头。

就在此时，那3个怪物突然赶了上来，与飞机并肩飞行。机上的人员都屏住了呼吸，以为它们要发动攻击。然而，这3个飞行物仅仅是虚晃一枪，接着就以2000千米的时速向高空飞去，转眼之间就了无踪影。

而事故发生后，各大发电站负责人以及能源委员会的负责人，也相继发表了声明。首先，美国东北部最大的发电公司经理查尔斯·普拉特先生向报界发表谈话："我们不知道用什么来解释这次事故。不过，可以说明的是，我们的线路没有断，发电机组没有毛病，保险器也没有发生特别故障。"

爱迪生电业集团的发言人同样表示这次停电事故非常奇怪，他说："大量的电能好像莫名其妙地被什么东西吸走了，仿佛整个电流都通入地球内部似的。我们无法作出任何解释。"联邦能源委员会主席约瑟夫·C·斯威德勒则垂头丧气地说："东北部的大停电事故，很可能永远也找不到答案。而且，谁也不能保证今后不会再发生类似的事情。"

这起事件引起了美国上下长期的争论，但最终不了了之。不过，据有关专家透露，他们经过长期的调查，认为只有一种解释：当时有一股强大的电磁波袭击了电路，瞬间产生了超高电，导致配电站设施被烧毁。

如今，许多研究证明，UFO的确有中断电流的本领，进而可导致汽车熄火、引擎停转、飞机导航仪以及无线电通讯不能正常工作。这些现象非常危险，特别对那些正处于航行中的飞机来说，可能是毁灭性的灾难。而对日常生活中的人们来说，因停电造成的交通堵塞、电梯停运等问题不但会给其生活造成困扰，而且可能会导致人们产生心理恐慌和心理疾病等。

地球惊现UFO着陆痕迹

天空中划过神秘的亮光，地面上出现离奇的烧焦痕迹……这一切究竟是怎么回事？难道这就是传说中的UFO？

1965年1月12日，在美国华盛顿州库斯特镇发生了一件奇怪的事情。当天晚上8时20分，镇郊的一位女农场主在回家的路上，忽然发现一道强光从天空中射来。起初，这名女农场主还以为是夜空中的一颗流星，但当她看清亮光后，发现这并不是流星，而好像是一个刺眼的白色光环。据这名农场主估计，这个光环的直径约为9米，光环顶部微呈拱形。四五分钟后，光环突然垂直升起，迅速地消失在了东北方。看到这一情景时，女农场主非常吃惊，立即报警。警方马上用无线电设备通知附近的巡警密切留意夜空中出现的异常光环。

这时，一名警官正好在华盛顿州边境地区巡逻。他接到通知后不久，便看到夜空中有一个神秘光环降落在了远方的雪地上。但是，还没等他回过神来，那个神秘的光环就消失不见了。

哀地等待……

这起停电事故持续的时间之长，可谓史无前例。罗斯驾着飞机在纽约上空盘旋许久，终于凭借自己的丰富经验让飞机安全着陆。他走下飞机做的第一件事，就是立即向指挥塔和上级沃尔什进行了如实汇报。而这时，这起莫名其妙的停电事故早已传到了华盛顿，惊动了白宫。总统约翰逊马上颁布命令，宣布全国处于紧急状态。那一晚，他一直守在电话机旁，每5分钟就向紧急战备部询问一次情况。

这次停电让纽约陷入一片混乱，因此受伤的人不计其数。医院的急诊室里挤得水泄不通，连疯人院里的床位也都被抢订一空。纽约的市民不知道发生了什么事，有人以为是敌国发动了闪电战，还有人以为是天外来客入侵了地球。真正的原因是什么呢？没有人能给出肯定的答案。

有关部门首先想到设备问题，难道是纽约电网出了故障？可是，纽约城以及周围的电网用的全是新设备，即使某处出现故障，也不可能造成如此大规模的停电。约翰逊总统当夜召开了紧急会议，下令联邦能源委员会组织专家调查、解决此事。然而，经过调查和研究，能源专家们也一筹莫展，根本无法解释这起罕见的突如其来的停电现象。他们对纽约的供电和控制系统进行了详细的排查研究，最终，他们一致认为，绝对不可能是线路或其他技术方面的问题。那到底是什么原因造成了这次停电呢？人们纷纷猜测，这是空中突然出现的巨大"火球"引起的。

事实上，第二天清晨，美国各家报纸就把昨晚出现在纽约上空的UFO（即大"火球"）说成是"罪魁祸首"。锡拉丘市的《先驱报》率先发表了目击UFO的报告，该报的记者明确指出，有人在克莱配电站附近亲眼看到奇怪的不明飞行物。接着，印第安纳州波利斯市的《明星报》也发表文章，罗列了一系列以前因UFO出现而发生的停电事件，进而该报总结："……答案只有一个：UFO在作怪……这应该是调查员们不能忽视的一个假设。"

有人猜测，使纽约瘫痪的巨大"火球"来自天外，是UFO在作怪，因为当日有多人称曾目睹UFO出现在纽约上空。

行物的调查当中。

但是，在当时的环境下，军方封闭了所有的调查线索。至于二战中是否真的出现了UFO，人们可能只有在所有的历史档案都解密之后才能知道。

| 使纽约瘫痪的UFO大火球 |

1965年11月9日晚上，纽约城像往日一样平静，人们忙碌而有秩序地在城市中穿梭着。然而，一个突如其来的事件却让整个城市几乎陷入瘫痪，连白宫的领导人也对此束手无策。当时的总统约翰逊彻夜未眠，更下令紧急战备部宣布全国处于紧急状态。而这一切，都起因于纽约上空出现的两个巨大的不速之客。

原来，正当人们享受夜晚的凉爽与祥和之时，纽约上空突然出现了一个大得令人瞠目结舌的"火球"，没有人知道它从哪里来，更没有人知道它到底是什么，这对汉考克机场的几位工作人员和其他目击者来说，绝对是一个新奇的事件。当时，航空局官员沃尔什刚从停在汉考克机场的飞机上走下来，他清楚地看到这个"火球"，并估摸它的直径有30米左右。只见它慢慢下降，随后在贴近纽约城的低空缓慢地飞行，好像是在巡视着什么。令人意想不到的是，几分钟后，天空中居然又出现了第二个大"火球"，同第一个一模一样。

汉考克机场的教官韦尔登·罗斯对这一情景也看得非常清楚。当时，他正驾驶着一架飞机向机场飞来，突然看到城市上空出现一个通红的大"火球"，起初他还以为是城里某处着了火。可是，过了一会儿，夜空中又出现了一个同样的大"火球"。这时，罗斯已经明白，这可不是什么房屋起火。那它们到底是什么呢？他和随行的控制论专家詹姆斯沉默了一会儿，突然一起惊呼：难道是天外来客！这个想法让两人目瞪口呆，而更让他们吃惊的是，过了几分钟，那两个"火球"又骤然离开地面，向高处疾速飞去，眨眼便消失在夜空中。

震惊之余，罗斯才意识到，他遇到了更大的挑战——机场竟然一片漆黑，飞机无法正常着陆。事实上，当时的纽约城已经陷入了黑暗之中。原来，自从第一个"火球"出现之后，整个纽约城的电器和电网的电压就开始急剧减弱，紧接着全城断电，所有的灯光都熄灭了，城市中一片黑暗：不但广播停了、电视停了，地铁也停在了黑暗的隧道中，电梯则颤巍巍地停在了半空中……人们不知所措地呼救着，疯狂地奔跑着，道路堵塞，汽车相撞，混乱的局面简直无法想象。据统计，当时有600列地铁和火车停驶，6万人被困其中，更有无数的人被关在电梯中，他们有的惊恐地呼救，有的砸开电梯的门爬往楼道，有的则只有在电梯中悲秘密武器，因为飞行"圆盘"刚巧在德国飞机到来前10分钟出现。

然而，事情远没有这么简单。3个月后，英国情报部门汇报说，奇怪的"圆盘"跟德国空军以及世界上任何一个国家的飞机都毫无关系，因为德军也曾以为这些"圆盘"是盟军派出来的。

1943年12月18日，从11时45分起，德国设在黑尔戈兰岛以及汉堡、维滕贝尔格和诺伊施特雷利茨市的雷达站相继发现了一大群圆筒形物体，这些物体以每小时3000千米的速度静静地从空中飞过。虽然德国空军拥有当时世界上飞行速度最快的飞机——时速925千米，但是，这一速度和"圆筒"的飞行速度相差甚远。德军指挥官们一想到这些魔鬼般的空中"圆筒"可能是盟军投入战斗的新武器时，心中就不寒而栗。

由此可见，德军也不知道这些神秘的"圆盘"或"圆筒"到底是什么。而更让军方担心的是，这些神秘的物体经常出现在德军和英军的军事基地上空，人们不知道它们的目的究竟是什么。

1944年9月29日，德国最大的秘密试飞基地正在检验一架Me-262型飞机。在1.2万米的高空，飞行员发现一艘奇特的飞船，这艘飞船呈纺锤形，没有机翼，但是有舷窗和金属天线。据德国飞行员估计，飞船长度超过B-17型飞机。这艘飞船以大约2000千米的时速从基地上方掠过，德国喷气式战斗机尽管超高速飞行，也没有能够截住它。这一事件，引起了德国军方的高度关注，德军将领认为这对将来德国的军事行动会构成重大影响。

无独有偶，在英国和美国也出现过类似的事件。1944年11月23日22时，美国空军第9军415大队的两架野马P-51型歼击机在美军设在英国南部的基地上空巡逻。突然，飞行员舒勒特和林格瓦尔德中尉惊慌地报告说，发现一个由10个明亮的大"圆盘"组成的飞行大队快速地掠过他们上空。两架野马式歼击机立即上仰，组成战斗队形想截住那些奇怪的"圆盘"。但尽管舒勒特和林格瓦尔德开足了马力，时速达730千米，两个飞行员仍觉得他们简直是在"圆盘"后面爬行。最后，他们不得不返回基地。

既然这些神秘的飞行物体不是战争双方的秘密武器，那么它们到底是什么呢？人们猜测，它们可能是来自外太空的不明飞行物—UFO。为此，各国军方都开始进行调查。

为了查证二战中的UFO事件，德国成立了"13号专门小组"。这个小组拥有第一流的专家和最先进的仪器，而且还调用了先进的飞机中队配合调查。与此同时，英国皇家空军也成立了一个由许多科学家和航天工程师组成的专门小组——一个受过专门训练并配有英国最先进飞机的拦截大队。而美国也投入到了不明飞诸如此类人类飞机在空中遭遇UFO跟踪的案例不在少数。1967年2月2日，一架秘鲁航空公司的"DC-K"号客机载着52名乘客从皮乌拉飞往利马，途中就被一个UFO跟踪了差不多300千米。事发当时，机长奥斯瓦尔·桑比蒂发现在飞机右侧有一个发光体，它是一个倒锥体模样的飞行物，其速度、方向和飞行高度等都与飞机大体相同。令人惊奇的是，那个物体显示出极为高超的飞行技巧，它翻着跟头，做着奇怪的动作，一会儿垂直上升，一会儿飘然下降，一会儿又旋转飞行……突然间，它猛地朝"DC-K"号冲来，机上的乘客都吓得惊慌失措。可是，这个家伙略一抬头，便从飞机上方安然掠过。就在这时，飞机的电子设备竟全部都失灵了，再也无法和机场取得联系。大约一个小时后，这个古怪的UFO才离去。

2006年，美国一些天文学家对由天文望远镜获取的某些资料进行研究后认为，地球之外的确存在外星人，而且他们也是由有机物质构成的。

众多案例表明，一些UFO喜欢跟踪人类的飞行器，但它们似乎并无恶意，也很少进行主动攻击。为什么UFO会有这样的举动呢？很多专家推测，它们是想窥探地球的军事机密，了解地球人的飞行技术和军事力量，以掌控有关地球的重要信息。但也有一些科学家认为，这些UFO跟踪飞机，可能是在向偶然碰到的地球上的飞行伙伴示好，并无其他意图。到底真相如何，恐怕还有待于人们进行更深入的研究。

导弹基地闯进"不速之客"

在美国怀俄明州有一座美军的导弹基地。这里部署了大量的核导弹，明令禁止任何人观光。然而，就在1988年10月12日这天，一位"不速之客"闯进了这座戒备森严的军事禁地，旁若无人地在其上空窥视了一番。

当这个"不速之客"在基地上空盘旋的时候，两位巡警首先发现了它。

"快看，一个像小山一样的飞行物！"

"真是个庞然大物,它的四周还有蓝色的光环围绕。"

"我敢肯定,这绝对不是飞机,地球上没有任何一种类型的飞机和它相似。"

"我也这么认为。可是它是什么呢?"

"飞碟!"沉默片刻后,两人目光一碰,异口同声地说。他们立刻警惕起来,准备向指挥部报告。就在此时,飞碟盘旋到两位巡警的上空,低低地徘徊着,仿佛在严密地监视着他们的行动。"这下完了。"两位巡警吓出了一身冷汗,拔腿想跑。不料,飞碟腾空而起,消失在茫茫的夜色之中。

住在基地附近的居民罗斯查·汤逊士当时也看到了这个"不速之客"。他描述说:"那个怪物足足有12个美式足球场那么大。在它中间还有一连串闪亮的光芒,光的颜色有红色、绿色、蓝色,还有白色。"

罗莲·布士萧太太是个农场主,她在导弹基地附近开垦了一处农场。就在事件发生的前一天晚上,她听见农场里的牛和狗突然叫个不停,好像是被什么东西吓着了。可是一刹那之后,所有牲畜的叫声又都停了下来。布士萧太太有着丰富的饲养经验,她认为,牲畜们一定是看到了什么特别的东西,感到非常害怕。

无独有偶,就在UFO光顾美国导弹基地的同一年,苏联的"新俄罗斯人"号导弹巡洋舰在航行时也受到了UFO的骚扰。

1988年的一天,"新俄罗斯人"号导弹巡洋舰在希坦岛附近的水域航行。突然,只听一声惊天巨响,水面上几十米高的浪柱冲天而起,一个巨大的球形不明潜水飞行物从巡洋舰左舷的水下蹿了出来,激起了一层层水花。它悬浮在巡洋舰上方的低空,离巡洋舰仅有20米左右。舰上全体官兵看得一清二楚,这个水下怪物的四周还均匀地分布着36盏耀眼闪烁的灯。

当UFO出现在战略导弹发射场上空时,导弹制导系统会受到极大影响,弹头被磁化,发射精确度会降低。

突然，"新俄罗斯人"号上的柴油发动机熄火了，舰上的电子系统全部断电，甚至连舰载无线电台的蓄电瓶也突然停止供电。发动机熄火了，所有的电器都失灵了，"新俄罗斯人"号与外界的一切联系都中断了。"我们要完蛋了……我们要被外星人绑架了！"一种巨大的恐慌和无助感占据了每一个官兵的心，他们沮丧地抱怨着，空气中弥漫着不安与紧张。"镇静！"舰长处惊不乱，语气中透着坚定，"身为军人，我们时刻都应做好最坏的打算。现在我们还不清楚对方的来意，只能等待，静观其变。"舰艇内顿时安静下来。时间在等待中一分一秒地过去，每一分钟对人们来说都是煎熬，都是未知数。15分钟后，那个球形怪物在巡洋舰的上方兜了一圈后向下俯冲，人们以为它要发动进攻了，心都提到了嗓子眼。谁知，它又骤然加速，向西北方向飞去。此后，舰上一切系统又全部恢复正常。

此事在苏联引起了不小的轰动，然而相关资料显示，UFO在此之前早就造访过苏联的导弹基地。1959年5月，苏联乌拉尔导弹基地总参谋部的所有雷达突然失灵了！一些UFO在该地上空飞行，一会儿以极快的速度移动，一会儿又在空中停止不动，久久不愿离开。

苏联上将萨普阔夫在他的随军日记中写道："1979年，我随同军官和设计师代表团在卡普斯金谷地导弹演习场观看军事演习。在导弹试射前，我们发现一个卵形UFO悬浮在导弹发射场上空，足足有一个小时。我当时颇为震惊，而演习场指挥官报告说，这些形状奇特的不明飞行物是这里的常客，他们早已见怪不怪了。"

苏联退役上校军官索科洛夫披露，1983年，他受遣调查发生在乌克兰一个洲际弹道导弹基地的UFO事件，获得了接触军内秘密情报的特权。据他掌握的军内秘密报告显示，在那次事件中，UFO在该导弹基地上空悬浮和盘旋了4个小时。在这4个小时里，导弹基地主控制台上的所有指示灯都莫名其妙地被点亮，导弹发射程序也神奇地自行启动，万幸的是，没有一枚导弹被发射出去。

从来自美国和苏联等国的火箭部队和导弹防空部队的报告来看，UFO的出现总是伴随着一些令人费解的现象。比如，当UFO悬浮在战略导弹发射场的上空时，导弹制导弹头被强磁化，其发射精确度受到严重的影响，最终导致导弹部队陷入混乱和瘫痪状态。此外，UFO的出现还会对内燃机、无线电通信和电器设备等产生不良影响。

为什么UFO会频频光顾导弹基地呢？为什么它会如此"偏爱"火箭、飞机和导弹？为什么UFO出现后又会发生一系列令人费解的现象？这些问题暂时都还没有答案。

| 惊动比利时的高空魅影 |

1989年11月29日，在比利时首都布鲁塞尔，据说有30组目击者都观察到了一种三角形的奇怪飞行物在低空慢速飞行。比利时空军接到报警后，派出两架F-16战斗机进行搜索，但毫无结果。从此，比利时军方几乎每天都收到发现UFO的警报，比利时处于紧急战备状态。

1990年3月30日深夜，布鲁塞尔的两个雷达站仍然密切监视着领空内的民用和军用飞机。四周静悄悄的，工作人员目不转睛地盯着眼前的雷达屏幕。突然，两个雷达站同时"捕捉"到UFO发射出的信号。比利时空军司令部接到这一报告后格外慎重，他们用了50分钟的时间进行仔细检查，发现两部雷达所指示的目标处于同一位置。最后，比利时空军司令部做出了指示，命令两架F-16战斗机起飞跟踪这个"不速之客"。

飞行员平稳地驾驶着飞机，并通过雷达屏幕搜索目标。这时，一个移动的点状的UFO闯入飞行员的视线，自动跟踪系统瞬即"捕捉"到目标，时间长达6秒。

屏幕监视器报告的结果显示：目标以每小时280千米的速度飞行，一秒后即加速到每小时1800千米，同时，一下子从3000米的高空下降到1700米。坐在监视器前的工作人员不禁倒吸一口凉气，这种离谱的加速度会造成巨大的压力，如果机舱里坐的是人，将不免一死。然而，惊险远没有结束。这个UFO好像熟悉F-16战斗机的性能，有意和F-16战斗机捉起迷藏来。它从1700米的高空又急剧下降，一直降到200米以下，这是F-16战斗机无论如何也无法到达的低空。然后UFO又像变戏法一样，从F-16战斗机的雷达屏幕上消失得无影无踪。

当时，许多人在地面上也目击了F-16战斗机与UFO令人叹为观止的飞行追逐，其中包括20名宪兵。在那惊心动魄的75分钟内，没有一个人听到任何冲击波声，也没有一个人看到任何破坏发生。而按照常理，UFO的这种升降应该伴随着声响，其飞行速度和高度，会导致许多窗户被震落。

面对如此让人瞠目结舌的飞行，人们纷纷猜测、忖度，在比利时上空任意飞行的高空魅影到底是什么？它会不会是美国赫赫有名的F-117A隐形飞机呢？当初，可是有很多人都误认为F-117A隐形飞机是UFO。

但美国驻比利时大使馆很快否定了这一猜想，他们给比利时当局发来电传指出，美国从来没有一架F-117A隐形飞机部署在欧洲上空，并在其上空飞行。比利时通过分析F-117A隐形飞机的性能，也排除了这种可能性：首先，F-117A隐形飞机根本不可能如此低空飞行；再者，雷达捕捉到不明飞行物的最低时速为40千米，而F-117A隐形飞机没有装备牵引喷气发动机，不可能如此低速飞行，其最低速度为每小时278千米。

原雷达站空军中尉比尔·别季教授现任比利时国家科研中心的业务经理，是著名的物理学家，当年也参加了捕捉飞碟的行动。他肯定地说："在现阶段，任何国家都无法生产拥有如此性能和无冲击声超音速飞行的飞机或火箭。"

有人猜测，会不会是某种自然现象或火箭残骸返回大气层？比利时空军司令部对此坚决地否认："不可能，陨星或火箭残骸一般呈"之"字形进入大气层，而雷达记录表明该UFO曾不止一次随意变换方向。"

又有人猜测，会不会是地球探空仪？"绝不可能！目标的行动完全不受风向和气流的影响。而地球探空仪主要是通过探测大气的参数来获取大气的信息，并随着大气的参数发生相应的变化。"比利时空军司令部对这种观点也予以否定。

那么，比利时上空真有一个或若干个常来光顾地球的外星人飞行物吗？

别季教授说："在过去的30年里，我们不止一次用雷达'捕捉'到UFO目标。"他的《飞碟研究》一书公布了很多有关UFO的国家机密。谈及这样做的动机，他说："以前，这些资料都以绝密状态保存，怕的是引起居民恐慌。现在我们生活在公开化的时代，人们对UFO的热衷已不再唯利是图或冒充内行，大批的学者正在崭露头角，所以我有必要将这些珍贵的资料公布于世。"

实际上，在布鲁塞尔宇宙特异现象研究协会，那里保存了1000多份有关UFO出现在比利时领空的证据。研究协会的总书记刘宪·科列勃罗还是UFO的目击者之一。

1990年3月31日夜，科列勃罗与电影制片人巴特里克、导演费尔南德斯在布鲁塞尔东南30千米处先是看到在地平线上出现移动的光点，随后，那个光点越来越近，轮廓越来越清晰——原来是一个三角形的UFO。只见这个UFO通体发出火光，直径比肉眼见到的月亮几乎大6倍，从他们头上300～400米的空中飞过。

当时，巴特里克赶紧利用手头的高感光胶卷拍了4张照片，想以此作为发现UFO的证据。不料，显影结果却出乎意料。肉眼看得清清楚楚的UFO，在

在人们看来，UFO飞得高、跑得快。UFO每次现身时都像一团耀眼的闪光，瞬间消失在空中，速度之快令人咋舌。

照片上却什么也没显现出来。巴特里克不解其故，向UFO研究专家麦新教授咨询。麦新教授考虑到最平常的红外线也会影响正常摄影，立即在实验室用一般棱镜对底片进行了从红到紫全色光谱投影，并对底片底部进行了红外线照射。底片显影后显示，未经红外线照射部分光谱清晰，经红外线照射的部分光谱极差。麦新教授指出："如果UFO是真实物体，并放出红外线，那么拍摄的结果会令人大失所望。"

少了照片的证据，比利时上空的UFO事件是真是假？人们难以分辨。一时之间，UFO成了人们议论的热门话题。据统计，从1989年11月底到1990年3月底，在短短4个月的时间里，就有数千比利时人声称看到了UFO。为什么会有这么多UFO目击者呢？为什么UFO偏偏选择比利时呢？为什么这些UFO呈三角形……问题层出不穷，而真相却悬而未解。

诡异的UFO活体实验

神秘的海底建筑、UFO残骸、外星婴儿，这些越来越多的线索使我们逐渐认识了外星人。然而，让许多人感到意外的是，外星人也在以他们的方式悄悄地调查着人类的世界……

1967年9月9日，在美国科罗拉多州阿拉蒙镇的金格牧场内，人们发现了一匹惨遭屠杀的马。马的尸体惨不忍睹，从肩部起肌肉连皮被削掉，人们一眼就可以清楚地看到暴露在外的、血肉模糊的头骨和颈骨。更让人感到奇怪的是，尽管杀马的手法残忍，但是附近却没有留下一滴血。尸体下方有黑如焦油般的物体黏着，周围散发着一股刺鼻的药水味。调查人员还发现，在尸体附近的100米外的地面，有许多烧焦的凹痕。

从现场搜集的资料来看，警方无法判断凶手是如何杀害这匹马的。那么，这匹马到底是怎么死的？周围奇怪的焦痕到底是怎么回事呢？

1967年9月16日，法医路易斯夫妇与金格牧场的人再度对牧场附近进行调查。在这次调查中，路易斯夫人在草丛中发现了一小块有马毛附着的肉，而且她惊奇地发现从这块肉里流出的竟然是绿色的浆液。当她的手不小心粘到了一点绿色的浆液时，她疼痛难忍，手一下子肿了起来。路易斯夫人连忙赶回牧场，把伤口用热水冲洗了一番，这才止痛。

1967年9月23日，森林保护局的杜安·玛奇用仪器检测了金格牧场内被烧焦的土地样本。结果发现，这个样本中含有辐射能，而且含量很高。这一发现，使这个杀马事件变得更加扑朔迷离。

曾经有人声称被外星人带离了地球，在一个奇特的实验室里接受实验。这会是真的吗?

当调查陷入僵局的时候，一些有关阿拉蒙镇附近发现UFO的报道引起了调查人员的注意。原来，杀马事件发生前后，相继有人在天空中发现UFO。调查人员猜测，杀马事件可能与UFO有关。

后来，一件类似的屠杀事件使人们有了新的线索。一天早上，牧场主赫尔曼先生在自己的牧场中发现一头牛惨遭屠杀。调查人员立即展开调查。在调查过程中，警方竟然幸运地找到了一名目击者。

这名目击者名叫山姆。据他介绍，当时大约深夜2点，他正急着到外面小便。当他转入后屋时，被眼前的场景惊呆了。在大约100米的空中悬浮着一架直径大约30米的UFO，UFO下方有一头牛，这头牛好像被一条无形的绳索吊着一般，逐渐脱离地面，向UFO飞去。

山姆急忙躲在一个隐蔽的地方，悄悄地在一旁看着。只见3名长相奇特、穿着银色衣服的外星人从UFO中走了出来。他们围着牛，其中一个外星人一只手拿着金属筒，另一只手则按着牛的屁股。牛像被催眠了一样，一动也不动。只见外星人用力将金属筒深深地刺入牛的体内，再抽出来，然后慢慢地走回飞碟。这时，牛已经倒在了地上。

听了山姆的陈述，一些人猜测，外星人可能在用地球上的牲畜做实验，所以这些牲畜才会无辜惨死。他们相信山姆的话，因为他对有关家畜被屠杀的种种现象和相关知识几乎一无所知，所以不可能凭空捏造诸如牛被吊起来、用金属筒从牛的尾部刺入这样异想天开的情节。可以说，这个目击者似乎给今天我们认为不可理解的现象提供了解答。当然，也有一些人反对这种说法，他们认为山姆的话并不可信。

外星人为什么要进行活体实验呢？目前唯一的解释是外星人希望更多地了解人类世界，至于这个原因背后的真正目的，我们就不得而知了。

扑朔迷离的外星人绑架案

1975年，阿根廷首都布宜诺斯艾利斯的中央铁路医院接收了一位昏迷不醒的病人。这位病人是在高速公路附近的草地上被人发现的。医生对他进行了检查，并没有发现任何异常。

过了好长时间，病人终于慢慢地睁开了眼睛，医生温和地看着他说："哦，您终于醒了。这里是布宜诺斯艾利斯的中央铁路医院，我们已经给您检查过了，您的身体没有任何异常。您能告诉我，您是怎么昏迷的吗？"

"我不清楚，大概……我大概被外星人绑架了……"在场的医生听后震惊不已，认为病人可能受到了某种刺激所以言语混乱。病人见医生的表情有些怀疑，便一本正经地讲起了自己的身份和经历。

原来，这位男子名叫卡罗斯·阿尔贝特·狄亚斯，是阿根廷拜亚布兰加市人，在一家餐厅工作。1975年1月5日3时，天空晴朗无云，狄亚斯从餐厅下班，手里拿着装工作服的提包和刚买的报纸，准备乘坐巴士回家。3时30分，巴士正点到达离狄亚斯家不远的站牌下。狄亚斯吹着口哨轻快地跳下车，想着马上就要见到温柔的妻子和可爱的孩子，不由得加快了脚步。

突然，一道亮光划破天空，狄亚斯心里一惊：闪电？要下雨吗？刚才不是还好好的吗？狄亚斯走得更快了。但过了好一会儿，亮光仍没有消失，也没有听到雷声。狄亚斯疑惑地朝亮光望去，想弄清楚到底发生了什么事。结果，他的脸因为害怕而扭曲，眼睛越睁越大，嘴巴也大张着！原来，有一道圆筒状的光束由上方垂直照射下来，将

在很多电影中，外星人出现在地球上，甚至与人类有过近距离的接触。人们把这种接触叫第三类接触。

他整个人都笼罩在光束里。他惊恐地大叫一声，扔掉手里的提包和报纸，想跑回家去。但无论狄亚斯怎样努力移动双腿，都无法离开原地半步！

"这到底是怎么回事？"绝望的狄亚斯想尖叫，却发现已发不出任何声音。他像被施了定身术一样，丝毫不能动弹。然后，狄亚斯感到自己被一股神秘的力量吸着向上轻飘飘地浮起，最后他不省人事。

不知道过了多久，狄亚斯迷迷糊糊地醒来，见自己躺在一间明亮的屋子里。这时，3个有点像人的奇怪生物不声不响地进入室内，他们身穿乳白色橡胶制罩衫，身高足有1.80米。尽管他们身材高大，但他们的脸孔却只有人类的一半那么大，而且没有眼睛、鼻子和嘴巴，光秃秃的好像一块石头！其身体两侧也像人类一样有两条手臂，但没有手指，端部圆圆的，像木棒一样。在他们的手臂末端，有一个小小的肉垫，看上去像是吸盘。

3个怪物一句话也不说，面无表情地走到狄亚斯面前。这时，狄亚斯才意识到自己正一丝不挂地躺在一张类似于手术台的床上。他想动，但身体不听他的话，一点也动弹不了。"天啊，我这是在哪儿？"他下意识地朝四周张望，发现这个房间呈半球形，墙壁半透明，好像是塑胶的，还发出淡淡的光。地板上有许多小孔，好像能看到有空气通过小孔流动。"难道我被外星人绑架了？他们要把我怎么样？难道要把我解剖了？"狄亚斯的额头渗出了一层细密的汗珠。

3个怪物围着狄亚斯的床缓缓移动。突然，其中一个怪物伸出他那木棒一样的手臂，探进狄亚斯的头发。狄亚斯拼命挣扎，但一切都是徒劳，因为他根本就不能动，也无法发出任何声音。伴随着头部传来一下轻微的疼痛，狄亚斯看到怪物缩回手臂，他的吸盘上附着着一根自己的头发！接着，另一个怪物也迅速把手臂朝狄亚斯的胸毛伸去。惊恐万状的狄亚斯再一次晕了过去……

狄亚斯的话让医生不明所以，他们认为狄亚斯精神有问题，决定给他做一次全身大检查，主要是检查其脑部神经。但检查结果却令所有医生吃惊：这名病人除了多根毛发与胸毛脱落外，其他一切正常！

难道他说的是真的？到底有没有外星人呢？如果有，他们又为什么要绑架地球人？正在人们众说纷纭的时候，一位来自伦敦的心理学专家说，这些经历很可能是人类记忆错误的结果，而不能成为外星生命存在的佐证。

心理学教授克里斯·弗兰士也曾对声称自己被外星人绑架过的人进行了调查。他认为，有很多遭遇外星人的经历都可以用睡眠性麻痹来解释。睡眠性麻痹的表现是：人是清醒的，而且对周围的环境是有意识的，但是身体无法动弹。很多人在一生中都至少经历过一次这种状况。弗兰士说，丰富的想象力是其影响因素之一。睡眠性麻痹通常会导致幻觉的产生。有的自称被外星人绑架过的人其实已经接近癫狂状态。他们还说自己看到了鬼魂，并声称自己拥有预知一切和自我愈合伤口的超能力。弗兰士说："人拥有非常丰富的想象力，想象太多了以至于他们经常把在头脑中想象的事情和现实生活中真正发生的事情混为一谈。"

但这些观点也仅仅是推测，还没有足够的证据证明外星人绑架案到底是真是假。所有的谜团都只有等待更新情况的出现和更深入的研究，才能揭开。

| 搜捕杀害亚当斯基的真凶 |

1980年6月，英国发生了一起离奇的凶杀案。56岁的男子西格蒙·亚当斯基惨遭杀害，被弃尸于离家30千米的煤堆上，他的尸体上还有被未知的腐蚀性物质烧灼过的痕迹。神秘凶手迷影重重，英国警方展开了一场搜捕杀害亚当斯基的真凶的大行动。

亚当斯基住在英国的利兹市郊。1980年6月11日，他步行去当地的商店买土豆。出门前，他对妻子说："亲爱的，晚饭就做你拿手的土豆泥吧！我现在去买土豆，一会儿就回来。"亚当斯基太太目送丈夫出了门，便去厨房准备了。两个小时过去了，亚当斯基太太早就把做土豆泥的东西准备好了，但怎么也不见丈夫回来。她坐在客厅里自言自语："西格蒙真是老了，买点土豆用这么长时间。"

到了晚上11点多，亚当斯基还没有回来，亚当斯基太太再也坐不住了，不停地到窗口张望，心想："难道是出了什么事？应该不会啊，再等等看吧。"因为亚当斯基太太是坐在轮椅上的，行动不便，所以尽管她很着急，但也只能在家里等着。她想如果再过一段时间丈夫还不回来，她就报警。在亚当斯基太太焦急的等待中，时间一分一秒地过去了，当她抬头去看钟表时，时针已指向了凌晨两点，她预感到丈夫可能真的是遇到了什么意外，不由自主地在胸口画了一个十字，喃喃地说："上帝保佑。"然后，她就向警察局报了案。

5天后，在离利兹市郊30千米外的吐德莫顿镇的一座煤堆上，有人发现了一具无名尸体。发现尸体的是在这里工作的运煤工，名叫特雷弗。特雷弗陈述说："我一直在这里拖煤，6月16日那天，我连着装了几趟煤，也没有发现煤堆上有尸体。快天黑的时候，我去拖最后一车煤，看见在煤堆显眼的地方躺着一个人，一动不动。我叫了两声，没有人答言，我不敢上前去碰他，也不确定他是死是活，就打电话报了警，顺便还叫来了救护车。"

很快，警察赶到了现场，对尸体进行了检验，发现其体貌特征与失踪的亚当斯基非常像，便迅速打电话给亚当斯基太太，让她过来认尸。亚当斯基太太一看到死者身上的那套衣服，就失声痛哭起来，确认这就是亚当斯基。警察一面派专人安抚

有人声称在亚当斯基谋杀案的当天见过UFO在空中出现。于是，警方开始怀疑亚当斯基案与外星人有关。

亚当斯基太太，一面勘察现场。随行的法医惊奇地发现：亚当斯基的头发、脖子和脑后均被一种腐蚀性物质烧灼过，然而他的面部和衣服却没有沾上这种腐蚀性物质，这说明这种腐蚀性物质被使用得很小心。而对于这种腐蚀性物质到底是什么东西，法医专家们经过仔细研究，却没有鉴定出来。

亚当斯基是不是死于这种神秘腐蚀性物质的烧灼呢？英国警察局请来了著名的病理学家阿兰·艾德华菲博士进行会诊。艾德华菲博士断定亚当斯基死于心脏病突然发作。亚当斯基太太对此提出了质疑："首先，我丈夫的身体非常好，他每年都进行体检，从未检查出有心脏病。其次，我丈夫是徒步离家的，他怎么会出现在吐德莫顿镇的煤堆上呢？这个地方离我家足足有30千米，何况他一生都没有来过吐德莫顿镇，也从来没有与这个小镇发生过任何联系。"当谈及亚当斯基是否有仇人时，亚当斯基太太肯定地说："我丈夫一生小心谨慎，从未树敌。"

到底是什么诱因致使亚当斯基突发心脏病呢？他的尸体是怎么到吐德莫顿镇的？又是谁在他身上投放了腐蚀性物质？这一连串的谜团搞得英国警方如坠雾里，人们都感到这个案子似乎非同寻常。法医特恩布尔先生说："很遗憾，我们尚未发现任何对解开这桩死亡事件有用的线索。我们倾向于相信这里可能存在着某种意外的解释。"

5个月后，案件出现了意外的转机，然而这种转机却将线索引向更神秘的方向，使得整个案件蒙上一层可怕的色彩。

事情是这样的：11月28日清晨，曾参与过亚当斯基案现场勘察的警察阿兰·古德弗雷驱车到吐德莫顿。忽然，他看见一个公共汽车般大小的物体悬浮在离地面1.5米的空中，底部频频发光。它有一排窗子，顶部有拱形圆盖，还有一盏明亮的大灯。作为一名训练有素的优秀警察，古德弗雷立刻警觉起来——UFO？他努力克制紧张和兴奋的心情，使自己慢慢镇定下来，脑子里快速地思考着对策。"先向总局汇报。"于是，他向警察局呼叫，却发现车上的半导体和手里的对讲机根本不能正常工作。"糟糕，联系不上，怎么证明这里出现了UFO呢？对，用笔画下来。"

想到这里，他拿出随身携带的纸笔，把眼前的这个天外来客迅速临摹下来。这个神秘的UFO好像很乐意给他当模特，一直静静地待在原地。直到古德弗雷快画完时，它才离去。回到警察局，古德弗雷将此事连同自己的临摹品一起上报。作为警察，他的这一目击报告很快引起轰动。后来，在哈利法克斯的4名警察说，他们也看到了这个UFO。

古德弗雷及其他警察的发现给了英国警方灵感。他们想，亚当斯基的谋杀案会不会是外星人所为。果然，一名警察又站出来说，在亚当斯基的尸体被发现的前一小时，他在那个煤堆上空也看到过UFO。

UFO研究者们闻讯蜂拥而至，他们对古德弗雷进行了调查，发现他在陈述见到UFO的过程中，其记忆遗失了15分钟。于是，他们对古德弗雷进行了催眠，整个过程由摄像机记录下来。

在催眠中，古德弗雷提到有一束明亮的光线使他睁不开眼，当他苏醒过来时，发现自己已经在一间房子里了。房间里有一张桌子，还有一个约1.2米高的家伙和他在一起。

古德弗雷在被催眠中说："那个家伙穿着黑白色的套服，长着胡子，还戴着帽子。突然，他咧开嘴，露出令人十分恐惧的微笑。他们一共有8个人，都很矮小，像5岁的孩子。其中一个还不断地摸我的衣服，告诉我不要害怕……"后来，古德弗雷在被催眠师第二次催眠时说，一台机器检查了他的身体，那些外星人脱掉了他的两只鞋子和袜子，看了看他的大脚趾，在他猛然醒来后，就发现自己回到了车上。

经过对古德弗雷的催眠，催眠师说他不太可能撒谎。如果他说的都是事实，那么亚当斯基的死极有可能与外星人及UFO有关，也许他遭遇了外星人的绑架。

英国国际联络协会的地区代表伯德塞尔说："世界各地都对这个案子很感兴趣——这是多年来最轰动的一起UFO案件。警察承认UFO卷入此案的可能性，这在世界上尚未出现第二例。"

然而英国警方只是承认UFO卷入此案的可能性，并没有定论。而且，亚当斯基被害的第一现场在哪里？他身上的腐蚀性物质是什么？UFO为什么要杀害亚当斯基？这些疑问都给亚当斯基谋杀案蒙上了层层迷雾，使此案神秘莫测而不得破解。

外星人，是灾难还是福星

在人们的印象中，外星人神秘莫测，他们对人类的态度更是让人捉摸不定。他们有时会攻击人类，给人类带来灾难，有时又会通过他们的高科技给人类治病，甚至救人类于危难之中。

1988年12月的某一天，一名年轻的土耳其士兵休假，赶往位于曼尼沙市的家中。他迈着轻快的步子，想象着和家人见面时的情景。突然，他看见城市上空出现了一个圆形的飞行物，闪烁着绿色的光芒。

"UFO！"年轻的士兵是个UFO迷，经常搜集这方面的资料，所以对眼前这个不明飞行物有高度的警觉性。他赶紧拿出相机，拍下一张照片，照片上清清楚楚地显示出一只飞碟。

事后，曼尼沙市的一位政府官员出面证实说："这张照片是真的。那天，在现场目睹UFO的证人有数百人之多。"

让人匪夷所思的是，在这些目击者中，有22名身患痼疾的病人在被UFO发出的绿光照射后，竟奇迹般地恢复了健康。其中，一名耳聋的男子恢复了听力，一位失明的妇女重见光明，一位因中风而多年瘫痪在床的病人重新又行走自如，还有一位危在旦夕靠氧气袋维持生命的女孩逃出了死神之手……

在曼尼沙市，有一位名叫尼迪的医生开了一家诊所。UFO事件的第二天，尼迪正在诊室里给病人看病。忽然，他的病人卡马尔一阵风似的从外面跑进来，兴奋地说："尼迪医生，你看！我完全好了，能够行动自如了。"卡马尔瘫痪在床已经有半年了，尼迪精心地给他治疗，但收效甚微。此时，看到行动自如的卡马

在人类的想象中，地外文明高度发达，具有人类无法企及的高科技，而这些高科技对人类是灾难还是福星，则完全取决于外星人对人类的态度。

尔，尼迪有点不敢相信自己的眼睛。他惊奇地问："卡马尔先生，你能告诉我发生了什么吗？"

"是这样的，昨天，我正躺在床上胡思乱想，突然，一道绿光透过窗户照到我的身上。起初，我的腿感觉热辣辣的，过了一会儿，就觉得非常轻松。我试着抬了抬腿，居然能动。是那绿光治好了我的病。"卡马尔兴奋地说。

尼迪医生感到非常惊奇，他寻访了像卡马尔一样的幸运儿，发现让这些病人痊愈的"大夫"竟都是UFO发出的绿光。

很快，这件事传到了土耳其的首都安卡拉。安卡拉公立医院的医生拜访了那些不治而愈的病人，并对他们进行了相关检查，发现他们的体内有一种特殊的不明物质。于是，医生们得出结论：使病人恢复健康的确实是UFO发出的绿光。

然而，外星人不总是给人类办好事，他们有时也会骚扰人类，给人类带来麻烦。

那是1974年秋季的一天，朝鲜半岛海域浓雾弥漫。朝鲜空军部队将一枚枚隼式导弹安装在发射架上，严密地监视着海空，随时准备攻击入侵者。

上午10点左右，一个幽灵般的物体闯入了滨城海岸的警戒系统。起初，隔着弥漫的浓雾，人们只能看到一个庞大的黑影。渐渐地，黑影越来越近，原来是一个椭圆形的金属物体，发出红、黄两色的光。

基地指挥部仔细观察了这架飞行器，发现它上面没有任何标记，因此立刻断定这是一架怀有敌意的飞行器。人们密切注视着它，它一直在低空慢速飞行。突然，它停住了，周围的光辉急速闪动着。基地指挥部以为它要发动攻势了，便命令第四发射台立即发射导弹。第四发射台的上尉遵从命令，一枚隼式导弹腾空而起，向UFO直扑过去。这时，令人意想不到的情况发生了：UFO发射出一道白炽的强光，迎头击中了运载火箭和弹头，一点偏差也没有，转眼之间，第四发射台发射的隼式导弹就被熔化了。

随后，那个UFO骤然加速，几分钟内便从雷达荧光屏中消失了。很显然，这个UFO用激光之类的武器保护了自身，轻松地击溃了价值数百万美元的隼式导弹。从这个例子看来，对方并没有恶意，是人类自己的不友善行为酿成了不良后果。在人类与外星人的接触中，这可能也是导致人类遭受神秘力量攻击的重要原因。

从世界各地传来的有关UFO的报道来看，如果外星人真的存在，他们一定拥有比地球人高得多的科学技术水平。如果他们怀有恶意，他们将会具备摧毁人类的能力，以迫使人类臣服。可是，事实并不是这样，外星人似乎总是在窥探人类，让人类搞不清他们到底是灾难还是福星。

MYSTERIOUS

.....

2 骇人的魔鬼地域

　　地球是我们赖以生存的家园，但对人类而言，它却是既熟悉又陌生的。之所以说熟悉，是因为我们的生活与之休戚相关；之所以又陌生，是因为它尚有太多的地域让我们一头雾水，绞尽了脑汁也想不出所以然。比如，可怕的巴罗莫角为何能"吞"人？小小的火炬岛为什么能使人自焚？杀人不眨眼的死亡山谷通向何处？黑竹沟历来"吃人"不眨眼，到底是谁在作祟……众多惊人的魔鬼地域，等待着我们去寻找答案，去破解谜团。

吞噬飞机的魔鬼大三角

1945年12月5日14点，美国海军上尉查尔斯·泰勒坐在"复仇者"强击机上严阵以待，准备率领另外4架"复仇者"和14名飞行员进行演习训练。此次演习要求飞机从佛罗里达州的劳德代尔堡海军航空基地起飞，向正东方向飞过巴哈马群岛，接着向北飞行，最后再折向西南返回基地。泰勒有着在空中飞行2599小时的飞行纪录，这次任务对于他来说可谓小菜一碟。14点10分，5架"复仇者"从基地起飞，轰隆隆地飞向万里晴空。

起初，飞机按照既定航线平稳地飞行着，地面雷达站收到的信息显示一切正常。一个半小时后，飞行队越过巴哈马群岛上空，泰勒看了看罗盘，准备按照预定计划向北飞行，但他突然发现罗盘的指针不动了。

"发生了什么事？"泰勒连忙向另外4架飞机询问情况，结果，只有飞行员阿本的那架飞机的罗盘正常，其余的全都失灵了。

泰勒心中一惊，他透过窗户俯瞰下方，只见一望无际的大海，根本无法判断方位。泰勒赶紧向指挥部报告。

"指挥部，指挥部，发生了非常事故，我们好像偏离了既定的航线。"

指挥部命令："报告你们现在的位置。"

"周围都是海，无法弄清现在的位置。除了阿本的，所有罗盘都失灵了，指针不动，无法分辨方向。"

"那现在就由阿本暂时做编队的指挥，其余的飞机尾随其后，直接向基地的方向飞行。"

此时，在指挥部看来，飞机上燃料充足，足以再飞行4个小时，而泰勒的飞行技术也是让人放心的，只要飞机的航线找准了，一切问题都迎刃而解。然而，到了16点45分，阿本的罗盘指针也不动了。

指挥部接连接到报告："报告，我们又迷航了。"

"乱套了，一切全乱套了……"

"我们好像在墨西哥湾的上空……"

基地的指挥员们也困惑了，即使罗盘都失灵了，现在是日落西山的时候，他们只要看到太阳，也是可以校正航向的，这些训练有素的飞行员怎么会跑到离演习区域上百千米以外的墨西哥湾呢？指挥员们开始担心，想知道更多的消息，然而，他们收到的信号逐渐微弱，信息也越来越少。

到了19点零4分，泰勒向基地指挥部发来最后一条信息："我们将继续保持飞行，要么看到海滩，要么将燃料耗尽……"随着雷达信号的中断，泰勒上尉连同他的14个伙伴以及那5架飞机，与基地彻底失去了联系。基地指挥部终于意识到了事态的严重性，立即展开救援工作。19点27分，两架海上搜索机应命前去救援。令人困惑的是，其中的一架搜索机飞到百慕大三角海域时也失去了踪影。

6架飞机，27位飞行员，在仅仅6个小时内全都不见了，而失踪的地点都在百慕大三角海域附近。消息传到白宫，震惊了美国当局。因为一直以来，百慕大三角就是一块让人谈虎色变的魔鬼海域，种种航船和飞机在这里失踪的传闻，给百慕大三角披上了层层神秘的面纱。这次6架飞机的神秘消失究竟是一起飞行事故，还是又一宗神秘失踪案？美国当局决定调查个水落石出。

次日，美国海军动用了佛罗里达海域附近所有能够动用的舰船和飞机，对从百慕大到墨西哥湾的每一处海域进行了地毯式搜索，时间长达5天之久，但结果仍是毫无线索。美国海军调查署只好在报告中写道："我们甚至无法做出令人信服的推测，泰勒和他的飞行队到底有没有向北飞行？他们到底有没有降落？如果飞机全都失事，那么残骸又在哪里？我们都无从知道。"

当这件事被披露之后，百慕大三角备受世人关注。有人认为百慕大海底有巨大的磁场，因此会造成罗盘失灵；有人认为百慕大海底有一股神秘的潜流，当其与海面潮流发生冲突时，就会造成海上事故；还有人认为，百慕大海域存在一种反旋风和下沉涡流，是它们将飞机卷入或吸入海底的……看来，百慕大的谜还有待后人继续努力去求解。

有人推测，百慕大海域海底的神秘潜流与海面潮流发生冲突，从而引发了海上事故。

恐怖的海上坟墓

马尾藻海位于大西洋中部、巴哈马群岛东北部、北纬20°～35°、西经40°～75°，它紧邻著名的百慕大海域。在航海家们的眼中，马尾藻海是"海上荒漠"

和"船只的坟墓"。在这片空旷而死寂的海域中，几乎捕捞不到任何可以食用的鱼类，海龟和偶尔出现的鲸鱼似乎是仅存的动物，此外就是那些单细胞的水藻。人们都说，马尾藻海是一个巨大的陷阱，经过这里的船只会不知不觉地掉入这个陷阱，无法逃脱，最终剩下的只有水手的皑皑白骨和船只的残骸。

1922年，一艘美国货轮在途经马尾藻海的时候神秘失踪，人们至今没有找到这艘货轮的任何线索。1924年6月，年轻的生物学家比尔夫妇到马尾藻海考察，他们计划2个月后返回，但是3个月过去了，他们还是没有回来。搜救人员在马尾藻海附近进行了大范围的搜索，但是一无所获。比尔夫妇到底去了哪里？他们是否真的葬身在了马尾藻海？这些都是一个谜。

到底是什么东西使马尾藻海如此神秘恐怖？也许，亨利·巴库福特的经历能给我们一点线索。

1926年7月，英国航海爱好者、大学生亨利·巴库福特和5位伙伴在暑假里驾驶一艘帆船横跨大西洋，前往美国。不久，巴库福特的帆船就驶入了马尾藻海。此时，水平如镜，一片寂静。随着帆船逐渐深入这片海域，巴库福特一行人闻到了一股令人掩鼻的腥臭味。他们感到有些恐惧，希望赶快离开这片海域，但是不知道为什么，无论他们怎么努力，帆船仍然只能缓慢地航行。

夜里，巴库福特独自伫立在甲板上，看着静悄悄的四周，独自思考着如何能够加快航行的速度。忽然，他发现有两三条蛇一样的物体弯曲着躯体，悄无声息地爬上了甲板。巴库福特顿时又闻到了更加刺鼻的腥臭味，他不禁大叫一声："啊！天啊！那是什么玩意儿！真恶心。"他低头看去，在黑暗中那些蛇似的东西正越来越近地向他身边爬来。巴库福特猛地弯下腰，从甲板上捡起一根短棒，用力对准"蛇"的头部狠狠地打了过去……打了一会儿，那条"蛇"似乎不动了，巴库福特这才急忙回到船舱中。

第二天天亮，当巴库福特再次和同伴来到甲板上时，他们仔细一看，前一天晚上的"蛇"竟然是几根像章鱼脚那样的、长着一个个吸盘的海藻。他们看着这些海藻，不禁觉得脊背上一阵阵发凉。这里怎么会有这么大的海藻？这些海藻怎么会爬到船上？这些疑问使他们越来越害怕。

为了确保安全，巴库福特对同伴说："这样下去不是办法，我们一定要加快速度。"说完，他就让同伴再次试试给帆船加速，但是，就在这时，帆船突然不动了，无论他们用什么方法，帆船就是无法移动。巴库福特知道如果再不离开这里，他们可能就会有生命危险，于是，他果断地决定弃掉帆船，带上水和食物，乘救生小船，划桨冲出去。于是，6个人一起跳上备用的小船，大家手握船桨，向海藻稀薄的地方拼命划去。

根据科学家的分析，失事船只可能由于螺旋桨被海藻缠住，导致无法航行，直至沉没。

到了第三天，海藻逐渐减少，海面显得开阔起来。到了黄昏时分，他们终于划出了马尾藻海。不久，一艘正好经过的美国货船发现了他们。巴库福特和他的同伴终于得救了。

根据亨利·巴库福特一行人的经历，人们猜测马尾藻海上的真正杀手就是这些神秘的海藻——马尾藻。美国生物学家威廉·比勃博士曾率领探险船"阿科尔"号，对马尾藻海进行科学调查。经过研究和分析，他认为马尾藻是当地土生土长的独特的海洋生物，它属于大型藻类，是唯一能在开阔水域上自主生长的藻类。而且，这些藻类生长十分迅速，马尾藻海几乎到处都是这样的海藻。此外，这些藻类身上有无数的小气囊，这些气囊可以使海藻漂浮在海面上。

根据以上结论，人们推测，在马尾藻海遇难的船只很可能在航行的过程中被马尾藻缠绕，无法正常航行，最终沉入马尾藻海。而马尾藻之所以能够爬上船，可能与其特殊的气囊结构有关。至于这里的马尾藻为什么能够如此疯狂地生长，目前并没有一个明确的答案。马尾藻海神秘依旧。

夺命龙三角

1955年，日本政府派出一艘渔业监视船"锡比约丸"号前往位于以北纬25°、东经142°为中心的龙三角海区执行调查任务。然而，没有想到的是，"锡比约丸"号不仅没有完成任务，而且在出发10天以后，突然间同陆地上的导航站失去了联系，从此不知去向。

其实，在龙三角地区失事的船只不止"锡比约丸"号一艘。据日本海上保安厅航行安全科的调查显示，仅在1953~1972年，就有161艘大大小小的船只在龙三角地区神秘失踪。

1979年5月，一艘菲律宾货轮"海松"号正由中国南海驶向菲律宾马尼拉。突然，马尼拉南港海岸自卫队收到一个紧急呼救信号——"海松"号在中国台湾以南、菲律宾吕宋岛以北海域遇难，这正是在龙三角附近。信号来得十分紧迫，船上的人甚至来不及报告遇难原因，信号就中断了。搜寻小组火速赶往出事海域进行紧急救援。但是，经多方搜寻，不仅25名船员踪迹全无，就连上千吨的货轮也没有留下半点残迹。

1980年9月8日，"德拜夏尔"号装载着15万吨铁矿石，来到了距离日本冲绳海岸约360千米的地方。这艘相当于泰坦尼克号两倍的巨轮，船体长度超过3个足球场，设计从头到尾堪称完美。"德拜夏尔"号在海上已经服役了4年，当时正是它机械状况最为理想的时期。驻足在这艘轮船的甲板上，任何乘客都会感到非常安全。

但是，干练的水手皮特却并不轻松。每次他休假回家的时候，总会很自然地谈论起他所在的轮船"德拜夏尔"号。从皮特的口气可以听出，他一点也不喜欢这艘轮船。用皮特的话说，他总觉得这艘船上一定会发生意想不到的事情。而且，这艘船上几乎所有的水手都有同样的不祥预感。

可是，为了筹集足够的婚礼费用，皮特不得不再次乘"德拜夏尔"号出海，那时他只有19岁，但这场婚礼最终没有如期举行。因为就在9月9日那天，这艘船及全

当海上刮起飓风时，惊涛拍岸，无情的涌浪猛烈地扑打着海上的船只，使其无法正常航行，这些狂涛怒浪极有可能就是"德拜夏尔"号海难的罪魁祸首。

体船员在龙三角附近全部失踪了。

在龙三角附近不仅有海难，还有空难。

曾有一架日本HK-8侦察机在龙三角上空失踪。当时，这架侦察机正在硫黄岛附近执行任务。忽然，飞行员传回了十分惊人的讯息："天空发生了怪事……天空打开了……"说到这里，电讯突然中断。此后，这架飞机就与地面失去联络，机上全体人员也随之消失得无影无踪。

连续不断的灾难激起了人们的好奇心。究竟是什么力量将船只卷入海底，人员无一生还？那些飞机为什么会不留痕迹，凭空消失？究竟是什么力量将水手们推向了死亡？龙三角海域到底隐藏着多少秘密？

为此，科学家们开始用不同的方法去探索龙三角海域之谜。日本海洋科技中心向海底投放了一些深海探测器。科学家们发现：在龙三角西部海域，岩浆活动频繁，随时都可能冲破薄弱的地壳。这种事情发生时毫无先兆，其威力之大足够穿透海面，从而影响海上船只的正常航行。而且，这些活跃的岩浆转瞬之间又可平息下来，不留任何痕迹。专家还怀疑，龙三角附近有神秘的引力旋涡，飞机和船只进入后，通讯设备就会失灵。此外，每当海底发生地震时，就会导致海啸的发生。海啸引发的巨浪时速可以达到800千米，这是任何坚固的船只都经受不起的。如果在海啸发生时又正好赶上飓风，那么遇难者别说自救，就连呼救的时间可能都没有了。

为了更深入地了解龙三角，很多科学家不惧危险，亲自到龙三角进行实地考察。在他们的努力下，终于在那片神秘海域的海底找到了失事已久的巨轮"德拜夏尔"号的残骸。通过对这艘巨轮的残骸进行分析，科学家们发现导致巨轮沉没的原因是船体解体。

科学家认为，"德拜夏尔"号可能是遇上了飓风，无法逃脱，并且飓风所造成的海浪波长与船身长度几乎相等，所以当下降到波谷，船身随即又会被推入下一波巨浪。随后，一波又一波的巨浪完全困住了它。大型船舶最怕的就是涌浪，即那种横向滚动的海浪，它可以很高，把船头和船尾同时举起，这样船身就会被托出水面，然后缺乏支撑的船身很有可能从中间断裂。随后，一个个船舱开始进水，最后整艘船都处于下沉状态。这时，对整艘船而言，已经回天无术了。船员们没有任何逃生机会，他们根本没有时间放下救生艇逃生，他们只能无助地祈祷这艘船能够挺过去。但是最多10分钟之后，船员们就已经彻底明白这次是在劫难逃。无情的涌浪将"德拜夏尔"号撕成三段，并且在它下沉时，把它挤压变形。

至于其他船只和飞机的遇难原因，研究人员还没有给出准确的答案。是不是还有其他更神秘的原因使龙三角成为恐怖的海上墓地，还有待人们进一步去研究。

水上"火影"

水火不相容，这是人们早已熟知的。可是，自然界却有水上起火的奇观。这种奇异的现象，一直被人们视为自然之谜。

巴哈马群岛位于佛罗里达海峡口外的北大西洋上。其中，大巴哈马岛位于巴哈马群岛的北端，西距美国佛罗里达半岛约96千米。在大巴哈马岛上有一个奇特的火湖。每当夜幕降临，微风吹过湖面，湖面上便泛起千万点火花，鱼儿跃出水面，荧光闪闪、满身带火。当人们在湖上泛舟时，轻轻摇摆的船桨会激起无数的火星，船后还会拖出一条火路。

如果说火湖令人称奇，那么能喷火的河更让人叫绝。在我国江苏省丰县宋楼乡子午河一段长30多米、宽20多米的水域曾经就发生过喷火事件。在1987年9月13日傍晚至9月16日黄昏这段时间里，这片水域不断喷射高出水面达4～5米的耀眼火花，并伴有"呼呼"的声响，犹如五彩缤纷的节日焰火。不幸的是，在喷火的过程中，附近的鱼和青蛙纷纷死亡。

最让人匪夷所思的是海上的通天大火。1976年6月的一天，法国气象工作者从气象卫星上接收到奇怪的彩色照片。根据照片显示，在大西洋亚速尔群岛的西南方海面上，一排排山峰般的巨浪上燃烧着通天大火，这一景象使人惊叹不已。

无独有偶，1977年11月9日，印度东南部安得拉邦马得里斯海湾附近的海域里，突然刮起一阵飓风，接着海浪咆哮，海面上骤然燃起了一片通天大火，火光映照周围数十千米，目击者无不目瞪口呆。这次大火持续了20天之久，燃烧的海水通红、沸腾，景色壮观，惊心动魄。

水上的火是怎样产生的呢？经过科学家的研究，有些原因已经初步探明。大巴哈马岛上的火湖之所以火花闪闪，是因为湖里生长着大量会发荧光的细菌。这种荧光极其微弱，只有在夜里才能看到。这些发光细菌都生活在热带和温带海洋中。在入海口咸水、淡水混合之处，在冷、暖水交界的海区，有机物质最为丰富，因而海洋发光细菌在这里能大量生长、繁殖。它们不仅自由地生活在海水中，而且也寄生、共生或腐生在鱼、虾、贝等海洋生物体上，使生物体发光。

在这些发光细菌的体内，有一种荧光素和荧光酶。荧光酶是一种生物催化剂，在它的催化下，荧光素和氧气结合，生成氧化荧光素，其化学反应所产生的能量以光的形式释放出来，因而这些细菌就发出了光。

这些发光细菌使海水和生物体发光多半是由机械刺激（如海浪冲击、鱼儿跃出水面等）引起。这就是为什么船桨划水后会荧光闪闪，鱼儿跃出水面会满身带火。这就是大巴哈马岛火湖"着火"的真正原因。

然而，水面上的喷火现象和海面上的通天大火却不是由发光细菌造成的，因为水里附着细菌的鱼无论如何也无法跃至4～5米的高度，而且细菌发的光也不可能引起通天的火光。那么，这两种现象又是怎么形成的呢？

有关专家推测，在河流的地层深处，可能贮藏着大量的天然气，由于地层的变动，导致天然气外泄，又由于地心热力超过了天然气的燃点，以至于天然气自动燃烧，从而形成高达4～5米的喷火奇观。当然，这只是人们的一种猜测。

至于海水燃烧的原因则可能更加复杂。印度科学家和苏联科学家经过研究认为，当飓风以每小时280千米的高速在海面上疾驰的

海洋中存在大量发光的生物，包括水螅、水母、鞭毛虫，以及一些甲壳类、多毛类的小动物。这些发光的生物可以使海面发出巨大的亮光。

时候，会激起滔天的巨浪，风与海水发生高速摩擦，从而产生巨大的能量，使水分子中的氢原子和氧原子分离，在飓风中电荷的作用下，这些原子发生了爆炸和燃烧，再加上空气的助燃，海面上便燃起了熊熊大火。如果这一假说成立，那么人们就可以利用高速摩擦的手段使水分子分解为可以燃烧的物质，从而开发出一种新的能源。

但是，美国一些科学家对海上起火事件有另外一种看法。不久前，美国学者对柱形的花岗岩、玄武岩、大理岩等多种岩石试样进行破裂试验。结果发现，当压力足够大时，这些试样便会爆炸性地碎裂，并在几毫米内释放一股电子流，激发周围的气体分子发出微弱的光亮。在实验中，他们还注意到，如果把样品放在水中，则碎裂时产生的电子流，也能使水面发出亮光。所以，他们认为，海面上的起火现象可能是岩石破裂而发出的光。

究竟哪种说法是正确的，或者还有其他的说法，这些我们都不得而知。不过，无论真正的原因是什么，我们都希望在研究这一现象的过程中，我们能够在海洋中找到新的能源，从而为全人类造福。

迷雾笼罩的骷髅海岸

在非洲纳米布沙漠和大西洋之间，明媚的阳光下有一片美丽而荒凉的海岸。这条海岸长约500千米，海岸上是一大片斑驳的金色沙丘，这片沙丘从大西洋向东北

在骷髅海岸上，大浪拍打着缓斜的沙滩，把一些遇难船只的残骸冲了上来。此外，海岸附近还经常发现遇难者的尸体和遗物。

延伸到内陆的沙砾平原。沙丘上的沙粒在烈日的照耀下闪闪发光，沙丘旁的岩石之间还不时出现奇妙的蜃景。然而，这条美丽的海岸却不是旅游胜地，而是被人们称为"骷髅海岸"的魔鬼海域。在这条海岸周围，人们总能看到皑皑的白骨。

1933年，瑞士飞行员诺尔驾驶飞机从开普敦飞往伦敦，他与地面的导航站一直保持着密切的联系。然而，没过多久，联系突然中断了。地面导航站一次又一次地呼叫诺尔，但是没有任何回音。地面导航站的工作人员发现，诺尔的飞机当时正好在骷髅海岸附近。之后，这架飞机再也没有出现。警方迅速展开了紧急的搜救工作，但时至今日，仍然没有找到飞机的残骸以及诺尔的尸体。

在骷髅海岸附近，海难比空难更加频繁。

1942年的一天，"邓尼丁星"号载着85位乘客和21名船员正在海上航行，船上的乘客都陶醉在美丽的大海风光之中。然而，当"邓尼丁星"号行驶到库内内河以南40千米处时，忽然大雾弥漫，狂风骤起，海浪一波又一波地袭来。船上的乘客惊慌起来，四处逃窜。随着一声雷鸣般的巨响，"邓尼丁星"号开始下沉。

得知"邓尼丁星"号失事的消息后，地面搜救人员立即展开了搜救工作。因为救援的地方正好靠近骷髅海岸，海上的浓雾和周围恶劣的地理环境给救援增添了难度。为了保障救援工作的顺利进行，救援机构共派出了两支陆路探险队，他们从纳米比亚的温得和克出发，进行拉网式搜索。此外，救援小组还出动了3架救援飞机和几艘救援船。即便如此，救援工作还是遇到了意想不到的事情，一艘救援船在搜寻幸存者的过程中突然遇到了大风和浓雾天气，救援船在航行过程中不幸触礁，3名船员遇难。经过近4个星期的搜救，救援人员才找到所有遇难者的尸体和生还的船员与乘客，并把他们安全地送回目的地。经过救援，有45名乘客，其中还包括3名婴儿幸免于难。

人们发现，越靠近骷髅海岸，遭遇似乎就越悲惨。

1943年，一批大胆的探险者登上了这条海岸。他们在沙滩上发现了12具无头骸骨横卧在一起，这些骸骨附近还有一具儿童骸骨。这些骸骨半埋在海滩上，经受着风吹日晒。此时，探险者们感到登陆骷髅海岸似乎是一个错误的决定。在离这些骸骨不远的地方，他们还发现了一块破损的石板，石板上面歪歪斜斜地刻着一段话："我正向北走，前往96千米处的一条河边。如果有人看到这段话，照我说的方向走，神会帮助你。"这段话刻于1860年。探险者看到这段话后，越来越觉得恐惧，他们不知道继续向前走会遇到什么危险，于是便匆忙地按原路返航了。

有关骷髅海岸的一桩桩惨剧，使人们对这里充满了恐惧，谈之色变。瑞典生物学家安迪生一提到这条海岸，就不寒而栗。他表示："我宁愿死也不要流落到这样的地方。"

为此，我们不禁要问：船只为什么在骷髅海岸频繁失事？骷髅海岸为什么有这么多骷髅？

科学家推测，这可能是当地特殊的地理和气候环境造成的，8级大风、令人毛骨悚然的海雾和深海里参差不齐的暗礁，使得这片海岸笼罩着浓厚的恐怖色彩。

当船只在骷髅海岸附近航行的时候，如果遇到狂风四起、大雾弥漫的天气，船只就很难把握航线。另外，再加上骷髅海岸附近布满了大大小小的暗礁，船只一旦触礁，那么沉船就在所难免。

当幸免于难的人进入骷髅海岸时，他们的生命又要经受严峻的考验，因为他们必须面对烈日的暴晒和缺少淡水水源的现实。在海岸南部，连绵不断的内陆山脉是河流的发源地，但是这些河流往往在还没有进入大海之前就已经干涸了。这些干透了的河床就像沙漠中荒凉的车道，一直延伸到被沙丘吞噬为止。

此外，海岸上的大风和沙浪也能将人瞬间吞没。纳米比亚布须曼族猎人称这种风为"苏乌帕瓦"。"苏乌帕瓦"吹来时，沙丘表面向下塌陷，沙粒彼此剧烈摩擦，发出令人心惊胆战的咆哮，犹如张开大口的猛兽，随时等待人们陷落其中。

然而，以上这些情景只是科学家根据骷髅海岸的地貌资料做出的想象和推测，至于是否有其他原因导致沉船，还有待于进一步研究。而飞机为什么经常在骷髅海岸失事，则更是一个谜。到目前为止，还没有一个人能对骷髅海岸做出全面而详细的调查，它留给我们更多的还是无限的恐惧。

"地下大洋"之谜

在法国作家儒勒·凡尔纳的科幻小说《地心游记》中，描写了一位科学家在地心历险的故事：1863年5月的某一天，德国科学家李登布罗克教授在一本古老的书籍里偶然得到了一张羊皮纸，由此他发现前人曾到地心旅行过。于是，他决定也进行一次穿越地心的探险旅行。他和侄子按照前人的指引，由冰岛的一个火山口进入地心。他们在地心目睹了种种奇观，发现地下有浩瀚的海洋……小说中的情节不足为信，然而在2007年，两位美国科学家却宣称地球内部真的藏着一个巨大的"海洋"，这个消息顿时震惊世人。

美国圣路易斯华盛顿大学的地震学家迈克尔·维瑟逊与加州大学的另一位研究者耶西·劳伦斯组成了一个研究小组，他们一直在从事地震波的研究。

即使岩石中真的存在水分，利用起来也非常困难。

2007年，维瑟逊和劳伦斯陆续分析了60多万份地震图表后，发现其中有8万份图表所显示的地震波出现了异常，明显是受到了干扰。地震波是穿越地幔而到达地表的，也就是说，在穿越地幔的过程中，一些地震波途经了一个非常特别的区域。这引起了两位研究者的极大兴趣，他们很快制作了地震波的3D模型，以分析地震波的变化情况。结果表明，地震波变弱的位置主要是在东亚：从印度尼西亚一直延伸至俄罗斯北端。

两位科学家大受鼓舞，因为地震波起伏不平的波动可以表明这个地区的岩石硬度大小。维瑟逊认为，地震波在一个岩石相对脆弱的区域逐渐变弱，说明这个区域富含水分，因为水能迅速减弱地震强度。

不过，他们所推测的水体并非能自由流动的液体水，而是被封闭在地下700～1400千米的岩石之中。这就意味着他们所称的地下水体区域其实并不是真正的大洋，而是含有水分的岩石。据估计，这些岩石的含水量在0.1%左右，不过如果能把这些水提取出来，总量也是惊人的。两位科学家通过估算，发现这个"大洋"的面积与水量竟然与北冰洋大致相当。

据科学家推断，如果地幔深处真的含有水，极有可能是板块运动造成的。在东亚一带，太平洋板块与大陆板块在运动的过程中相互挤压，大量的海水便被带入地下，并逐渐渗入了地幔内。维瑟逊和劳伦斯还设想了一个利用这些水资源的方法，那就是把这些位于地幔中的岩石开采出来，并在密闭容器中加热，这时岩石中的水分就会蒸发，可供收集利用。

英国布利斯托尔大学的地质学家认为，该项发现有助于推进有关地幔之中到底存有多少水的争论。但他说直到现在，大部分人仍坚持认为地幔中没有多少水，其依据是：地壳的某个地方一旦产生裂隙，地幔上部的物质就会喷出地表，形成火山。如果正如美国科学家所推测的那样，在地下地幔层存在大量含有水分的岩石，那么在地下高温、高压的情况下，岩石中的水必然会蒸发出来形成气体，而"无孔不出"地在地面形成温泉、间歇泉等自然现象。但是目前这一现象却很难看到。

的确，地震波的衰减与很多因素有关，不仅仅是地下水，还有不同性质的岩石、过渡层等都可以引起地震波的衰减。因此，东亚地区地下是否真正存在美国专家所推测的"大洋"，还需要进一步证明。

钟情谋杀的"吃人"湖泊

莫罗温湖位于非洲喀麦隆境内。在平常人眼里，它犹如一个温柔娴静的处子，一池碧水，波澜不惊，就像被靛蓝染透的蛋清，滑滑的，蓝蓝的。然而，在看似平静的湖面下，却潜伏着一个邪恶而神秘的杀人狂魔。它杀人于无形，顷刻置人于死地。当地人谈湖色变，至今对1984年发生的那一幕心有余悸。

1984年的一天早晨，年轻的农场主阿哈吉·阿布杜哼着轻快的曲子，骑着自行车，路过莫罗温湖边。忽然，他感觉车辐辘被什么绊了一下，一个倒栽葱摔出去老远。"真晦气，怎么搞的？"阿哈吉·阿布杜扶着腰站起来，一边拍着身上的灰尘，一边拖着腿走向自行车。然而，眼前的一切让他惊呆了。自行车的下面躺着一个30多岁的男人，这个男人一动不动，闭着眼睛，不知是死是活。在他的不远处，停着一辆小型货车，货车的四周还横七竖八地躺着好几个人。

阿哈吉·阿布杜吓得心怦怦直跳，但还是壮着胆子走到被自行车压着的男人近前。"老兄，醒醒。"阿哈吉·阿布杜叫了两声，没有反应。他又往前凑了凑，蹲下身子，摸了摸男人的额头，冰凉冰凉的。"我的妈呀！"阿哈吉·阿布杜顾不上腿疼，腾地站起来，跌跌撞撞地朝附近的村庄奔去，他边跑边喊："不好了，不好了！快来人啊！出人命了。"

　　附近的村民听到阿哈吉·阿布杜的呼叫纷纷赶来，不一会儿，莫罗温湖边就围了一堆人。他们见到这样的情景也手足无措。德高望重的村长见事情重大，赶紧报了案。空气中流动着一种恐怖的气氛，每个人的心里都在打鼓，不知道到底发生了什么事。

　　"天啊！一下子死了这么多人，难道这些人发生了车祸吗？"一位40多岁的妇女抚着扎在自己怀里的孩子，喃喃地说。

　　"应该不是，你看，他们身上没有撞伤或摔伤的痕迹，而且面色平静，死前显然没有挣扎过。"一位中年男子分析道。

　　一位青年睁着惊恐的眼睛，声音颤抖地说："瘟疫？难道是瘟疫？"这句话一出口，所有村民们的心马上提了起来，有的干脆离开了这里。种种猜测让整个事件更加神秘恐怖，以致人人自危。

　　皮埃尔·扎布是第一个抵达现场的医生，虽然他见过不少死去的病人，但也没见过一次死这么多人的场面。所幸的是，案发现场还有两名幸存者。

　　"真是惨不忍睹，除了瘟疫，还有什么能一次导致这么多人死亡呢？"皮埃尔·扎布根据自己的职业敏感，本能地认为这里发生了瘟疫。为了寻求佐证，他问了问幸存者当时的一些情况。

　　其中一个幸存者说："我们一共12个人，坐着一辆小型货车路过莫罗温湖边时，发动机忽然不转了。司机第一个下车，想看看怎么回事，结果他立即倒地。其余的人也跟着下了车，想知道究竟出了什么事，但也都一一倒地而死，只有我们两个幸运地活了下来。"

　　"听这个人的描述又不像瘟疫，瘟疫不可能在这么短的时间内传播。"皮埃尔·扎布猛然想起，在快到出事现场时，他闻到了一股难闻的气味，好像是臭鸡蛋或者火药发出来的。

　　很快，这件诡异的案子就震惊了全世界。一时间，众说纷纭，有的人甚至猜测会不会是某人或某组织在秘密试验一种新的生化武器？生化武器是莫罗温湖死亡事件元凶的说法一经提出，便引起了世界性的恐慌。为此，美国政府派出罗德岛大学的哈拉杜尔·西古森教授专门调查此事。西古森教授经过深入的调查和研究，断定这些人死于窒息，此观点排除了生化武器的可能性。

　　那么，这种难闻的气味到底是什么呢？开始时，西古森教授也是一头雾水。他通过目击者的描述和对整个事件的仔细分析，发现了一条非常有价值的线索：所有的死者都死在莫罗温湖边的路上。西古森由此确信，这些人的死一定同莫罗温湖有关联。于是，他决定去湖中寻找答案。尽管他十分清楚这么做有多么冒险，他还是战战兢兢地坐上小艇，驶向湖心，并向湖底投去水样提取瓶。然后，他缓缓地将取

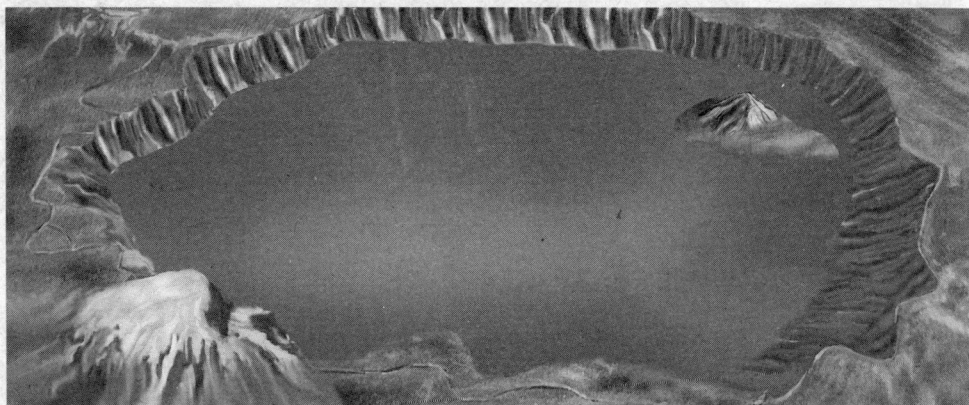

据科学家调查，莫罗温湖附近曾有过火山活动，莫罗温湖就是由一个火山口积水形成的，也许"吃人妖魔"就藏在湖底。

样瓶拉上来。

当取样瓶就快被提出湖面时，西古森发现瓶中出现了大量气泡，他立即意识到深层湖水中肯定充满了气体。是什么气体呢？这种气体无色无味，还能溶于水——二氧化碳，西古森一下子就明白了！人人都会呼出二氧化碳，少量的二氧化碳是无害的，可是高浓度的二氧化碳却会让人窒息，甚至置人于死地！西古森断定，二氧化碳正是莫罗温湖大悲剧的元凶。

此时，另一个谜团又出现了：是什么原因将如此大量的二氧化碳逼出了湖水？这些二氧化碳又来自哪里呢？

西古森进行了一个大胆的推论，他把莫罗温湖比作一个巨大的高压汽水瓶，由于深层湖水中的压强与压力极大，从地壳岩石裂缝中逸出的二氧化碳被高压溶解在湖水中，一旦高压被打破，大量的二氧化碳就像脱缰的野马一样喷涌出湖面，从而酿成悲剧。

西古森的理论是如此新奇，一经提出就在科学界引起极大的争议。我们期待着科学家早日得出定论，让莫罗温湖的悲剧不再重演。

"中国百慕大"的魔鬼事件

在中国古代的神话传说中，人死后都要过一道阴森可怕的鬼门关，那里是地府之门，也是阴阳交界的地方。如果有人告诉你，在现实生活中也有这样一个可怕的"鬼门关"，你信吗？

在中国最大的淡水湖鄱阳湖的北湖区，有一片三角水域，被称为老爷庙水域。

几百年来,在这里葬身湖底的生命不计其数。仅1985年一年,就有20多条船只在这里遇难,死伤40余人。因此,人们把这里称为人间的"鬼门关"、鄱阳湖的"魔鬼三角",又因为其地处怪事频繁出现的地球北纬30°附近,所以也被称为"中国百慕大"。

这片水域位于鄱阳湖区的江西省都昌县,南起松门山,北至星子县城,全长24千米。水域的得名源于湖东岸的一座破旧的庙宇,叫老爷庙,这座庙立在湖边大概已经有一千多年了,但谁也说不清它建立的确切年代。

很多船只行驶到这片水域时,经常会莫名其妙地停止不前,继而离奇沉没。例如,20世纪60年代初,一条从松门山出发的渔船行至此处时,突然沉入了湖底;1985年3月15日,一艘巨大的货轮在晨晖中沉没在了老爷庙以南约3000米处的浊浪中;1985年8月3日,在短短的一天之内,包括江西省的两艘货轮在内的14条船只都在这片水域中离奇地葬身湖底;1986年3月15日,江西省的一艘机动船在老爷庙水域航行时,突然狂风骤起,恶浪狂舞,大船顷刻间就挣扎着沉入了湖底;1988年,又陆续有数十条船只在这片水域沉没……而在老爷庙水域发生过的沉船事件中,最著名的要算1945年的日本"神户丸"号沉没事件了。

1945年4月16日这天,鄱阳湖的上空万里无云,一艘插着日本国旗的轮船在湖面上飞快地行驶着。这是日本侵略军的一艘2000吨级的运输船,名为"神户丸"号。船上不但载有286个日本侵略军,还装满了金银珠宝和价值连城的古董文物,那全都是日本侵略军在我国疯狂掠夺的罪证。他们计划经鄱阳湖出长江口,然后走海路把这些宝物运回日本去。

"神户丸"号在鄱阳湖的湖面上快速地前进着,船上的人都很镇定,丝毫没预料到会有意外发生。很快,"神户丸"号行驶到离老爷庙不到2千米的地方。突然,它停止不前了,像被一股无形的魔力固定在了那里。紧接着,这艘不小的运输船就开始悄然无声地下沉。船上的那些日本人一个个吓得惊慌失措,"哇啦、哇啦"地乱叫起来。不过,他们的叫喊都无济于事,很快他们就和那些金银珠宝、古董文物一起随着"神户丸"号沉入了湖底。船沉后,老爷庙附近的湖面又恢复了往日的平静……

美丽富饶的鄱阳湖养育了世代居住在湖边的人民,但也制造了无数次船翻人亡的悲剧。

消息很快传到了驻扎在江西省九江市的日本侵略军那里，他们立刻派军官山下提昭带领一支训练有素的潜水队前往事发地点，打捞"神户丸"号上的那些金银珠宝和古董文物。

老爷庙水域的水深一般在30多米，最深处也不过40米。山下提昭带着潜水队来到这里后，立刻命令一个潜水员潜到水下去看看沉船的情况。那个潜水员做好准备，"扑通"一声跳下了水。大家都死死地盯着湖面，可过了半天，那个队员也没有露出水面，似乎是凶多吉少。于是，山下提昭又陆续派了几名队员下水，可怕的是，直到所有的队员都被山下提昭派遣光了，也没有一个人返回水面，他们就这样悄无声息地失踪了，只有湖面上会时不时地冒出几个水泡。

山下提昭不由得倒吸了一口凉气，看着死寂的湖面，他有些心惊胆战。不过任务还没完成，空手而归恐怕也是凶多吉少。于是，他咬了咬牙，纵身跳进了湖里。幸运的是，他没过几分钟就从水里露出了脑袋，不过，他什么都没有找到。而且，等他手忙脚乱地爬上岸后，却双眼惊恐而呆滞，精神恍惚，一下子精神失常了！从那以后，日本侵略军再也不敢派人到鄱阳湖里去打捞沉船和珠宝了。

抗日战争胜利以后，国民党政府也对"神户丸"号上的财宝产生了浓厚的兴趣，他们专门请来了美国著名的潜水打捞专家爱德华·波尔，组建了一支潜水队。打捞工作从1946年夏季开始，几个月的时间过去了，这支打捞队耗资数万，却一无所获，而且有几名潜水员也在这片水域离奇失踪了。更加奇怪的是，所有的生还者对打捞过程均三缄其口，真相不得而知。

直到40年后，爱德华·波尔才打破沉默，在《联合国环境报》上发表了一篇回忆文章，披露了他在鄱阳湖亲历的奇境："几天内，我和三个伙伴在深水域搜寻'神户丸'号，没有发现一点踪影。正当我们沿着湖底继续向西北方向搜寻时，我忽然觉得眼前一亮，透过防水镜看到前面不远处有一道耀眼的白光正飞快地向我射来。平静的湖底顿时出现了剧烈的震动，身边呼啸如雷的巨声滚滚而来，一股强大的吸力把我紧紧吸住了，我感到头昏眼花，神志麻木，身体随着吸力昏昏向前。这时，有一样东西重重地捶击了我的腰部，我忙用手抓住它，原来是一只箱子。剧烈的疼痛使我的神志变得清醒起来，拼命与那股吸力抗衡。白光在鄱阳湖底疯狂地翻滚着，我的潜水同伴随着白光而去，再不见踪影……"

这篇文章发表后，引起一片哗然。爱德华·波尔看到的白光到底是什么？他所说的吸引力又来自哪里呢？答案不得而知。

鄱阳湖的神秘现象也引起了政府部门的注意。1980年，江西省政府特地组织了一支专家考察队到老爷庙水域考察，海军方面也派来了几名优秀潜水员协助。然而，潜水员的发现令人吃惊：老爷庙附近方圆几十里内的湖底根本不见沉船踪影，千百年来在此沉没的大小船只竟然不翼而飞了！

许多科学家经过实地考察后，给出了不同的解释：鄱阳湖就像一个葫芦，而老爷庙水域就是葫芦的颈部，往北便是狭长的水道。来自庐山的气流使这里形成了一个少有的大风区，无论南风或北风，到达这里就开始迂回，使风向变得异常复杂，并对行船造成不小的影响。另外，赣江、抚河、信江、饶江等河流注入鄱阳湖后在狭窄的老爷庙水域交汇，产生强大而紊乱的水流，水流有可能产生旋涡，使船只严重失衡而沉没。不过，上述这些都是假说，还有待于进一步研究。鄱阳湖的"魔鬼"到底真相如何？至今仍是个亟待解开的谜团。

能使人自焚的火炬岛

在加拿大北部地区的帕尔斯奇湖北边，有一个面积仅1平方千米的圆形小岛，名叫"火炬岛"，当地人又称其为"普罗米修斯的火炬"。传说，普罗米修斯为人类盗来火种以后，把引燃火种的茴香枝顺手扔进了北冰洋。奇怪的是，茴香枝着火的一端并没有沉下去，而是浮在水面继续燃烧，天长日久，便形成了一个小岛——火炬岛。经过长时间的风吹雨打，火炬岛上的火渐渐熄灭了。但是，它却有一种神奇的魔力，这就是人一旦踏上它，就会如烈焰般自焚起来。

17世纪50年代，荷兰人马斯连斯和他的几个同伴到帕尔斯奇湖寻宝。一位好心的当地人怕他们不知就里，误闯火炬岛，便再三叮嘱道："年轻人，火炬岛是我们的禁地，千百年来都不曾有人踏上小岛半步。你们切记不要上岛去呀。"马斯连斯一边听一边盘算："这个当地佬儿三番五次地告诉我们不要去火炬岛，是不是因为那里埋藏着大量的宝藏？他怕被我们发现，故意吓唬我们。我可不能被他唬住。"马斯连斯认为，帕尔斯奇湖正处在北极圈内，到处都是冰天雪地，即使想在岛上点一堆火恐怕都不容易，更不用说能使人自焚了。所以，他对这一忠告并没有理睬，固执地和同伴向火炬岛进发。他们每人驾着一排木筏，缓缓地向小岛划去。

当时天空如洗，在湖水中投下蓝蓝的倒影。水天相映，光影交错，使人如置画中。马斯连斯等人划的时间不长，就看到前方不远处出现了一个圆形的小岛，岛上长着高矮不齐的植物。马斯连斯感觉眼前仿佛出现了流光溢彩的金银珠宝，他兴奋地喊道："普罗米修斯的火炬，我来了。"很快，他们来到了火炬岛边。此时此刻，当地人的忠告让马斯连斯的几个同伴胆怯起来，他们都不敢再前进半步。马斯连斯见状鼓励大家："朋友们，印第安人的宝藏近在眼前。快点行动吧，我们就要发大财了。"

"马斯连斯，我觉得当地人的话不可不信，我们还是别去了。"

"是啊，为了捕风捉影的财宝丢了性命，得不偿失。"

同伴们七嘴八舌地议论着，想阻止马斯连斯上火炬岛。马斯连斯坚定地说："我主意已定，你们要是不敢去，我也不勉强。等我寻到了财宝，你们可不要后悔啊。"说完，马斯连斯独自向前划去。

同伴们远远地看着马斯连斯把木筏停靠在岸边，一步一步向岛上走去。他们有的为马斯连斯担心，有的为他祈祷，也有的后悔没有和马斯连斯一起上岛去探个究竟。

突然，岛上出现了一个火人！只见他全身上下都冒着火，张开双臂，狂喊大叫，一下子跃进湖里。天哪！那不正是马斯连斯吗？只见他浮在水面上，一会儿用手扑打身

有的研究者认为，火炬岛上的人体自焚现象是一种电学或光学现象，即由电击或雷击导致的人体自燃。

上的火，一会儿把头扎进湖里，用力甩着脑袋，可是不管他怎么做，也无法把身上的火扑灭。同伴们都吓了一跳，立即冲了上去，但谁也不敢跳下去救他，只能眼睁睁地看着他被活活烧死。从此以后，火炬岛能使人自焚的事便传开了。

1974年，加拿大普森量理工大学的伊尔福德教授组织了一个考察组，特地到火炬岛附近进行调查。通过细致的考察和分析，伊尔福德认为：火炬岛上的人体自焚现象是一种电学或光学现象，即由电击或雷击导致的人体自燃。但这一观点一经提出，立即遭到考察组的另一位专家哈皮瓦利教授的反对：既然如此，小岛上为什么会生长着青葱的树木？并且，在探测中还发现有飞禽走兽。它们为什么没有被雷击？哈皮瓦利认为，可能是岛上某些地段存在某种易燃物质。当人进入该地段后，便会着火燃烧。

尽管两位教授就人体自焚的诱因存在分歧，但他们都认为人体自焚的现象是由某种外部因素引起的，而不是人体自身的缘故。为此，临上小岛之前，所有的考察组成员都穿上了用绝缘耐高温材料做成的防火服。两个小时的考察很快就要结束了，人们并没有发现什么怪异的地方。突然，考察队员莱克夫人指着心口说："我怎么觉得心里发热。"人们还没回答，她又嚷道："我的腹部好像火烧一样，这是怎么了？"听她这么一说，伊尔福德立刻警觉起来："难道这是一个信号，火炬岛

的悲剧要在我们这些人身上重演？"想到这里，伊尔福德立即组织大家从原路撤回。莱克夫人走在队伍的最前面。

队伍刚走没多远，只听莱克夫人惊恐地叫道："救命，快救命啊！"人们循声望去，只见阵阵烟雾从莱克夫人的口鼻中喷出来，接着又闻到一股肉被烧焦的糊味。莱克夫人极力挣扎着，她的脸因为痛苦而扭曲变形。人们惊得目瞪口呆，不知所措。很快，焚烧结束了，莱克夫人化为了焦炭，而那套防火服居然完好无损。

此事引起科学界的一片哗然，引发了人们关于火炬岛神秘现象的探讨。同时，美丽的小岛也更披上了一层恐怖的面纱，让好奇的人望而却步。

几年后，加拿大物理学院的布鲁斯特教授就这种自焚现象发表了演说，他说："毋庸置疑，火炬岛发生的怪事是典型的人体自焚事件，与外界条件毫无关系。而且这种人体自焚现象并非现在才发生，而是历来就有的。"他引经据典，列举了许多人体自焚的事件来支持自己的观点。

世界上第一个人体自焚事件记载在1673年意大利的一份医学资料上。当时有个名叫帕里西安的人正躺在草垫床上休息，忽然身上起火，化为灰烬，只剩下头骨和几根指骨，但草垫床除了他躺着的部分被烧毁了，其余的都保持原样。1744年，英格兰的伊普斯威奇城内住着一位60多岁的帕特夫人，一天早上，她的女儿发现她死在地板上，好像一截被烧光的木头，而附近的衣物却完好无缺。类似的历史记载有200多起。布鲁斯特教授认为：尽管目前我们还不明白是什么原因导致了自焚，但可以断定与人的生活习惯有关，那极有可能是人体内部构造产生的。

布鲁斯特的演说立即遭到伊尔福德等人的强烈抨击。伊尔福德认为人体自焚必定来源于外界因素，人体自身不存在自燃的诱因。双方各执一词，终无定论。

值得说明的是，从1974年至1982年，相继有6个考察队前往火炬岛，但无一例外地都是无功而返，而且每次都有人丧生。于是，当地政府不得不下令禁止任何人以科学考察的名义进入火炬岛。

如今，火炬岛已是人迹罕至，它仍旧静静地坐落在帕尔斯奇湖畔。那奇特的人体自焚之谜到底因何而起？也许终有一天，人们会揭开这诡异而神秘的面纱。

巴罗莫角"吞"人谜案

巴罗莫角位于北极圈内的加拿大北部，与帕尔斯奇湖相连。在这个长225千米、宽6.26千米的锥形半岛上，生长着低矮的灌木、沙草和苔藓，各种飞禽走兽也相安无事。然而一旦人类踏入这块地域，就像被黑洞"吞吃"了一样，一瞬间踪迹全无，因此此角被称为"死亡之角"。

20世纪初，因纽特人亚科孙父子前往帕尔斯奇湖西北部捕捉北极熊。当时已是天寒地冻，小亚科孙精神振奋，忽闪着眼睛向四处观望，他一眼看见一头北极熊正笨拙地从冰上爬向一个小岛。小亚科孙高兴极了，迈开步子向小岛跑去，沉重的靴子踩在厚厚的积雪上，发出有节奏的"咯吱"声。父亲见儿子上岛了，便加快步子跑去，然而跑着跑着，只听小亚科孙惊恐而焦急地喊："爸爸，别上岛上来！别上来！"亚科孙非常吃惊，不知道发生了什么事情，但他从儿子的语气中感觉到了恐惧和危险。"难道小亚科孙遇到了猛兽？还是土著居民在围攻他？不行，我得赶紧去找人。"亚科孙焦急地张望了半天，也不见儿子从岛上下来，便跑回去搬救兵。

不久，亚科孙找来了6个身强力壮的年轻人，大家决定到岛上一探究竟。谁知，有个叫巴罗莫的人觉得岛上有蹊跷，最后退出了寻找小亚科孙的队伍，没有上岛。结果，上岛的人不但没有找回小亚科孙，他们自己也没了踪影。巴罗莫只好独自一人回去了，他极力向人们描述小岛的神秘和恐怖，人们却无动于衷，认为他是在为自己临阵脱逃辩解。巴罗莫遭到了包括死者家属在内的所有人的指责和唾骂，而这个让人有去无回的小岛则被人们称为"巴罗莫角"。从此这个人迹罕至的小岛吸引了众多探险家的目光。

1934年7月的一天，几个法裔加拿大人来到巴罗莫角探险。他们手持枪支，步步为营地向小岛进发。闻讯赶来的因纽特人目不转睛地盯着，希望他们能活着回来。遗憾的是，随着几声惨叫，这几个法裔加拿大人也莫名其妙地从岛上消失了。

20多年过去了。1972年，美国探险家诺克斯维尔、职业拳击手特雷霍特以及默里迪恩拉夫妇4人也来这里探险。当年的4月4日，他们来到了"死亡之角"的陆地边缘地带，并且在此驻扎下来，以观察岛上的动静。默里迪恩拉夫人是爱达荷州

令人感到不解的是，到巴罗莫角探险的人频频遇难，动物却能在那里自由自在地生活。

著名的电视节目主持人，她拍摄了许多岛上的照片，从照片上我们可以看到在郁郁葱葱的树木的掩映中，活跃着兔子、老鼠、松鸡等动物，一派生机勃勃的景象。

"动物能在这里和谐生活，进出自由，为什么人类不行？莫非有关巴罗莫角的事件是当地居民杜撰出来的？"诺克斯维尔对巴罗莫角"吞"人的真实性产生了怀疑。

经过10天的准备，4月14日，他们终于出发了。为了避免同时遇险，他们呈纵队排列，每人间隔1.5米左右，拳击手特雷霍特在前，诺克斯维尔紧随其后，默里迪恩拉夫妇走在最后。他们小心翼翼地在岛上走着，突然，诺克斯维尔大叫一声："快看，这里有一具白骨。"默里迪恩拉夫人下意识地站住了。她的丈夫预感到情况不妙，不由自主地退了两步，来到妻子身边。诺克斯维尔蹲下身子，仔细地观察起来。特雷霍特想转身看个究竟，一抬脚，脚却动不了了。他使劲地把脚往上拔，但双脚就像被强力胶死死地黏住了似的，无法动弹。特雷霍特无助地叫道："快拉我一把。"此时，诺克斯维尔也大叫起来："你们快走，我站不起来了，这地方好像有个磁场。"

默里迪恩拉本能地拉住妻子的手，进也不是，退也不是，眼睁睁地看着眼前发生的一切。只见特雷霍特在原地站着不动，大张着嘴，却发不出任何声音，表情极其痛苦和恐惧。与此同时，他的脸也在发生着可怕的变化，面部肌肉塌陷下去，颧骨高高突起，眼眶深陷。不到10分钟，他的血肉就像被吸血鬼吸尽了一样，仅剩下一张皮蒙在骷髅上。没过多久，他的皮肤也消失了。默里迪恩拉大睁着眼睛，额头冒出了一层冷汗，妻子则死死地搂住他，把脸埋进了他的怀里。令人奇怪的是，特雷霍特自始至终都是站立着的。再看诺克斯维尔，他也已经变成了一具蹲着的骷髅，头骨往上扬着，显示着他曾经想努力站起来。见此情景，默里迪恩拉拉着妻子逃了出去。事后，默里迪恩拉回忆说："我觉得巴罗莫角存在一种移动的引力，也许会消失，也许会延伸，它就像黑洞一样能够把人紧紧吸住。"

1980年4月，美国著名的詹姆斯·亚森探险队来到巴罗莫角。他们对磁场进行了鉴定，还对周围的地质结构进行了分析，但没有在巴罗莫角找到地磁异常的证据。探险队员阿尔图纳是一个极具探索精神的人，立志要揭开巴罗莫角的神秘面纱。他对同行的人说："在探究科学真相的时候，有时是需要一点冒险和献身精神的。"为此，他不顾众人反对，要只身深入腹地进行实验。有了前车之鉴，他在身上拴了一根保险带和几根绳子，以备遇到危险时好让大家把他拖出来。但这一次说来很怪，他一直走了近500米的路，也未发生危险。后来大家怕一起陷入险境，便将阿尔图纳强行拖了出来。

尽管这次探险仍旧未能找到这一奇怪现象的答案，但这个试验证明了当初默里迪恩拉的推测，即巴罗莫角的引力是移动的、阵发的。阿尔图纳解释说："也许巴罗莫岛上的野生动物就是凭经验和本能掌握了这一规律，所以才得以逃离死亡，生存下来。"

那么，如何捕捉这个捉摸不定的规律？人类能否摆脱被巴罗莫角"吞吃"的厄运呢？这些还需要人们进一步探索。

嗜"吃"新娘的魔洞

1973年3月，埃及青年克·沙清成了全国的焦点人物。不过，让他受人关注的却不是什么好事，而是他的悲惨经历——他的新娘离奇失踪了！

克·沙清是个年轻英俊的小伙子，他是埃及阿列基沙特亚市的一名职业摄影师。1973年3月，克·沙清和自己心爱的姑娘美尔比特步入了婚姻的殿堂，沉浸在新婚的喜悦中。没想到，好景不长。一天晚上，这对幸福的年轻人手牵着手来到历史悠久的勒比·坦尼亚大街上散步。走着走着，美尔比特被克·沙清讲的笑话逗得格格笑起来，就在这时，美尔比特脚下的路面上突然出现了一个不大不小的洞，她来不及躲闪，就惊恐地尖叫着掉进了洞里。

克·沙清吓坏了，赶紧趴到洞口，想救出新娘。可任凭他发疯似的呼喊着新娘的名字，黑漆漆的洞内却一点动静都没有，更看不到半点新娘的影子。

不一会儿，洞口周围就聚集了很多闻声赶来的路人。克·沙清急得六神无主，在一位老人的提醒下，他赶紧跑去报了警。不一会儿，警察火速赶到了现场，立即组织几个人对这个神秘的黑洞进行了挖掘。然而，谁也没有想到，洞里根本没有新娘的影子，甚至没有新娘的衣物、首饰等物品以及跟她有关的任何痕迹！

克·沙清被眼前的事实惊呆了，自己的妻子怎么会就这么离奇地失踪了呢？警察也困惑不解，但克·沙清不得不接受了这个残酷的事实，他后来再也没有见到过自己心爱的妻子，这也成了阿列基沙特亚市的一桩悬案。

没想到，这个离奇的失踪案件只是一个小小的序曲。同年10月的一天，一对来埃及蜜月旅游的美国夫妇正在坦尼亚大街游

也许，坦尼亚大街的地下存在四维空间，而那里只欢迎漂亮的新娘。

览。他们走着走着，突然，新娘面前出现了一个小洞，而美丽的新娘就在众目睽睽之下失足落入了洞中！新郎和很多路人马上趴到洞口想把她救出来，但哪里还有新娘的影子呀。不一会儿，赶来的警察同样进行了现场挖掘，但也同样什么都没有发现，悲痛欲绝的新郎只好结束了这次可怕的行程，只身回到了美国。

坦尼亚大街上那些贪婪的"魔洞"并没有就此罢休，1974～1976年，它们又陆续吞噬了4位无辜的当地新娘，其中1976年1月13日发生的失踪案是唯一一个有官方记载的案件。

1月13日这天，新婚不久的比尔和他漂亮的新娘阿菲·玛丽亚正并肩走在坦尼亚大道上。忽然，玛丽亚被一种神秘的力量拖拽着跌进一个直径约60厘米的洞里，瞬间就消失得无影无踪了。比尔吓得马上报了警。警方经过调查发现，那是一个水务局修理地下管道后遗留下来的小洞。警察马上调来水务局的工人，用铲土机把路面从洞口整个掘开，并向下挖了几米深，然而什么也没有发现。事后，尽管警方采取了各种先进的探测手段，但一直都没有发现什么玄机。

一位埃及考古学家认为，坦尼亚大街地下可能有古代水井或蓄水池，所以道路才会突然出现洞穴。可事实上，警方掘开路面后，并没有发现任何古代遗迹。也有的学者认为，坦尼亚大街地下极有可能存在某种特殊的磁场，神秘的磁力足以把人吸进去。还有的人认为，也许坦尼亚大街的地下存在四维空间，而那里只欢迎漂亮的新娘。不过，目前的科技水平尚不能对四维空间给出合理的解释。相信终有一天，那些新娘离奇失踪的悬案能得到破解，给那些可怜的新郎一个合理的解释。

无底洞寻底记

大千世界，无奇不有。宇宙中有深不见底的"黑洞"，地球上有没有类似的"无底洞"呢？这个假设引起了很多科学家的兴趣。

顾名思义，无底洞就是深不见底的洞。在我国著名的神话小说《西游记》里，有一个孙悟空在陷空山无底洞大战金鼻白毛老鼠精的故事，让人过目难忘。无独有偶，在古代神话传说集《山海经》里面也提到过一个深不见底的无底洞。《列子·汤问》中也写道，渤海的东边有一个无底洞，名字叫"归墟"，不管是天上下的雨水还是地上的河水，全都流进了这个无底洞里，却怎么都不能把它灌满。

其实，古书中所提到的无底洞，并不完全是人们凭空想象出来的，因为地球上还真的就有这么个深不可测的无底洞。

这个无底洞位于地中海东部希腊凯法利尼亚岛上的亚各斯古城的海滨。据当地的居民常年观察，每当海水涨潮的时候，汹涌的海水就会排山倒海一样涌进该洞里，而且水流非常湍急。

据科学家推测，每天流进这个无底洞的海水超过了3万多吨，却一直没有把它灌满。一开始，科学家猜想，这个深不可测的洞是不是属于类似石灰岩地区喀斯特洞穴呢？比如漏斗、竖井或者落水洞。不过，喀斯特洞穴往往都伴有一个出口，进入洞里的水会顺着出口流出去。而亚各斯古城的这个无底洞，却似乎找不到出口。

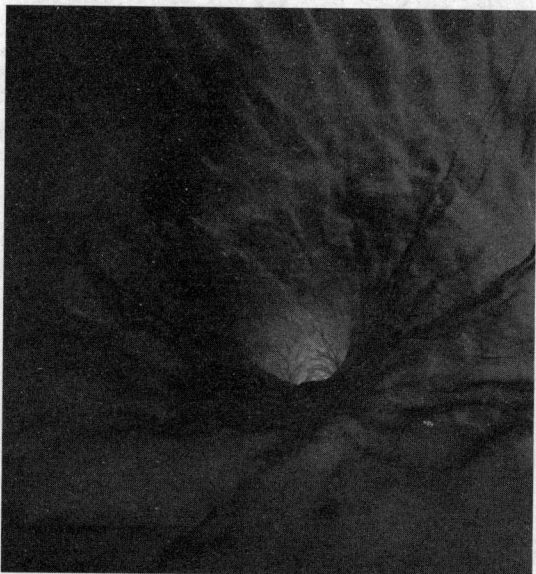

从理论上讲，无底洞是不存在的，可这个找不到出口的深洞是怎么回事呢？人们至今无法解释清楚。

1958年，美国地理学会慕名派了一个考察队来到亚各斯古城海滨进行实地考察，想揭开这个无底洞的秘密。

无底洞到底有没有出口？如果有，出口会藏在哪儿呢？考察队员们绞尽了脑汁，终于想到一个比较有效的寻找办法。他们在涨潮前把一种经久不褪色的深色染料撒到了海水里，涨潮时大部分染料便随着海水流进了无底洞中。紧接着，考察队员们立刻分头行动，分别去观察附近的海面和岛上的各处河流、湖泊，看看能否发现一点掺杂了这种深色染料的海水。没想到，考察队员们跑遍了小岛，找遍了所有的水源，却没有发现一丁点被染色的海水。

会不会是大量的海水把染料稀释得太淡了，所以不易察觉呢？考察队员们不得而知，只好悻悻而返。

不过，他们并没有就此放弃。第二年，为了揭开无底洞之谜，这个考察队又特地制造了一种浅玫瑰色的塑料粒子。这种塑料粒子比海水轻，且性质稳定，既能够漂浮在水面上，又不会被海水溶解。

信心百倍的考察队员们再次来到了希腊亚各斯古城海滨，他们在涨潮之前把整整130千克的那种塑料粒子都倒进了海水里。随后，这些塑料粒子就顺着海水流进了无底洞。这样一来，哪怕只有一粒塑料粒子在别的地方冒出来，他们也许就可以找到无底洞的出口了！可结果却再次证明，考察队员们的努力是徒劳的。因为尽管他们扩大了搜索范围，发动很多人在各地的水域里整整寻找了1年多的时间，却连一颗塑料粒子也没有找到!

那些海水流进无底洞后,最后究竟流到哪里去了呢?这里的海水会没完没了地"漏"下去吗?

从地球的形状来说,地球是一个椭球体;从地球的内部构造来讲,地球是一个由地壳、地幔和地核三个圈层组成的实心体。也就是说,从理论上讲,地球上是不可能存在什么无底洞的。可是这个希腊的无底洞又的的确确存在着,它到底通往何处,有没有出口?如果有,它的洞口又在什么地方呢?直到现在,它还是一个令科学家头疼不已的未解之谜。

摄人心魄的山洞

据说,位于西伯利亚的卡什库拉克山洞是一个恐怖的地方,洞内一片漆黑,神秘异常。走进山洞里,很多人都会无缘无故地感到惊慌失措,然后就会不顾一切地冲到洞口,一心想回到有光亮的地方。可是当人们清醒之后,往往说不清楚是什么原因使自己如此害怕。那么,这个神秘的山洞里到底藏着什么?人们为什么会在这里有如此惊慌失措的举动呢?

1985年,西伯利亚医学研究所的巴库林带领一批洞穴专家来这里考察。几个小时的考察工作结束后,他们依次向洞口走去,准备离开洞穴。巴库林走在队伍的最后面,正当他来到洞口拉着绳子准备向上攀登时,突然感到背后有一道深沉、凝重的目光。他壮着胆子回头一看,竟看到了一位中年巫师。巫师头戴有角的皮帽,双目闪闪发光。洞穴里没有风,但是巫师穿的衣服却在飘动。巫师默默地向他招着手,并做了一个让他跟着走的手势。

当时,巴库林的第一个念头就是逃跑,可是他感觉自己的腿好像已经僵硬了。巴库林只好拼命拉动腰间的绳子,这是他请求救援的信号。就这样,巴库林摆脱了洞穴中那神秘的"诱惑",终于安全地返回到地面。

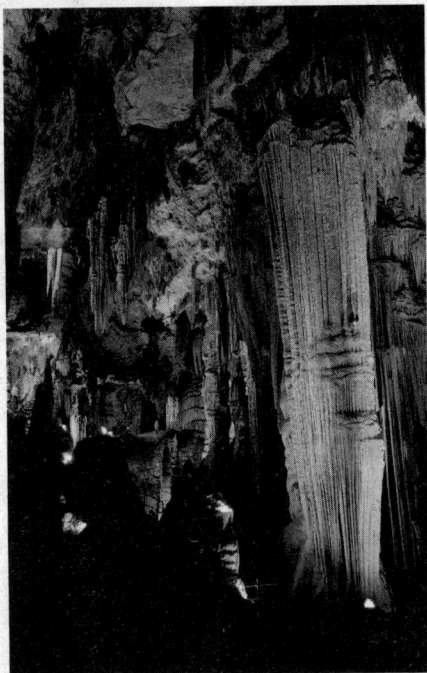
幽深的洞穴总能带给人们未知的神秘感。

巴库林的奇遇不是独一无二的，不少探险者也有过类似的遭遇。由此，有人怀疑会不会是山洞里存在某种化学物质，在与空气混合后，给身处黑暗中的人造成了某种幻觉。也有人不同意幻觉的说法，他们认为这和全息照相术有关。在某种特定的时间和物理条件下，山洞墙壁能将从前记录下的信息显现出来，就像是在显示一幅幅照片。

为了探究真相，苏联的巴诺夫斯基教授决定与其他学者一起去考察卡什库拉克山洞。他们走入山洞，发现洞里的温度很低，如果一脚踩空了，就会像走在结了冰的斜坡上似的。走了一段距离后，他们在一块岩石上安置了一台磁力仪，仪器刻度盘上的数字在不停地变化着，这说明洞穴的电磁场是经常摆动的。在众多信号中，有一股来自洞穴深处的脉冲信号定时出现。学者们发现，每当这种脉冲信号出现时，大家就会感到压抑、惊惶失措，并有想跑到光亮处的冲动。与此同时，聚集在洞口的蝙蝠、鸽子也会骚动不安，不停地在洞里乱飞。那么，这种脉冲信号究竟来自何处呢？人们找遍了整个地下，却一无所获。另外，人们也不清楚这些脉冲信号究竟是发给谁的，又在起什么作用。

这种脉冲信号对巴诺夫斯基也产生了影响。就在他快要离开山洞的时候，装在右腿上的自动推进器突然坏了。巴诺夫斯基只好抓住绳子，一点一点地往上爬。同伴在上面拿着手电筒为他照明。就在巴诺夫斯基爬到和手电筒一样高的时候，手电筒的灯突然灭了。这时只听"啪"的一声，巴诺夫斯基不断地往下滑，原来他系在腰上的绳子扣突然滑掉了。幸好保险绳在关键时刻起了作用，同伴也及时拉住了他，不然后果真是不堪设想。

巴诺夫斯基脱险后，对发生的一切产生了疑问：自动推进器性能良好，为什么会突然坏了呢？手电筒的灯光怎么会突然熄灭？灯光熄灭的时候，绳子扣为什么会滑掉？这些无法解释的事故，难道仅仅是巧合吗？卡什库拉克山洞里到底藏着什么秘密？这一系列的疑问，不仅让巴诺夫斯基困惑不已，也让世人百思不得其解。

深埋地下的"世外桃源"

当我们为神奇的太空、灿烂的人类文明惊叹的时候，也许不会料到，在深邃的地下，也存在着许多不为人知的秘密，其中之一就是神秘的"地下王国"。北极探险家巴特少将说，他曾驾驶着飞机莫名其妙地飞入了地球的内部，并看见了许多奇异的植物、美丽的湖泊和各种各样在地面早已绝迹的动物。自20世纪以来，有关"地下王国"的发现一直没有间断。

根据目前的计算，地球现有的质量约5.98×1024千克，如果地球内部不是空的，而是存在"地下王国"，那么地球的质量恐怕就远不止这些了。

1904年，一位名叫布朗的采矿者在美国加利福尼亚卡斯特山脉中，发现一处类似巨人居住的人工地道。洞穴中有用巨大铜锁锁住的巨大房舍，墙壁间有黄金铸成的盾和从未见过的物品，墙壁上还画着奇怪的图画和文字。

第二次世界大战期间，美国陆军士兵希伯在和入侵缅甸的日军战斗时，与战友失散。他在森林中迷路，很久都没有走出去。

有一天，希伯无意中发现一处被巨石掩盖的洞口。于是，他冒险进入洞内，竟然发现里面被人工光源照得亮如白昼。只见洞内建筑林立，俨然是一处庞大的地下城市。希伯正看得入迷时，突然被几个长相怪异的人抓住，并关了起来，而且一关就是4年。后来，希伯抓住一个机会逃了出来。据他回忆，这个"地下王国"通向地面的隧道有7条，隧道的出口分布在世界其他一些地方。

这些惊人的发现，让人们不得不面对一个问题，也许地球的内部真的存在某些我们不知道的地方，这些地方就是所谓的"地下王国"。为了揭开这个谜团，人们一直做着探索和尝试。

1942年3月的一天，美国的罗斯福总统在百忙中抽出时间，会见了刚刚从墨西哥的恰帕斯州进行考古研究归来的戴维·拉姆和他的妻子。因为拉姆夫妇在一年前就接受罗斯福总统的任务——到墨西哥寻找"阿加尔塔"（即"地下王国"）。拉姆夫妇带回来一个惊人的消息：他们发现了传说中守卫墨西哥地下隧道的蓝白皮肤的印第安人。

原来，拉姆夫妇接受使命以后，便率领一支美国考察队前往墨西哥的恰帕斯丛林。当他们横穿密林时，遇到了把守地下长廊入口的皮肤呈蓝白色的印第安人，并发现了有关"地下王国"的线索。但是这些印第安人在密林中发现了拉姆夫妇一行人后，就立即包围了他们，严厉示意考察队立刻离开，不许再前进一步。与拉姆夫妇随行的印第安人向导随即上前与他们搭话，才知道这些蓝白皮肤的印第安人是玛雅人的后裔，是印第安族的一个分支。他们居住在密林中，与世隔绝，世世代代守护着密林深处的圣地——地下长廊。由于这些印第安人的坚决抵抗，考察队不得不返回，但是他们坚信"地下王国"的存在，而且认为人类总有一天，可以找到这个神秘的地下长廊。

如果这些"地下王国"或地下长廊真的存在，那它们究竟又是谁建造的呢？

随着科学技术的进步，人类对地球的了解越来越深入，对"地下王国"这样的神奇之地也有了一定的认识。一些考古学家和人类学家认为，"地下王国"可能是亚特兰蒂斯人的杰作。他们指出，在远古文明的后期，亚特兰蒂斯人意识到来自天外的或地下的灾难将毁灭他们的文明，于是便事先开凿了地下长廊。长廊分别通向美、非两洲。灾难发生时，亚特兰蒂斯人经过长廊逃往非洲和美洲，也有一部分人就一直生活在长廊之中。

但是，也有一些科学家对这一假说持反对的意见。他们认为，如果"地下王国"真的存在，那么它们的建造者一定是掌握了高于人类的科学技术，否则很难造出如此庞大和奇特的"地下王国"。于是，他们指出"地下王国"的真正建造者有可能是外星人。

"地下王国"之说，引发了科学界的一场大争论，结果如何，就让我们一起拭目以待吧。

死亡山谷通向何处

在人类与动物繁衍生息的地球上，存在着一些可以在顷刻之间让人毙命的地带。这种可怕的地带一般位于峡谷之中，人们称其为"死亡谷"。在美国加利福尼亚州和内华达州接壤处的群山中，就隐藏着这么一处弥漫着恐怖气息的谷地。许多人来了都没能走出去，留下的只是累累白骨和谜一般的沉默。

死亡谷是一个南北走向的谷地，长225千米，宽6～26千米，面积达1400多平方千米。峡谷两侧悬崖壁立，地势十分险恶。这里的海拔低于海平面85米，是西半球陆地上最低的地方，也是北美洲最炽热、最干燥的地区，几乎常年不下雨，更有过连续6个多星期气温超过40℃的纪录。若这里下起倾盆大雨，炽热的土地则会被冲起滚滚泥流。

　　据考察，死亡谷约形成于300万年前，最初因为地球重力将这里的地壳压碎成巨大的岩块，部分岩块突起成山，而部分岩块就倾斜成谷。大量的湖水灌入山谷，淹没整个盆底。又经过百万年火焰般日头的酷晒，这个太古世纪遗留下来的大盐湖终于干涸了。如今展露在大自然下的死谷，只是一层层泥浆与岩盐层的堆积。

　　1849年的冬天，一支由49人组成的淘金队正在匆匆赶路，他们的目的地是金山，那里有他们梦寐以求的黄金。为了能尽早赶到淘金地，队长提议大家抄近路——从加利福尼亚州和内华达州接壤处的大峡谷穿过去，这样可以节省大约十几天的路程。因为大家求财心切，便纷纷点头表示赞同。就这样，49个人勇敢地走进了这个少有人踏足的大峡谷。

　　万万没有想到的是，他们越往峡谷深处走，就越感到害怕。因为这里实在是太荒凉了，除了偶尔能见到几只飞鸟和匆匆爬过的蜥蜴外，峡谷内目光所及之处只有一些巨大的怪石和光秃秃的岩盐层，几乎没有一株植物。更可怕的是这里时不时就能看到一些阴森森的骷髅，到处都弥漫着死亡的气息。每个人都捏着一把汗，步步为营。然而，大家最不想看到的事还是发生了——虽然他们全都带着指南针，但在进入峡谷的第二天就迷失了方向，因为所有的指南针都失灵了，而且大家带的水和食物也所剩无几！队长立刻把大家分成几队，然后分头去找出路。然而，几天过去了，许多去探路的人都不再回来，不知道是迷失了方向还是早已命丧黄泉。

　　最后，队长带领着为数不多的几个人从峡谷西侧的陡崖处找到了一个豁口，总算是保住了性命。当大家精疲力竭地走出这个可怕的峡谷时，有个人心有余悸地说了句："永别了，死亡之谷！"从此，"死亡谷"的恶名便不胫而走。

　　然而，死亡谷的故事并没有画上句号。1949年，又有一支寻找金矿的勘探队对荒无人烟的死亡谷产生了浓厚的兴趣，他们想去这块"未开垦的处女地"寻找宝藏。结果，没几天的工夫，勘探队也在峡谷内迷失了方向，几乎全队覆灭。虽然有几个人侥幸脱险，但没过多久也都神秘地死去了。后来，又陆续有一些前去探险或试图揭开死亡谷之谜的人屡屡葬身峡谷之中，导致谷内又增添了数堆白骨，也再次为死亡谷蒙上了可怕的阴影。

　　然而，即使面临死亡，科学家们对这个神秘的山谷还是兴致盎然。几位美国科学家通过航空侦察惊诧地发现，这个地狱般的地方并非毫无生机。据航测统计，在这里实际繁衍着200多种鸟类、20余种蛇类、17种蜥蜴，还有一些野驴及昆虫等，它们在这里似乎生活得悠然自得。那为什么这条峡谷对人类如此凶残，而对动物却是相当仁慈呢？

　　为了揭开死亡谷的杀人谜团，科学家们做了大量的研究工作，也提出了几种不同的观点。有的科学家认为，在距今约3000万年前，由于这一带地壳运动频繁，埋在地下的岩层受到两侧应力的挤压，形成弯曲状；有的地方隆起突出，成为山地；有的地方凹下，成为河流或盆地，而死亡谷就是一个狭长形的闭塞盆地。而到了距今约2000万年前，地壳再次出现剧烈的褶皱和断裂，沿着死亡谷内的断裂地带形成了一条深达1200多米的大断层。不过，随着时间的流逝，大量沉积物把大断层覆盖住了，所以，长期以来，人们都没有发现这个断层。而那些进入死亡谷的人，极有可能是进入了断层，刚一踏上大断层上面的沉积物，就掉进大断层的深渊中丧了命。

另外，人类已探明死亡谷内有丰富的卤素矿、硼砂矿等矿物。所以，有的科学家认为这里的地下一定埋藏着某种剧毒矿物，那些不幸者是在接近了这些

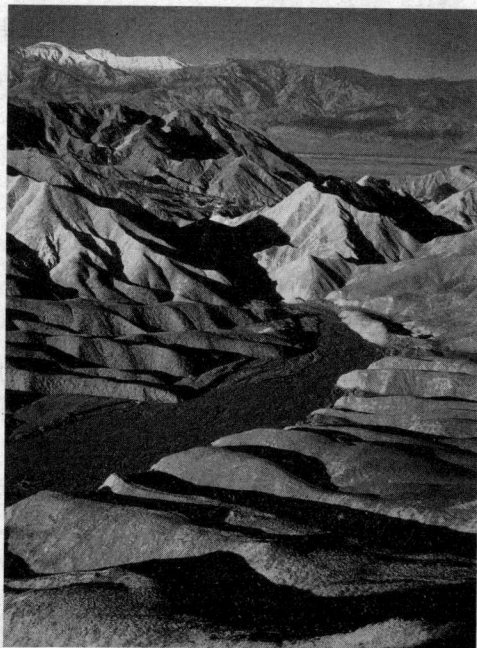

有些科学家认为，死亡谷的地下一定有某种剧毒矿物，那些不幸者正是接近这些有毒矿物后才中毒身亡的。

有毒矿物后中毒身亡的。而那些动物之所以能在峡谷里生活得无忧无虑，是因为它们已经对有毒矿物具有一定的免疫力了。

当然，这些也都只是科学家的推测而已，想要真正地查出死亡谷杀人之谜，还需要更多勇敢者的实地勘察和研究。相信在不久的将来，人们终会找出死亡谷中的"神秘杀手"，揭开这个恐怖的谜团。

黑竹沟再现"吃人妖魔"

大自然手中有一把双刃剑，它一方面创造出景色秀丽的人间天堂，同时也会在美景背后暗藏"杀机"。位于我国四川盆地西南小凉山上的黑竹沟，就是一个美丽与恐怖并存的地带，那里景色秀美，但密林深处却有一个"吃人妖魔"在作怪，当地彝汉人民把它称为西南林区的"魔鬼三角洲"。

传说，黑竹沟前有一个叫关门石的峡口，人或动物在那里只要发出一点点动静，就会惊动神魔，然后神魔吐出阵阵毒雾，把闯进峡谷的人畜卷走。传说自然不足以让人信服，然而现实中发生的一桩桩奇事却令人大惑不解。

1950年初，国民党胡宗南部队30多个人准备穿越黑竹沟逃窜，可谁知进沟后，没有一个人能再走出来。

1955年，解放军某部测绘队派出两名战士购粮，途经黑竹沟失踪。随后，部队出动两个排的人力搜索寻找，最终一无所获。

1976年，四川森林勘探设计一大队3名队员在黑竹沟神秘失踪。3个月后，人们只发现了3具白骨。从此，黑竹沟成了一个让人闻之色变的禁地，人们不敢轻易踏入黑竹沟半步。

1997年，四川省林业厅森林勘探设计一大队决定到黑竹沟进行勘测。7月的一天，技术员老陈和助手小李主动请缨，承担了闯关门石的任务。他俩一大早背起测绘包，每人用纸包上两个馒头便朝关门石走去。可一直到了深夜，两个人都没有回来。一大队连夜进行搜救，却没有发现任何线索。到了第二天，川南林业局组织了百余人的队伍寻找失踪者，他们踏遍深山，除两张包馒头用过的纸外，再也没有发现任何蛛丝马迹。

到了2006年，川南林业局再次组织一支森林资源调查队进入黑竹沟。这次，他们做了充分的物资和精神准备，除了生活必需品，他们装备了武器和通信联络设备，并请来了当地两名彝族猎手做向导。

等到了峡口，两位猎手却死活不肯再跨前一步。担任调查队副队长的任怀不忍心再勉强他们，只好请他们把猎狗放进去探探情况。两位猎手点头同意了。其中一位先放出了自己的猎狗，只见那只狗灵活得像猴子一样，一纵身就消失在峡谷深处。但半个小时过去了，它都没有回来。第二只猎狗嗅着鼻子前往峡谷寻找伙伴，结果也神秘地消失在茫茫峡谷中。

两位彝族同胞急了，他们顾不上不能在沟中高声吆喝的祖训，大声呼唤他们的爱犬。就在这时，平地突然涌起遮天盖地的茫茫大雾，人们近在咫尺，彼此却无法看见。任怀见此情景，叫大家不要乱走。人们就在浓雾中原地站着，冷汗淋漓。五六分钟后浓雾才奇迹般地消退了，队员们如同做了一场噩梦。经历了这种气象突变后，为确保安全，队员们只好无功而返。

黑竹沟内经常迷雾缭绕，寂静的山林给人一种莫名的压抑感。

　　黑竹沟为什么频频发生失踪事件？那些失踪的人和动物又去了哪里？黑竹沟的种种神秘现象引起了众多科学家的注意。2007年，四川省地磁专家在诸多向导和武警的陪同下，通过实地调查和仪器测量，发现黑竹沟的岩石多为火山岩，岩石中含有大量的铁、锰、镁、硅等，这些矿物使黑竹沟产生了差异极大的磁场带。在这个磁场带里，时钟会停止不前，指南针、罗盘无法准确读数。因此，行走其间的人很有可能不幸跌入暗河或者悬崖而丧命。不过，这个答案尚不足以解释有关黑竹沟的全部谜团，仍有待科学家的进一步研究。

奇石杀人谜案

　　在非洲马里共和国境内有一座古老的耶名山，提起此山，当地的居民无不谈之色变，畏之如虎。

　　耶名山被一片茂密的丛林包围着，丛林中多珍禽野兽，有巨蟒、鳄鱼、非洲狮以及各种美丽的飞禽等。奇怪的是，鸟兽的足迹并非遍布山区，耶名山的东麓就极少有飞禽走兽的踪迹，谈及个中缘由，当地的人们便会面露惊恐之色。

　　1967年的春天，耶名山地区发生了一次强烈地震。震后耶名山的东麓就突然变得和往常不一样了，那里总是笼罩着一层飘忽不定的光晕，尤其是在雷雨天，那种光晕更是显得绮丽多姿。在当地，有一个广为流传的传说：耶名山东麓是个藏宝之地，在某处地下埋藏着历代酋长的无数珍宝，从黄金铸成的神像到用各种宝石雕琢而成的骷髅，应有尽有。人们认为，那些神秘的光晕就是震后从地缝中透出来的珠光宝气。这个说法到底是真是假呢？为了探明真相，马里政府派出了一支经验丰富的探险队去耶名山区进行实地考察。

　　这支探险队由8人组成，当地人阿勃担任队长。当他们到达目的地时，耶名山区正下着一场大雨。在电闪雷鸣中，探险队员们清晰地看到山区东麓笼罩在一片光晕之中，那光晕不断变幻着颜色，由红色变为金黄色，又由金黄色变成了碧蓝色，在雨帘中显得光彩夺目。

　　雷雨过后，探险队员们不顾泥泞，爬上了东麓山区的山坡。突然，他们在一处巨石旁发现了很多死尸，大家都被吓了一跳。只见这些人全都身躯蜷缩着，口眼歪斜，表情极其痛苦，不难看出死前曾痛苦地挣扎过。他们的衣衫也都腐烂了，似乎已经死去很长时间了。这些人大概也是来山里寻找宝藏的，可他们为什么会死在这里呢？探险队员们没有想太多，便继续去寻找宝藏的线索了。

　　大家正在四处搜寻着，突然，一名队员惊喜地发现一道五颜六色的光芒从一条

世界上有许多大大小小、奇形怪状的石头，它们有着自然天成的奇特造型，有的或许还具有某种说不清的奇特妙用，而杀人奇石却少之又少。

地缝里射出来。这条地缝下面会不会就是历代酋长埋藏的珍宝呢？大家想到这里，就立刻动手挖掘起来。一个多小时后，人们从泥土中挖出一块重约5吨的椭圆形巨石。这块石头太漂亮了，只见半透明的巨石上半部透着蓝色，下半部泛着金黄色，而中部呈嫣红色，真是石中罕见的极品。

可是，当8位探险队员费尽力气把巨石挪到土坑边上时，他们甚至还没来得及分享这一成果，一个队员就突然惊恐地大叫了一声："啊——我手脚都麻了，浑身瘫软……"话音未落就瘫倒在地上。紧接着，另外几个人也有气无力地栽倒在地。身为队长的阿勃此刻仍非常清醒，他愣了几秒钟，突然意识到这一切肯定与眼前的这块巨石有关。很快，他的四肢也开始发麻了，他跌跌撞撞地奔往山下求援，但刚走到山脚，就昏倒了。

十几分钟后，一位当地居民发现了阿勃，并把他送到了医院。经过医生的紧急抢救，阿勃醒了过来。医生又给他做了一系列检查，发现他是因为受到了强烈的辐射刺激而昏迷的。

探险队遇难的消息很快上报给了当地政府。不幸的是，当救援队赶到耶名山时，其他7名队员早已停止了呼吸。而那块使许多人丧命的石头已经从陡坡上滚下了无底深渊。科学家们想解开这个谜团，却因找不到实物而无法深入研究。就这样，这桩奇石杀人案也成了一个未解之谜。

磁力魔区变形记

在美国俄勒冈州格兰特山岭和沙甸之间有一个神秘的魔法森林，到过这里的人，经常会被森林中那不可思议的景象吓得目瞪口呆。

在这个神秘森林的上空，你看不到一只小鸟。因为鸟儿一旦飞过森林上空，就会失去方向，不由自主地扑腾起来，仿佛有一种力量拽住了它的翅膀，使它往下坠。如果你骑马来到这个森林附近，马儿一接近这里就会驻足不前，甚至惊恐万分地向后退。

进入森林中，你会惊奇地发现，所有树木都奇怪地向着森林中心倾斜，没有一棵是直立的，和别处悠然自得地朝天伸展的树木形成鲜明的对比。森林中心是高高的树丛，树丛里的树叶也都不往高处生长，而是统一地朝着一个倾斜的角度生长。树丛中间是一片空旷的草地，走过草地，你会看到草地边有一个低低的山丘以及一座如意大利比萨斜塔般倾斜的古老木屋。

这座木屋矗立在距山丘顶端约10米处，它在很早以前是个金矿办公室。据当地人说，以前，金矿的工作人员经常在这间小木屋里称沙金。但是，到1890年以后，金矿的工作人员发现，无论怎样称，都无法把沙金称准，秤好像中了邪一样，左右摇摆。没过多久，这座木屋就废弃了。

更让人奇怪的是，这座小木屋原来建在山丘的顶端，可是，随着时间的推移，这座木屋竟然不知不觉移动了位置。人们一踏进木屋，就犹如身处另一个世界。身子好像被无形的绳索拽着，向前倾倒，倾斜角度达10°左右。如果人们想往后退，离开那座木屋，就会觉得有一股神秘的力量把自己往回拉。在木屋里，棋子、空玻璃瓶、小球等物品稍微被推动一下，它们就会奇妙地沿着斜面从低处滚向高处，而且绝不会后退半寸。

这座如意大利比萨斜塔般歪斜的古旧木屋到底为何如此诡异呢？许多科学家为了一探究竟，曾在屋内进行过多次试验。

科学家用一条铁链连着一个13千克重的钢球，并把它吊在木屋的梁架上，只见钢球明显倾斜成一个角度，朝向某个中心。你可以轻易地把钢球推向这个中心，但要把它推向外却很难。科学家还发现，在这座木屋里，任何成群飘浮着的物体都会聚成漩涡状。在小屋里吸烟，上升的烟气即使在有风的情况下也是慢慢地飘动，逐渐加速自转成漩涡状。把纸张撕成碎片散掷在空中，碎片就在空中飞舞成漩涡，就好像有人在空中搅拌纸片似的。

经过反复实验，科学家得出结论：在这里，有一个直径约为50米的神秘漩涡，在这个漩涡的作用下，一切物体都朝这个漩涡中心倾斜。科学家用仪器对这个漩涡

一般来说，地球上的人是无法感觉到地球自转产生的磁场效应的。可是，在木屋附近，人们却能明显地感受到磁场的巨大威力。俄勒冈的磁力圈与地球磁场之间是否存在着某种神秘的关系呢？

进行检测，发现这个漩涡里有不可思议的磁力圈。但是，这个磁力圈不是固定不动的，而是以9天为一个周期，循着圆形轨道移动。

在世界上，还有许多地方有类似"俄勒冈漩涡"的现象。在美国加利福尼亚州圣克鲁斯市附近也有一块异常地带，飞机从这一地带的上空飞过，所有表盘的指示器都会瞬间失灵。这里生长的树木都朝同一方向倾斜。自从这片神秘的土地在1940年被发现之后，不少游客和科学家都涌来参观和研究。而且，这里也有一个倾斜欲倒的小屋，进屋的人似乎都克服了地心引力而倾斜站立，有人甚至倾斜45°而不会倒下。在这里，正常的人会感到头晕且难以适应。

由此可见，神秘的磁力圈现象确实存在。我们知道，地球上存在着磁场，地球上的磁场是地球在自转过程中产生的。但是，由于居住在地球上的人相对静止于地球表面，随地球一同转动，所以地球上的人是无法感觉到地球自转所产生的磁场效应的。可是，在俄勒冈，人们却能清楚地感受到磁场的巨大威力，这到底是什么原因呢？这里的磁力圈与地球磁场又有什么关系呢？

科学家对此有着不同的猜测，比较普遍的观点认为，磁力圈是重磁异常造成的，即强大的重力转变为磁力，而强大的磁力又导致重力异常。

然而，这种重力和磁力之间的转化又是如何形成的呢？这还有待于人们的进一步研究。

MYSTERIOUS

.....

3 难解的人类谜团

　　人类是地球上各种文明的创造者，但是，在历史演化的进程中，人类文明也缔造了很多另类奇迹，那就是我们至今都无法解释的千古谜团：传说中的亚特兰蒂斯帝国是否真的存在过？睡在金字塔里的法老是否对打扰他的人下了诅咒？神秘的金字塔又到底尘封了多少秘密？美丽的美人鱼是不是真的生活在海洋里……人类创下的这些奇迹和留下的诸多谜团，都有待我们去进行不懈的探索，以还原历史的真相。

寻找一夜之间消失的帝国

亚特兰蒂斯，传说中一个高度文明的国度，一个盛产黄金白银的富庶城邦，一个一夜之间消失得无影无踪的神秘帝国。关于亚特兰蒂斯的记载，最早出现在古希腊哲学家柏拉图的《对话录》中。传说，亚特兰蒂斯王国是公元前11500年前后发展起来的一个岛国，由海神波塞冬创建。柏拉图写道：亚特兰蒂斯不仅有华丽的宫殿和神庙，还有祭祀用的巨大神坛。那里的人们拥有无法想象的财富，过着无忧无虑的生活。然而，公元前9000年左右，地中海盆地洪水泛滥，伴随着猛烈的地震和大洪水，一昼夜之间，亚特兰蒂斯就沉于茫茫大海之中。几千年以来，人们一直在不断地追问，亚特兰蒂斯真的存在过吗？它又在哪里呢？众多历史学家为此争论不休，而考古工作者也一直在苦苦追寻它的踪迹。

通过对大量的文献、遗迹和神话的考证，各国的考古学家先后提出了40多个被怀疑为亚特兰蒂斯的地点。其中公认的可能性较大的有4处：南美洲的提万纳库、爱琴海的锡拉岛、大西洋的亚速尔群岛和巴哈马群岛。

提万纳库位于南美洲的安第斯山脉下，面积6万平方千米，它比地中海的任何一个平原都要大。考古学家曾在这里发掘出一座皇宫寺庙和一座城市花园。它们都装饰有黄金，而且建筑表面上也到处可见黄金装饰过的痕迹。这与柏拉图对亚特兰蒂斯的描述非常吻合。因为亚特兰蒂斯的王宫也到处装饰着黄金。但是，一些考古学家提出提万纳库是在柏拉图去世几百年后才发展起来的强大帝国，柏拉图不可能把提万纳库当成亚特兰蒂斯。所以，提万纳库是亚特兰蒂斯的观点被否定了。

到了1967年，人们把目光投向了位于爱琴海克里特岛以北的锡拉岛上。因为希腊考古学家在这里挖掘出了米诺斯文化遗址。从挖掘资料来看，这里与柏拉图笔下的亚特兰蒂斯十分相似。大约在公元前3000多年以前，昌盛的米诺斯文明就在爱琴海地区形成。后来，锡拉岛发生火山喷发和海啸，使这里的米诺斯文明毁于一旦。这一过程，与亚特兰蒂斯的毁灭如出一辙。然而，锡拉岛火山喷发的时间是公元前15世纪初期，与亚特兰蒂斯的毁灭在时间上相差了几千年。所以，把米诺斯文明作为亚特兰蒂斯文明的说法，也被一些学者否定了。

同时，有人试图从柏拉图的《对话录》中寻找答案。"亚特兰蒂斯"这个名字与"大西洋"的发音非常相似，于是有些学者认为，柏拉图在告诉人们，亚特兰蒂斯就在大西洋。根据柏拉图的暗示，一些学者把目标锁定在大西洋的亚速尔群岛一带。因为柏拉图曾说，过了海神之柱就是亚特兰蒂斯，人们认为海神之柱说的是直布罗陀海峡，而亚速尔群岛正是在直布罗陀海峡之外。但传说中的亚特兰蒂斯具有高度的文明，而人们在亚速尔群岛并没有发现任何古代文明的遗迹。

既然陆地上找不到亚特兰蒂斯，那么它有没有可能隐藏在海底的某个角落呢？1968年，考古学者范文坦博士根据两名飞行员的报告，在墨西哥巴哈马湾发现了一些海底建筑。这些建筑是由不同的长方形和多边形石块铺成的石道，呈"丁"字形，犹如人工建造的港口。更令人惊奇的是，这里还出土了一些来源不明的手工艺品，至少有6000年的历史。于是有人提出巴哈马海底石块就是亚特兰蒂斯文明的遗迹。但仅凭这些石块和手工艺品，证据尚显不足。

寻找工作仍在继续。2004年11月，一支探险队来到了位于塞浦路斯东南方80千米附近的海域，美国科学家罗伯特·萨马斯特担任探险队的领队。他们此行的目的是寻找失落的亚特兰蒂斯。

在安第斯山脉之间曾经有一个提万纳库帝国，美国芝加哥大学的一位教授认为，它很可能就是亚特兰蒂斯。

为了便于发现目标，探险队应用了当前先进的探测装置——声呐，声呐是利用水中声波进行探测、定位和通信的技术设备，它可以通过接收到的回声，断定目标的距离、性质等。

"回声低沉而混乱，声呐探测到鱼群；回声清晰，且带有拖长的回鸣，应该是钢质外壳的轮船残骸……"工作人员坐在荧光屏前，聚精会神地监视着回声的变化情况，并对回声进行分析判断。萨马斯特也坐在旁边密切地关注着。当声呐探入海底1600多米的时候，回声显示为山丘。"终于探测到海底了，继续探测，再细致一些。"萨马斯特抑制不住内心的激动，声音提高了8度。

声呐继续探测着，所有的人都屏住呼吸，认真地盯着荧光屏。令众人兴奋的是，荧光屏上的信号果然出现了惊人的变化，显示出探测到3千米长的城墙，山丘顶端有围墙的城楼，四周还有很深的类似战争防御工事的壕沟……

"毋庸置疑，这是人工建筑的遗迹。我感觉亚特兰蒂斯离我们越来越近了。"萨马斯特事后兴奋地说。不过，对于这次的发现是否就是亚特兰蒂斯，萨马斯特表示还需要更深入地研究。他说："目前，我们还无法提供切实的证据——如墙砖或兵器等史前文物。因为数千年来，这个人工建筑的上面已经覆盖了几米厚的沉积物，我们一时无法获得确切的信息。但是综合相关的文献和资料来看，我们认为可能性极大。现在我们需要的是时间。"

　　虽然人们现在无法断定萨马斯特发现的就是亚特兰蒂斯文明，但毫无疑问，寻找工作渐趋明朗，相信总有一天亚特兰蒂斯神秘的面纱会被世人揭开。

失落的玛雅文明

　　1893年，美国人约翰·史蒂芬和卡德沃德来到洪都拉斯的热带丛林探险。这片丛林里有毒蛇和猛兽出没，但他们毫不畏惧，一路风餐露宿、披荆斩棘。行走了多日后，他们突然在密林里发现了一座废弃的城市。只见坍塌的神庙基石上刻满了精美的雕饰；石板铺成的马路，标志着这里曾是个车水马龙的闹市；道路两边的排水管，表明这里的文明相当发达；石砌的民宅与高大雄壮的贵族宫殿，从中依稀能窥见当年喧杂而欢乐的景象。这些石料上都长满了斑驳的青苔，马路上到处是破土而出的树木，建筑物周围都是郁郁葱葱的大树。这种荒蛮的自然景象与雄伟的人工遗址形成了巨大的反差，让两个探险家震惊不已。

　　这座神秘的城市被披露后，引来了无数的考古人员纷纷到此考察。随后，他们又把探索的足迹扩大到危地马拉、墨西哥、秘鲁，以及整个南美大陆。一座座震惊世界的千年古城不断被发现：20层楼高的金字塔、墨西哥的巨石人像方阵、饰有精美浮雕的巨石祭坛、观测天体运行的天文台……种种奇绝的建筑让世人为之咋舌。这些发现为人们展示了玛雅人约在公元前1000年至公元800年时，他们北达墨西哥南部的尤卡坦半岛，南达危地马拉、洪都拉斯，直抵秘鲁的安第斯山脉

玛雅金字塔是古代玛雅人的伟大创造，其规模之宏伟，构造之精巧，堪与埃及金字塔相媲美。

广阔的活动版图。

如今，人们发现的城市遗址已达170多处。据推测，当时每座城市的人口均有数万人之多。当时的玛雅人发明了自己的象形文字，还掌握了高度的农业、数学和天文等知识。他们是最早发明"零"的民族，比欧洲和中国都早了好多世纪。他们与其他民族十进制的计数法不一样，有二十进制和十八进制两种。他们的这种灵感是从何而来的呢？

奇琴伊察是玛雅文明的中心之一，那里有一座祭祀雨神的金字塔，阶梯上刻有许多羽蛇的雕像。每年春分和秋分的黎明，太阳光就会将这些雕像的影子投射到地上，形成一条巨蛇缓缓沿梯而下的情景。没有高超的几何学和精确的天文观测知识是不可能做到这一点的。

史学界的材料表明，在这些灿烂文明诞生以前，玛雅人仍巢居树穴，以渔猎为生，其生活水准近乎原始。有些人认为，玛雅人就是美洲土著，但是也有不少人反对这种观点，因为没有证据表明，南美丛林中这奇迹般的文明存在着一种渐变，或称过渡阶段的迹象。没有一个由低而高的发展过程，难道玛雅人的这一切是从天而降的吗？这种种奇怪的矛盾之处以及缺乏创世神话的历史，使有些人认为玛雅人是天外来客，或是由天外来客传授了高超的知识。在玛雅神话里也有穿白袍的雨神从东方来到此处，教他们耕种、建造房屋、制定律法的记载。但有人认为这个神是中国殷商民族的后裔。从面貌、器物和某些习俗来看，玛雅与中华文明确有相通之处。但这也只是人们的推测，玛雅文明的真正缔造者至今还是个未解之谜。

现在我们所能看到的玛雅人的那些具有高度文明的历史文化遗址，就是在8世纪至9世纪间，玛雅人自己抛弃的故居。据考古学家研究推测：830年，科班城浩大的工程宣告停工；835年，帕伦克的金字塔神庙也停止了施工；889年，提扎尔正在建设的寺庙群工程中断了；909年，玛雅人最后一个城堡，也停下了已修建过半的石柱。这时候，散居在四面八方的玛雅人，好像不约而同地接到某种指令，离开了肥沃的耕地，向荒芜的深山迁移。

是什么原因造成玛雅文化突然停止发展并消失的呢？一种说法是外敌的入侵和战争造成的。16世纪，大批西班牙征服者手持杀人武器踏上了古老的墨西哥、秘鲁、危地马拉的国土。玛雅文化遭到了一场空前的浩劫，玛雅人在经历了这场灾难后也突然全部神秘地失踪了。第二种说法是气候骤变造成的。第三种说法是瘟疫流行造成的。然而，在玛雅人聚居的上万平方千米的版图内，要大规模地流行一场瘟疫，这种可能性是很小的。玛雅文明的突然消失也给人们留下了深深的疑惑。

水晶头骨带来千古谜团

在美洲印第安人中流传着这样一个传说：古时候有13个水晶头骨，能说话，会唱歌。这些头骨里隐藏了有关人类起源和死亡的资料，能帮助人类解开宇宙生命之谜。虽然许多人对这个传说深信不疑，但是一直没有人找到过传说中的水晶头骨。可是到了1924年，英国女孩安娜在她生日那天，却有了一个惊人的发现。

安娜的养父米切尔·海吉斯是英国的探险家，对玛雅文明非常着迷。1924年，米切尔组织了一支探险队去中美洲考察，与他同行的还有他心爱的养女安娜。他们来到中美洲的洪都拉斯后，在当地玛雅人的帮助下，发现了一处古代玛雅人的城市遗址。看到神秘的古迹，17岁的安娜非常兴奋，她小心翼翼地爬到了城堡最高点的金字塔顶端。突然，她看到金字塔的裂缝深处有一个亮闪闪的东西，便立即告诉了父亲。米切尔带着众人登上了金字塔顶端，费尽力气，终于刨开了一个可容小个子进出的窟窿。安娜身材娇小，便只身爬进这个窟窿。当她拿着那个亮闪闪的东西出来时，大家才发现这是一个罕见的宝贝——一块通体透明的水晶头骨的上半部分。霎时间，每个人都狂喜不已，来帮忙的玛雅人看到头骨后又哭又笑。

随后，米切尔把这块头骨放到了玛雅人修建的祭坛上，当地的玛雅人要在这里举行盛大的庆典。当天晚上，随着鼓声的响起，一些穿着虎皮、上面装饰着丛林里的百鸟羽毛的玛雅人从黑暗中跳着舞出来了。他们在头骨附近的火堆旁又蹦又跳，当然还有人唱歌。很多住在远处的玛雅人也来了，不知他们是怎么在这么短的时间里就得到了有关头骨的消息。米切尔认为这块头骨对于玛雅人来说更神圣、更重要，因此就把它送给了玛雅人。

这块头骨被发现后，玛雅人就不大愿意参加挖掘工作了，米切尔和队员们则继续挖掘。3个月后，他们又在七八米外的地方找到了水晶头骨的下半部分。两块头骨合在一起，正好和真人头骨一般大小。这个头骨用一整块水晶雕琢而成，上下两排牙齿整齐地排列在牙床上，鼻骨由3颗水晶石拼接起来，两只眼睛各为一块圆形水晶，头骨的底部还藏着棱镜。整个水晶头骨上没有任何人工打磨的痕迹，看上去精美绝伦、熠熠生辉。安娜把它拿到灯下，看到经它反射的灯光变成一道道炫目的光束，只有纯度极高的水晶才能达到这样的效果。

到了1927年，米切尔和队员们一共发掘出几百件奇珍异宝，但哪一件也不能和水晶头骨相媲美。除了水晶头骨，其他文物都被编上了目录送进了博物馆。米切尔的探险之旅结束了。正当大家和玛雅朋友告别的时候，玛雅部落酋长走了过来，塞给米切尔一包东西。米切尔打开包裹，发现里面包的竟是水晶头骨！原来，玛雅人把水晶头骨当成礼物送给了米切尔，以回报探险队给他们提供药品和食物等各种帮助。后来，人们就把这个头骨称为"米切尔·海吉斯水晶头骨"。

告别了海外探险生活，米切尔回到了英国。专家们研究过头骨的表面及其内部结构后，肯定其历史非常悠久，的确是玛雅时代遗留的文物。他们也曾把水晶头骨和真正的人类头骨作了对比，发现水晶头骨除了眼部特征稍稍偏于人类的正常范围以外，其他参数都与真正的人类头骨相差无几。但是在3600年前，当时的加工者并不了解水晶晶体的结构，也不具备现代的光学和人体骨骼构造的知识，在这样一种模糊的认识上能雕刻出这样的杰作，实在

发掘中的玛雅城市工程遗址

让人称奇！在古代玛雅的传说里，这个水晶头骨具有某种神奇的力量，玛雅人通过它与神灵相通。是玛雅人雕成水晶人头的吗？他们真的已经具备如此高超的技艺了吗？我们不得而知。

神秘巨石阵来自何方

1130年的一个黄昏，英国的一位神父路过距离伦敦120多千米的索尔兹伯里时，发现了一片由巨大的石柱构成的石阵。从此，这片巨石阵林便吸引了全世界的人们前来参观、研究。这片孤独守望在荒原上的巨石阵，隐藏着太多难解的谜团。它是谁建造的？建造的目的是什么？又是如何建造的？人们经过了几个世纪的探索，这些问题依然悬而未解，而新的问题还层出不穷。这就是举世闻名的英国巨石阵。

巨石阵大约形成于4700年前，它的主体由几十块巨大的石柱组成，这些石柱最高的有8米，平均重量近30吨。它们有的兀自伫立，犹如一个孤独的巨人；有的巨石横架在两根竖着的石柱上，仿佛一道守望的大门……令人不可思议的是，其中有些砂岩质地的巨石是从约400千米以外的南威尔士的普利塞里山脉运来的。在当时技术水平极低的情况下，古人是怎样把巨石从南威尔士运到索尔兹伯里的，又是怎样架设起这门形巨石结构的呢？

为了解开谜底，1990年，几名英国专家仿制了一些几千年前的工具，依照当时的运输方法，运送一块重达25吨的巨石。然而，他们只将巨石移动了100米。

8年后，英国考古学家朱利安经过了多年的研究和观察，决定再进行一次运送

2008年，英国考古学家对巨石阵进行了首次挖掘工作。之后，他们通过对巨石上的文字图形的研究，宣称该地竟是史前欧洲人类的疗养地！

巨石的试验——用最古老的建筑方法运送和竖立一块长8米、重40吨的仿制巨石。在这次试验中，朱利安打算借助滚木来运输巨石，但如果只用滚木，石柱巨大的压力很可能会把滚木压碎。为了解决这个问题，朱利安和他的试验小组把滚木放在一段木轨上，并在轨上涂上了油脂来减少摩擦。朱利安相信古人有能力设计出这种轨道。

试验就要开始了，朱利安召集的130多名志愿者各就各位，随着他的一声令下，人们都用尽全力推动滚木。"加油，加油！"滚木在木轨上慢慢滚动，巨石也跟着移动起来。朱利安的试验成功了。

那么，如果按照这个试验的标准，建造巨石阵需要多少人力呢？朱利安推算出的结果是需要数千人。

假设古人就是用这种方法把巨石从南威尔士运来的，那么门形的巨石结构是怎样建成的呢？朱利安和他的实验小组在进行这个实验时可谓一波三折。一般来说，古人在竖起普通的石头时采用的是先挖坑再竖直的方法。朱利安和他的实验小组也打算这样做。他们先挖了一个2.4米深的土坑，把巨石的一头放在土坑的边缘。起先，朱利安决定用压跷跷板的方式，把巨石拖入挖好的坑中。但由于巨石太重，人们无法让它彻底垂直。

随后，朱利安等人设计了第二套方案，使用一种门形杠杆系统。不料，研究人员在设计的过程中出现了误差，这种杠杆也不能拉动巨石。经过一系列的研究和讨论，他们又设计了一个"A"字形支架，利用"A"字形滑轮支架产生的效果，只用80人就拉起了第一块巨石。紧接着，他们又用同样的方法竖起了第二块巨石。

然而，将巨石竖立起来还不是整个实验中最难的环节，最难的是如何将第三块巨石（以下称为横梁）横架在竖着的巨石上。

这时，人们惊奇地发现，每块横梁的两端各有一个榫眼，而竖立的石柱顶部则有一个半圆形的凸榫，凸榫正好能装入横梁上的榫眼里，这种榫式门形结构的巨石异常坚固。古人怎样举升横梁，又是怎样实现榫眼和凸榫的对接的呢？朱利安分析，古人可能采用"叠木法"举升横梁，即在离石柱1米远的地方叠上木架，将横梁慢慢移动到木架上，再用长木杠撬起横梁一端，同时快速将备好的木头叠放在巨石下面，直到木架升到与石柱顶部同高为止。等横梁架到巨石上，再由专人凿榫眼。然而，朱利安这些仅仅是假设，对于已经实现的实验，他也并不认为就是古人建造巨石阵的方式，他们只是尽可能地模仿和复原了那个遥远年代的技术。

巨石阵究竟是如何建造的？人们还在继续推测和考证中，自从它被发现起，就犹如一个强力的磁铁，一直吸引着人们的目光。

| 法老的诅咒，亦真亦幻 |

"谁扰乱了法老的安眠，死神将张开翅膀降临他的头上。"这是刻在埃及第十八王朝法老图坦卡蒙陵墓上的诅咒。然而，这句咒语并没有阻挡住探险者的脚步。20世纪初，探险者纷至沓来，他们对陵墓进行挖掘、考察，对那些让人毛骨悚然的咒语全然不顾，认为那只不过是吓唬人的把戏而已。令人匪夷所思的是，图坦卡蒙陵墓被发掘后不久，22个参与挖掘工作的或与之扯上关系的人都先后离奇地死去。一时间，"法老的诅咒"成了笼罩在发掘者头上挥之不去的噩梦。同时，世人也议论纷纷：难道，法老的诅咒真的显灵了吗？

事情要从1922年11月26日说起。这一天，英国考古学家霍华德·卡特和他的工程资助人卡纳凡勋爵来到了图坦卡蒙的陵墓，他们不顾墓地上法老的诅咒，打开了法老的墓门。

面对众多的陪葬品，卡纳凡勋爵两眼放光。而卡特却不为所动，此时，他的心思都在躺在棺内的图坦卡蒙身上。只见图坦卡蒙的脸上戴着一副金面具，这副面具几乎和他本人的相貌一模一样。卡特盯着面具，喃喃地说："你看，就连法老脸上的伤疤，面具上也显示得一清二楚，相差无二。"

"是啊！我敢保证，我们的这个发现，是世界上最激动人心的考古大发现！"卡纳凡勋爵显得有些激动，随即他又皱起眉头，指着自己的脸说，"只不过这里蚊子太多了，你看，我的脸上都被咬起了包！"

卡特举着蜡烛，朝卡纳凡勋爵脸上看了一下，开玩笑地说："蚊子咬你的部位，和图坦卡蒙脸上的伤疤的部位是一样的。该不是法老要向你索命了吧？"

"让这些诅咒见鬼去吧，我才不相信呢！"卡纳凡勋爵不以为然地说。然而，几个月后，死神却真的降临到这些挖掘者身上。

最先遭到厄运的就是卡纳凡勋爵。从图坦卡蒙的陵墓回来后不久，他就得了败血症，一直高烧不退，头晕怕冷，全身酸痛。没过多久，他原本齐整健康的牙齿竟全都掉光了。他还会经常莫名其妙地发抖，看上去似乎受到了某种惊吓。

1923年3月初，卡纳凡勋爵的身体和精神已经变得非常糟糕。他的妻子阿尔米娜夫人和儿子都赶到开罗来照顾他。3月下旬，卡纳凡勋爵开始持续高烧，体温高达40℃。阿尔米娜夫人见丈夫病情严重，将此事告诉了卡特，于是卡特也赶到了开罗，陪在卡纳凡勋爵身边。4月4日凌晨两点，已经昏迷了10小时的卡纳凡勋爵忽然在高烧中喊着："我听见了他呼吸的声音了，我要随他而去了！"

守护在他身旁的亲人从睡梦中惊醒，赶紧叫医生来抢救。谁知，医生刚刚赶到，灯就灭了，开罗全城停电，整个开罗陷入一片黑暗。几乎是同时，被病痛折磨了很久的卡纳凡勋爵也离开了人世！巧合的是，就在卡纳凡勋爵闭眼的那一刻，他的爱犬也死了！

得知这些事的人们无不震惊：为什么卡纳凡勋爵离去时开罗会停电？他的爱犬和主人在同一时间死去，也仅仅是一种巧合吗？更离奇的是，卡纳凡勋爵在临死前喊出的那句话是什么意思？难道法老的诅咒真的开始应验了吗？

美国铁路业巨头乔治·杰戈德是卡纳凡勋爵的好友，他认为卡纳凡死得非常蹊跷，决心弄清楚老朋友的死因。为此，他立即赶到埃及，去法老的陵墓走了一圈。没想到的是，第二天，他便发起了高烧，12小时后猝死。

事情远没有平息，死亡接踵而至。1928年4月，考古学家亚瑟·梅斯也不幸遇难。他是卡特最重要的助手，也是打通图坦卡蒙陵墓最后一堵厚墙的人。在完成这项工作之后，他的身体每况愈下，到了1928年，他莫名其妙地陷入深度昏迷状态，竟再也没有醒来。

而另一名考古学家埃普林·霍瓦依特博士则在离开图坦卡蒙陵墓几天后突然自杀，他给世人留下了如下遗言："我因受到法老的诅咒而离开这个世界。"

同样在1929年，卡纳凡勋爵的妻子阿尔米娜夫人也死去了。据说，她也是被一只毒蚊叮咬后死去的，毒蚊叮咬的部位也在左脸颊，与其丈夫死亡的原因一模一样。

截至阿尔米娜夫人去世的1929年，先后有22位与图坦卡蒙陵墓直接或间接扯上关系的人死于非命。但法老的诅咒并未就此消失。

1966年，巴黎举行古埃及珍宝展，这批珍宝的一个重要组成部分就是图坦卡蒙陵墓中的珍宝。珍宝展举行之前，埃及主管文物的官员穆罕默德·亚伯拉罕做了一个奇异的梦。梦中，亚伯拉罕看见一位神秘人，他蒙着脸，用阴沉的声音警告他："如果你让图坦卡蒙的珍宝远离埃及，你必将死于非命。"亚伯拉罕吓出了一身冷

有生物学家认为，在古代墓穴和木乃伊体中，存在大量已经生存了3000多年的病菌，人们一旦染上，就有可能致命。

汗。作为土生土长的埃及人，他对沸沸扬扬的"诅咒"之说有着天生的畏惧。于是，亚伯拉罕再三向上司陈词，极力阻止图坦卡蒙珍宝的展出。然而决定已经不可更改，他只好在文件上签字同意。签字会议结束后，他在离开会场的时候被一辆汽车撞倒，两天后溘然离世。

这些充满神秘色彩的事件，引起了众多学者专家的注意。他们开始研究"法老的诅咒"之谜，并提出了几种解释。新闻记者菲利普·范登堡经过多年的研究，提出了一种颇有吸引力的说法。他认为法老陵墓里的环境非常适合细菌繁殖。时间久了，这些细菌繁衍出一些新的细菌，并且直至今日它们还有致病或致命的威力。同时，他指出，古埃及人在炮制毒药方面是行家。有种毒药只需通过皮肤接触，毒素便能渗入血液。陵墓壁画上的颜料里都掺入了毒药，陵墓建成后立即密封，药力得以有效保持，所以其毒性到现在还有相当大的威力。另一些专家发现，许多法老陵墓，包括金字塔的一部分都是由带放射性的石料砌成的。也许，古代埃及人已经发现了放射性物质的作用，用它来保护法老身后的平安。此外，还有专家分析说，心理压力可能也是导致悲剧发生的一个重要因素。令人窒息的长长的黑暗墓道，以及对神秘传说先入为主的接受，都在加深着一些人的畏惧心理。对意志较为薄弱的人来说，如果心理不堪重负往往会造成疾病，乃至因病而亡。

这样一来，众多发掘者死亡之谜似乎得到了合理的解释。但是，仍然有疑惑存在：比如，卡纳凡勋爵死时为什么会喊出那样一句话？他的狗同时死亡与开罗大停电又怎么解释？他妻子与他一模一样的死法，难道也仅仅是巧合？这真是令人毛骨悚然的未解之谜。我们期待专家们拿出更有说服力的解释！

金字塔内的离奇经历

古老而神秘的金字塔似乎就是谜的化身，关于它的谜题繁多而离奇，可谓一谜未解，一谜又起。70多年前，一个关于金字塔的新谜题闹得沸沸扬扬：金字塔具有一股神秘之力，这种力能产生奇特的用途和功效，让人瞠目结舌，不明所以。

最初发现金字塔具有一种神秘力量的是法国超自然科学家安东尼·博维。1930年，博维前往埃及金字塔参观，他一边走一边观察金字塔的内部结构。忽然，安放在角落里的一个罐子吸引了他的目光。他走到罐子前，看到里面杂乱地堆放着一些猫和老鼠的尸体，尸体的水分已经蒸发了，只剩下一堆皮毛摞在一起。一个念头忽然在博维的脑子里一闪而过："墓室里空气湿热，为什么猫和老鼠的尸体没有腐烂呢？它们看起来就像法老干透的木乃伊一样。难道墓室本身就具有一种能使物质脱水的神力吗？"博维为自己的这一发现兴奋不已，他进一步思考：如果真的存在这种神力，那么这种神力是怎么产生的呢？会不会和金字塔的几何形状有关呢？如果真是这样，是不是只要按照金字塔的实体比例缩小，做成模型，就能够达到同样的实验效果呢？

回国以后，博维立刻开展他的实验。他用薄木板裁了4个底边为1米的等边三角形，然后把4块三角形的薄板组成一个金字塔模型。之后，他把一只刚刚死去的猫的尸体放入模型内部，等待实验的结果。

日子在博维的满心期待中过去了。几天后，他打开了金字塔模型，发现猫的尸体竟然没有腐烂。接着，他又用肉片、动物内脏等加以实验，结果，这些东西也没有腐烂。实验证明了博维当初的猜想，金字塔内确实存在着一种特殊的力量。于是，他发表了自己的研究结果。

安东尼·博维的模型实验引起了各国学者的兴趣。美国研究人员把1千克牛肉平分成两份，一份放在金字塔模型之内，另一份放在模型之外进行对比实验。结果发现，在相同的室温条件下，放在模型内的牛肉5天后完全脱水，变成牛肉干，而放在模型之外的牛肉不到4天就变质发臭了。接着，日本的研究人员也做了一项实验。他们把相同的牛奶分装两杯，一杯放在自制的金字塔模型之内，另一杯放在模型之外。50个小时后，金字塔模型内的牛奶干得像奶酪一样，但没有变质，而在模型之外的那杯牛奶已经变质了。

古埃及人雕凿巨大的石块并用以砌成陵墓，陵墓内部的通道和墓室的布局宛如迷宫，这使金字塔充满了神秘的色彩。

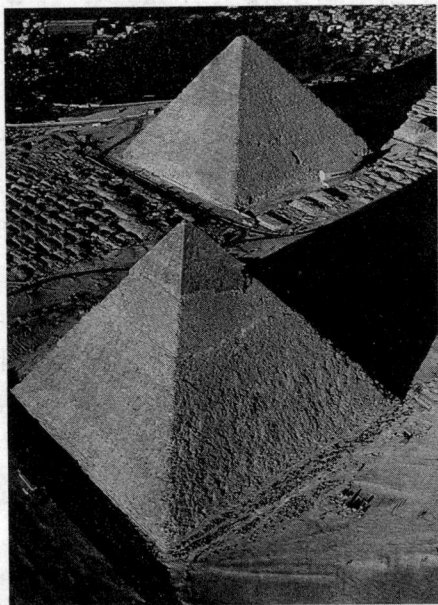

经过多次实验之后，研究人员确认金字塔内确实存在着一种神秘的力量，并把金字塔模型称为"金字塔力发生器"。此后，人们在更多的领域应用金字塔力发生器。比如有人用发生器滤过的清水洗头，可使头皮止痒；用来洗脸，可使面部皮肤细腻光滑；假如把一枚刀片放进金字塔模型，不久，它就会变得更锋利……这些实验证明金字塔力有明显的防腐效应。

那么，金字塔力可否用于临床医学呢？对此，美国牙科医师派力司·盖费斯博士做了大胆的尝试。他用铝合金做了72个小金字塔模型，挂在自己诊所的天棚上。当做手术的时候，他就让患者坐在模型的下边。结果，盖费斯惊喜地发现，大部分患者告诉他疼痛较轻，手术后恢复较快。他把这项实验写成报告，发表在《齿科学术》杂志上，指出可能是金字塔力的防腐效应在牙科手术中起了作用。但是，金字塔力是如何形成的？至今还是一个未解的谜题。

雪人疑踪

几个世纪以来，雪人犹如一个黑色的幽灵，隐没在神秘的喜马拉雅山脉中。传说，雪人身材高大，力大无比，在森林中和雪地上健步如飞。然而，它始终若隐若现，留给人们的只是超大的神秘脚印、非同寻常的粪便以及一些模模糊糊的影像。正是这种扑朔迷离，吸引着人们不断地去探索、追寻。

从20世纪50年代开始，就有几十个考察队相继光顾喜马拉雅山南麓的尼泊尔，他们的目的单纯而明确——寻找雪人。

1974年11月，波兰一支探险队在离珠穆朗玛峰的不远处发现了疑似雪人的脚印。这些脚印大而匀称，足有5厘米深。队长A·扎瓦达拍下它们的照片，并将其制成了石膏模型。这些脚印为发生在同年7月份的"麦克贺玛"事件提供了佐证。

1974年7月11日，一位名叫拉克巴·杜梅尼的夏尔巴族姑娘声称遭到了雪人的袭击，遭袭的地点在离一个叫福尔茨的夏尔巴族小村寨不远处。杜梅尼向警官报告说："当时，我正坐在麦克贺玛（夏天放牧牦牛的地方）牧场的一块石头上，忽然，身后传来奇怪的声音，就好像有人在大声咳嗽一样。我转过身，只见身后站着一个可怕的怪物。它眼睛深陷，全身长满红褐色的粗毛，就像一只肤色黝黑的大猿。我大吃一惊，它却猛然抓住我，把我带到附近的河旁，然后扔在地上。过了一会儿，它又去袭击那些正在啃草的牦牛了。"

警方接到报警后，立即到麦克贺玛牧场进行调查。调查发现，麦克贺玛牧场确实有3具牦牛尸体，其中两头牦牛因头部遭到重击而死，而第三头牦牛的脖子被打

时至今日，还没有人亲眼见到过雪人。那个在雪林中直立行走的黑影，到底是人还是传说中的雪人，人们不得而知。

折了！在夏尔巴民间传说中，雪人力大之极，杀公牦牛时，它便抓其角、扭其头，好像卸螺丝般轻而易举。此外，警方还在麦克贺玛牧场附近发现了一些奇怪的脚印。于是，警方下结论说："这次事件不可能是人类所为。我们不排除雪人作案的可能，假如雪人确实存在的话。"

2001年，一位英国科学家在喜马拉雅山区的一棵树上发现了一团毛发，经过DNA分析，科学家断定这就是雪人的毛发，并把它作为雪人存在的证据。2007年11月，英国考古学家乔希·盖茨带领一个探险队远赴尼泊尔考查雪人是否存在。经过一个星期的仔细勘察，他们在海拔2850米的文殊河河岸上发现了3个足印，其中一个约0.3米长。盖茨激动地说："它与文献记载中雪人的脚印非常相似，我认为它不是熊的足印。"

然而，单凭一团毛发、一个脚印就能证明雪人的存在吗？英国人类学家玛拉·谢克雷博士认为，雪人是尼安德特人的后代，介于人、猿之间。苏联人类学家切尔涅茨基也曾认为雪人是尼安德特人的后代，大概尼安德特人在与智人（现代人的直接祖先）的搏斗中，节节败退，其中一支逃入高山雪峰，发展成雪人。

中国人类学家周国兴先生则认为，雪人是巨猿（它不是人类的祖先，但同人类祖先有"亲戚"关系）的后代。他比较了雪人脚印和猿类脚印，认为雪人更像猿。传说中的雪人直立行走，受惊时匍匐疾跑——这很像古猿类。他推测，古代的巨猿并没有真正灭绝，它们的后代潜伏生长在欧洲东南部及亚洲的雪山冰峰之间。

也有学者否认雪人的存在，他们认为传说中的雪人脚印可能是熊的脚印，也有可能是山上的落石在雪融化后造成的。历史上几次关于雪人的考察也都无功而返。究竟孰是孰非，至今没有定论。

蓝色人种，科学如何解释

众所周知，世界上的人按照肤色来分，主要包括黑色人种、白色人种、棕色人种和黄色人种。但是，有人竟然还见过蓝色人种，你相信吗？

几年前，一支考察队在非洲西部一个与世隔绝的山区进行自然植被和野生动物的考察与研究工作。

一天，考察队员经过一个茂密的树林时，忽然看见树上有几个人影闪过。由于树叶的遮挡，他们看不清这些人的像貌。这些人怎么会在这里出现？他们为什么能在树上如此灵活？这些疑问驱使着考察队员悄悄地跟了过去。

考察队员走了没多久，就发现在树林的深处住着一些原始人类。他们用兽皮和树叶遮体，样子就像非洲的土著人，唯一不同的是，这些人的皮肤好像是蓝色的。这个世界上怎么会有蓝色人种？考察队员感到非常疑惑，当他们打算走近些观察时，却被这些原始人发现了，他们怒目而视，然后拔腿就跑。

回到营地后，考察队员仍然不太相信世上有蓝色人种，他们怀疑是不是这些人身上涂了什么蓝色的染料。于是，考察队员决定做进一步调查。经过几天的秘密跟踪调查，考察队员发现，这些原始人竟然是一个庞大的家族。他们居住在洞穴之中，过着原始的狩猎生活。而且，考察队员还发现，当这些原始人受伤的时候，他们流出来的血竟然也是蓝色的。考察队员认为，可能是蓝色的血液使这些原始人呈现出蓝色的皮肤。

在这神奇的发现公布不久，美国加利福尼亚大学医院的著名运动生理学家维西也向世人宣布曾见过蓝皮肤人。

发现蓝皮肤人那天，维西正在智利的奥坎基尔查峰海拔6000多米的高处。当时，他突然看到远方走过来一个浑身皮肤发着蓝光的人，只见这个人在空气稀薄的高山上竟然活动自如，一点也没有高原反应的迹象，一般人的活动能力根本无法与之相比。遗憾的是，没等维西赶上这个人，他就已经快步消失在高原中了。

另外，据说在非洲撒哈拉沙漠中，也有人曾经见过一批为数不多的蓝色人种。

一位美国生物学家也说，他在考察喜马拉雅山时，曾经看到一些蓝皮肤的僧人。最让他感到吃惊的是，这些蓝皮肤的僧人不仅在海拔这么高的高山上活动自如，而且还能做繁重的劳动。可见，这些蓝色皮肤的僧人具有超常的体力。

这些有关蓝色人种的案例，使人们不得不面对一个事实：这个世界上很可能有蓝种人。那么，为什么他们的皮肤会是蓝色的呢？为什么这些蓝色人种的血液不像白色人种、黑色人种、黄色人种、棕色人种那样都是红色的呢？对于这些问题，科学家产生了争论。

一种看法认为，皮肤的颜色和血液的成分关系密切。由于血液中的红细胞中含有一种叫血红蛋白的红色蛋白质，因而使血液呈现红色，白色人种、黑色人种、黄色人种、棕色人种的血液都是这样。而蓝色人种的血液中含有一种"超高血型蛋白"，但是，与此同时，他们的血液中缺乏一种控制这种蛋白增长的酶。这两种因素导致他们的血液呈蓝色，皮肤也是蓝色。

另一种看法认为，蓝色人种的存在是一种病理状态。他们血液中某些化学成分发生了异常变化，这种变化很可能是由于某种"特殊病态基因"造成的。一些美国科学家提出：在血细胞内，血红蛋白负责输送氧气，当氧气充足时，血红蛋白会呈现红色，所以常人血液皆为红色；当缺乏氧气时，血红蛋白就会呈蓝色。蓝色人种可能就是由高山缺氧造成的。研究人员发现，蓝色人种的血液中血红素大大超过了正常人，这大概就是他们能适应高山缺氧环境的原因。

还有一些科学家通过研究某些具有蓝色血液的动物，得到了一些线索。他们指出，海洋中有一种叫马蹄蟹的动物，它的血液就是蓝色的，它的血液中含有铜离子。专家由此推测，血液的颜色可能是由血色蛋白中含有的元素所决定。含有铜元素的血色蛋白，使血液呈现蓝色。从这一理论出发，科学家认为蓝色人种的形成可能与血液中缺乏铁元素而铜元素过多有关。

总之，到目前为止，人们对"蓝色人种为什么皮肤和血液都是蓝色"这个疑问众说纷纭，莫衷一是。其中，许多解释都有其合理的一面。关于蓝色人种的科学争论仍在继续。对于我们人类而言，无论结果是什么，它都说明，在这个大千世界之中，还有许多我们未知的人、未知的秘密等待着我们去探索和发现。

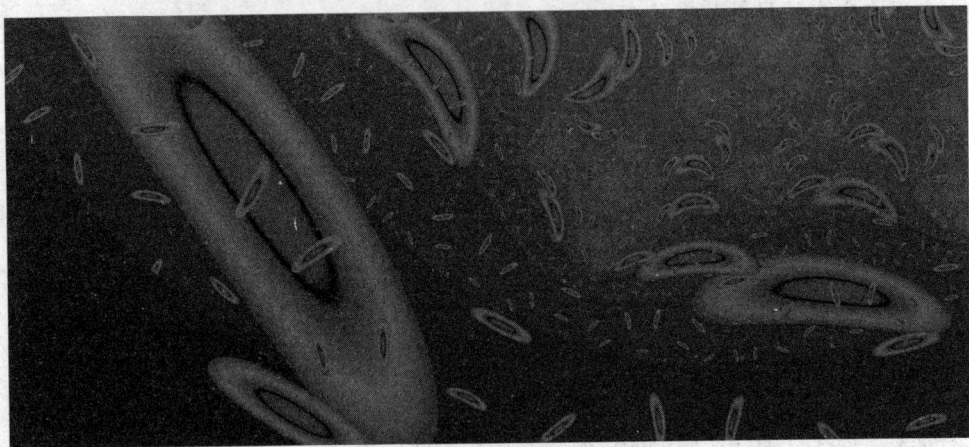

马蹄蟹的血液中含有铜离子，当铜离子和氧结合后，就会使血液呈蓝色。这种蓝色的血液一旦接触细菌，就会凝固。

神农架野人之谜

在湖北神农架，关于野人的目击事件层出不穷。1976年5月14日凌晨1时许，一辆吉普车沿房县、神农架交界的公路蜿蜒行驶，车上除了司机，还有神农架林区的5位干部。当吉普车经过一个弯道时，司机蔡先志突然发现前方道路上有一个奇怪的动物正弓着身子迎面走来。蔡先志加大油门向这个怪物冲去，想把它撞倒在地。就在汽车离它还有几米的时候，怪物突然敏捷地闪到路旁，惊慌地用前肢向路边的山坡爬去。可是山坡又高又陡，它没能爬上去，一下子跌下来蹲在地下，用前肢着地。

坐在车上的5个人赶忙下车，围住了这个怪物，他们与怪物相距只有一两米。几分钟的对峙，给了在场所有人近距离观察这个奇异人形动物的机会。只见它个头将近2米，长着一身红毛，脸蛋上也有毛；颧骨很高，两只眼睛溜圆；大腿和胳膊都很粗。大家都不敢碰它。就这样相持了一会儿，这个家伙从惶恐中惊醒过来，转过身子，缓慢地顺着公路边向下走，然后爬上斜坡进入树林，消失在茫茫的夜色中。

第二天，几个人向中科院古脊椎动物与古人类研究所发了电报。中科院相关人士对这份电报极为重视。1976年6月15日，中科院古脊椎动物与古人类研究所黄万波、张振标等率专家组抵达神农架。经过近两个月的调查、访问和实地考察，专家们得出这样的结论：在鄂西北神农架林区和房县一带，确实生存着一种大型的、能直立行走的高等灵长类动物，它可能比世界上已知的4种现代类人猿要进步。但要彻底弄清事情的真相，还必须加强力量，继续进行相当规模的、长期的、更加深入的考察。

在随后的几年里，中科院又进行了两次考察，但始终没有找到"野人"存在的客观证据。此后，虽然国家有组织的考察停了下来，但民间自发的各类小型"野人"考察活动仍在继续。最近一次较为重大的"野人"目击事件发生在2007年11月18日。当天中午，湖北襄樊人张可健驾着白色越野车载着5个人穿越神农架无人区，当时在神农架居住了27年的药农王东就坐在车的后排。

当汽车行驶到里叉河峡谷时，大家突然看到右前方约50米的斜坡上出现了两个浑身黑色的怪物，似乎是手拉手正匆忙下坡。车在距离目击物20米处刹住，一车人匆忙下车。大家看到这两个怪物一高一矮，高的约1.7米，矮的约1.3米左右；怪物的肩膀很宽，脖子比正常人要长，头看上去非常大；浑身似黑色毛发；身形矫健，反应迅捷，瞬间逃匿。

此次目击事件发生后，中国科学探险协会会员、奇异珍稀动物专业委员会成员徐晓光，神农架自然保护区野考队队长姜勇等人前往实地调查。调查小组在现场发现了落叶腐殖土上的两只脚印，一大一小，长度分别为30厘米和18厘米，并提取了石膏脚模；在疑为被"野人"碰断的树枝断茬内找到20余根不明毛发：白色，较细软，约2厘米长。现场提取的脚模、毛发等物证，已送达中国科学探险协会奇异珍稀动物专业考察委员会，目前尚无最后定论。

那么，神农架到底有没有"野人"呢？

中科院古脊椎动物与古人类研究所研究员袁振新认为，神农架林区很可能有残存的巨猿后裔。古人类学认为以前有过巨猿，而且和人类遗骨在同一地点埋藏过，它的分布在当时也比人类多，通过调查和对所发现毛发的分析，神农架发现的未知灵长类动物很可能是巨猿这一物种。

曾参加1977年"野人"考察的湖北省文物考古所研究员王善才坚信有

层出不穷的"野人"目击事件，给神农架蒙上了一层神秘面纱。

"野人"存在。他说，当年科考队曾将"野人"毛发分送北京、上海、武汉三地医学机构分析鉴定，得出的结论惊人一致：这些毛发既不属于猩猩、长臂猿、金丝猴等灵长类动物，也不属于狗熊等哺乳类动物，而是接近于现代人的毛发；比现在的四种大猿要高级，比人要低级或接近于人。已故的发现中国猿人头盖骨的贾兰坡教授生前认为，从猿到人的进化过程中缺了一个环节，极有可能就是神农架的人形动物。

不过，武汉标本馆馆长、知名动物学家唐兆子也曾参加过1977年的"野人"科考，他在接受采访时却坚决否定野人的存在："我在科考期间就得出了结论，不可能有'野人'。"唐兆子提出的质疑是："人的进化是有条件的，猿从山林来到平地上，才能解放双手直立行走，而神农架崇山峻岭、森林密布，本来直立行走的人进去都得匍匐和攀援，它有必要解放双手吗？"唐兆子说，他多次进神农架考察，注意到在山中行动自如的多是偶蹄目动物，如鹿羚或者是山羊等，它们就可以轻松地站立。

武汉大学动物学教授胡鸿兴也是坚定的"反对派"。他认为，很多目击者所称见到的"野人"，应该是熊或体型较大的猴子，黑熊的可能性更大。世界上可能并没有"野人"，因为到目前为止，人类尚未抓获一个"野人"活体，甚至连尸体和骨骼都没有发现。

究竟孰是孰非呢？在没有实体证据之前，神农架"野人"依然只是一个神秘的影子。

美人鱼正身记

在安徒生的童话故事里，可爱的小美人鱼因为爱上了人间的王子而割舍一切，最后变成泡沫飞往天堂。很多人都被人鱼公主的善良感动得潸然泪下，那么，现实中究竟有没有美人鱼呢？

1962年，天空湛蓝，万里无云。苏联科学院的维诺葛雷德博士和另外几位科学家乘坐苏联探测舰在古巴外海域巡回搜寻。他们在寻找一艘沉没的货船，并试图捞回这艘船上的一些价值昂贵的东西。

忽然，维诺葛雷德指着水下摄影机的镜头，大喊："快看！那是什么？"

大家都把目光投到镜头上，只见一个长得既像鱼又像人的怪物不知道什么时候闯入了镜头。它的头上长着浓密的头发；脸上有腮，呈金黄色；嘴巴圆圆的；胳膊细长，肘关节粗大，全身密密麻麻裹满了细小的鳞片。就在大家仔细辨认它到底是什么的时候，它却虚晃一下，敏捷地游走了。

"这个怪物太奇特了，我们应该想办法把它打捞上来，也许这将是一个震惊世界的发现。"维诺葛雷德对同事们说。

大家都很赞同维诺葛雷德的想法，他们把一个实验水槽放入海底，里面放上食物，等待那个怪物上钩。

很快，怪物再次出现了。它似乎嗅到了食物散发的美味，一头钻进水槽里。维诺葛雷德等人见了，立刻将水槽吊上了探测舰。

当水槽的门被打开时，人们听到一阵像海豹似的悲鸣声。接着，人们看到一只绿色的长着蹼的小手从水槽里探出来，看上去和鸭子的脚差不多。所有的人都屏住呼吸，等待怪物彻底从水槽里出来。

无奈，它只是在水槽里瞪大眼睛看着外面的人群，说什么也不肯出来。人们只好把它拉出水槽，呈现在人们眼前的是一个长0.6米的非人非鱼的怪物。它的身体以腰为界，分成了两部分：上半身为人形，皮肤很白，胸部丰满；下半身则拖着一条鱼一样的尾巴。身体上的鳞片，在阳光的照射下闪闪发光。

"看啊，美人鱼，这个精灵就像童话中的人鱼公主。"一位女士惊奇地大喊。这句话就像往沸腾的油锅里溅了一滴水，引发了人们热烈的讨论。有人说这是海底人，也有人说这是一种未知的海底生物。

很快，维诺葛雷德博士等人在古巴海域发现神秘生物的事情被传得沸沸扬扬。这件事情引起了海洋生物学家、动物学家和人类学家的极大关注，他们对此做了大量的研究工作，并提出了许多假设。

挪威华西尼亚大学的人类学家莱尔·华格纳博士认为，美人鱼确实存在，古巴发现的神秘生物就是美人鱼，因为这个美人鱼的形象和历史记载完全吻合。1980年8月，科威特的《火炬报》还报道说，有人在红海海岸发现了美人鱼。只是这个美人鱼的形状上半身如鱼，下半身像女人的形体——跟人一样长着两条腿和十个脚趾。不过，它被发现时已经死了。

中国的一些生物学家却认为，传说中的美人鱼可能就是一种名叫"儒艮"的海洋哺乳动物。它们用肺呼吸，每隔十几分钟就要浮出水面换气。它们背上长有稀少的长毛，很容易让目击者错认为头发。并且，雌性儒艮胸部发达，看上去和女人相差无二。所以，人们把儒艮误认为传说中的美人鱼，是完全可以理解的。

挪威生物学家埃利克·蓬托皮丹在《挪威自然史》中说："人们赋予美人鱼优美的嗓音，并称她们是杰出的歌手。这种愿望非常美好，但稍有头脑的人都应该怀疑这种生物存在的可能性。"埃利克的观点代表了大多数生物界人士的看法。然而，还是有不少人愿意相信美人鱼确实存在。

美人鱼究竟只是童话中的善良精灵，还是真的生活在海底，某天会和我们不期而遇呢？这恐怕还有待人类的进一步研究。

传说中的美人鱼长发飘飘，秀丽动人。它的上半身与人类相似，下半身却是一条或两条鱼尾。

| 真人X光透视眼 |

"克森娅·科茜里娃，你能否看清他的身体发生了什么病变吗？"在场的一位评委问道。这时，一位年轻的姑娘走到评委所指的男子近前，从头到脚打量了男子一番，语气肯定地说："他的食道下端有一根支叉。"在场的专家面面相觑，因为医院提供的病历显示，这名男子是一位食管憩室患者，而此病的症状就是食管壁向外突出。"克森娅·科茜里娃的描述与病历完全吻合。"评委宣布道。场上响起了一阵热烈的掌声。

提问仍在继续，这时，另一位专家指着一位老妇人说："克森娅·科茜里娃，你知道这位夫人得的是什么病吗？"年轻的姑娘克森娅·科茜里娃盯着老妇人的腹部看了半天，说："她的胃部发红，应该是有些炎症。"专家们再一次震惊了，因为这位老人就是一位胃炎患者。专家肯定了克森娅·科茜里娃的判断，全场又一片哗然。

这些人在干什么？这位名叫克森娅·科茜里娃的姑娘是干什么的？她又怎么会知道别人得的什么病呢？

事情要从全俄罗斯特异功能大会说起。2004年7月10日，在俄罗斯首都莫斯科举行了一个别开生面的大会——全俄罗斯特异功能大会。众多自称有"特异功能"的人云集这里，把一个只能容纳600多人的大会议厅挤得水泄不通。他们在众多评委——包括俄罗斯著名医学专家、科学家和公共卫生部的专家们面前各施"神通"，经过专家们的鉴别，一半以上参与者的"特异功能"都被拆穿了。

克森娅·科茜里娃也是一个有"特异功能"的人，她来自比罗里特斯克市，当时只有22岁。面对众多评委和观众，克森娅·科茜里娃这样描述自己的特异功能："我的眼睛具有X光般的'透视'功能，能够看穿物体，包括人体的五脏六腑，甚至还可以预言疾病！"

"那就把你的特异功能表演一番吧。我们拭目以待。"一位评委说道。于是我们看到了本文开头的一幕。

克森娅·科茜里娃的表演激起了台下观众的极大兴趣，一些志愿者主动上台，请她为自己的身体来个全身大透视。克森娅·科茜里娃就像一台活的X光机一样，一一说出这些志愿者身体内的疾病，所有参加测试的志愿者无不点头称是。专家们对眼前发生的一切越来越困惑，为了解开这些疑团，他们对克森娅·科茜里娃展开了提问。

"你这种特异功能是生来就有的吗？"一位评委问道。

克森娅·科茜里娃回答："不是，我17岁的时候得了一场莫名其妙的大病，差点死去，经过6个多月的治疗调养我才痊愈。病愈后不久的一天，我惊奇地发现自己的眼睛竟然能看穿身边人的内脏，甚至还可以预见疾病。"

"从你的简历来看，你并没有接受过医学方面的训练，那你到底是怎么来分辨不同的疾病的呢？"

克森娅·科茜里娃道出了其中的缘由："我的眼睛能看清人体器官的颜色，我通过不同的'颜色'来分辨疾病。比如红色，象征炎症；黄色代表劳累；如果是黑色，则象征一些器官可能正发生严重变化——譬如癌细胞正在生长等。"

最后，专家们一致断定，目前科学还无法解开克森娅·科茜里娃的"火眼金睛"之谜。克森娅·科茜里娃因此获得了全俄罗斯特异功能大会的特异功能奖。

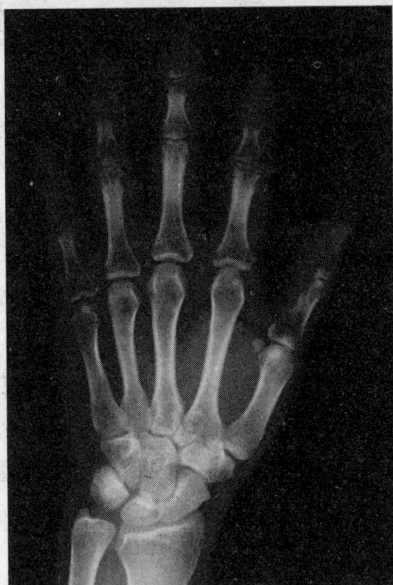

长有透视眼的人甚至能够看清X光都无法探测的"死角"，这一超凡的能力令科学家震惊不已。

无独有偶，另一位俄罗斯女孩娜塔莎·丹基娜也具有这种超凡的透视眼。她甚至能够看清X光都无法探测的"死角"，识别出人体内最细微的症状。娜塔莎说："如果需要检查一个病人的健康情况，我能够看清人体内的全部生物构造。我很难解释如何诊断某种疾病，但是我能够从有病变的器官中感受到异样。"

为什么这些人会有如此超常的功能呢？他们的眼睛又具有何种特殊的构造？虽然科学家做了大量的研究，但目前还没有一个确切的结论能解释这种现象，这些谜团还有待人们做更深一步的研究。

孪生子之间的奇妙感应

2004年，中国高考成绩公布以后，有一件事格外引人注意，上海考生孪生姐妹陈修文、陈修明考出了一样的成绩479分。无独有偶，在2001年全国高考时，江苏杨中市的孪生姐妹童茊、童葶双双获得600分的好成绩。更让人惊奇的是，她们不仅总成绩分毫不差，各单科的成绩也几乎完全一致。这种现象引发了人们的思考，孪生子之间是不是存在着某种奇妙的心灵感应呢？

路易斯·基思博士是美国西北大学医学院的一位孪生子分类专家。他本人就是孪生子。他的孪生兄弟是唐纳德·基思，原美国陆军中校，已经退伍，现在是多胎妊娠研究中心的负责人。这对孪生兄弟经常感到彼此之间存在着心灵感应。路易斯说："我只是偶尔给唐纳德打电话，但我发现，几乎我每次打电话的时候，唐纳德都正好在电话机旁，第一时间接听电话，好像就在等我的电话一样。"

这样的心灵感应同样发生在迪拉和斯特拉身上。迪拉和斯特拉是美国印第安纳州的一对双胞胎姐妹。有一天，姐姐迪拉去参加狂欢节派对。临走时，她对正在收拾衣服的斯特拉说："亲爱的，和我一起去参加派对吧，你自己在家多没意思啊！"斯特拉看着迪拉说："哦，谢谢，可我对派对不感兴趣，我还有更重要的事情要做。"等迪拉走后，斯特拉拿出电熨斗，充满自信地说："这次，我一定要自己把衣服熨好，向人们证明我是会使用电熨斗的。"可是，当斯特拉准备熨衣服时，却不小心被电熨斗烫到了手。斯特拉一边对着被烫的手指吹气，一边嘀咕："我的运气太坏了。"忽然，她的心头感受到一种莫名的恐惧，恶心地直想吐，她预感到姐姐将要发生不幸。"不行，我得去看看。"想到这里，斯特拉夺门而出，奔向正在举行狂欢节的公园。

远远地，斯特拉看见在一架已经倒塌的滑车前围了一大群人。她凭着感觉走向人群，抬头望去，有个座舱在架子上晃来晃去，眼看就要断开，十分危险，而上面坐着的正是她的姐姐迪拉。只见她紧紧抓着座舱的扶手，脸色煞白。此时，围观的群众早已把这件事报告了抢险队。很快，抢险队赶到，把迪拉救了下来。斯特拉赶紧跑过去，还没等她问姐姐到底是怎么回事，迪拉就沉着脸说："怎么又把手烫了？你什么时候才能学会使用熨斗呢！"原来，斯特拉被电熨斗烫到时，迪拉的手指也感觉到了疼痛。

其实，孪生子之间的这种心灵感应是普遍存在的，即使这对孪生子是在不同的环境下长大，接受了不同的教育，受到迥然相异的文化熏陶。

美国俄亥俄州有一对孪生兄弟，他们出生后不久就被两个完全不同的家庭收养了，从此杳无音讯。他们相隔千里，各自经营着自己的生活，彼此不知道对方的存在。一直到40多年后，他们才得到双方的信息，并再度重逢。当这对孪生子相聚的时候，他们惊讶地发现，他们之间具有神话般的惊人巧合。他们都叫吉姆，身高都是1.8米，体重180磅，容貌、身材、声音一般无二，举手投足都惟妙惟肖，职业生涯如出一辙。如果说这些相似是因为他们继承了相同的遗传因子的话，我们也可以理解，然而令人费解的是，他们的生活经历也极其相似，他们都经历了两次婚姻，前妻都叫琳达，现在的妻子又都叫贝蒂；他们各生有一子，并不约而同地给孩子取名为艾伦，而且两人的爱犬都叫托伊。这样的巧合让人们再次质疑：孪

有的科学家认为，孪生子之间的感应是一种生物电感应。因为孪生子的生物电系统非常相似，所以二人能释放并接收到几乎一致的感应。

生子之间真的有心灵感应吗？如果有，这种心灵感应是怎样产生的？

早在20世纪70年代末，美国明尼苏达大学的心理学家托马斯·鲍查德就对此专题进行了潜心研究。他以"心灵感应"为切入点，探索遗传和环境在人类发展中所起的作用。鲍查德组建了一个由心理学家、精神病学家、药物学家等组成的孪生子科研小组，该小组对20对孪生子进行了长期跟踪研究。

这些孪生子在出生后不久就被分开了，由不同的家庭领养，若干年后他们才重逢。

通过对这些孪生子们的检查和测试，鲍查德的科研小组发现，这些孪生子几乎在所有方面都有着惊人的相似之处，包括身体状况、兴趣爱好、思维方式、生活习惯、性格等。而且，很多孪生子之间存在着明显的心灵感应现象。比如，双方生活在不同的地方，当一方突发病痛时，另一方就能感知。为什么会这样呢？许多科学家对此进行了深入研究，得出了几种不同的结论。

有一种观点认为，孪生子之间的一些性状和疾病之所以相似，是由于受精卵分裂时的时间因素的作用。当一个受精卵分裂成两个相同的受精卵时，分裂的时间越短，则彼此相似的程度就越高。

另一种观点认为，孪生子间的心灵感应现象是一种比普通遗传现象更为复杂的四维空间遗传现象。作为遗传物质的基因要得到反映或表现，都要受到时间因素的限制。而孪生子的遗传因素完全相同，就表现出很多相同的性状或疾病，如果再加上相同的时间因素，那么他们就出现了更惊人的一致性。

还有一种观点认为，孪生子之间的心灵感应是一种生物电感应。因为他们的生物电接收器和释放器同步运行。当一方的生物电作用器启动时，另一方很快就可以感受到，并释放出相同的生物电，所以他们在思想和行为上就表现出惊人的同步现象。

这几种说法都在一定程度上揭示了孪生子之间的奥秘，但却不能完全解释心灵感应现象。要想彻底揭开孪生子之间的心灵感应之谜，还需要时间去考证。

朽木中的神秘银锭

2005年4月20日上午，四川省彭山县岷江大桥附近的老虎滩河床引水工程建设工地上，一派忙碌的景象。

10时30分左右，一辆挖掘机照例从河床3米深处掘起一铲砂土，伴随这铲砂土落地的，还有一截黑不溜秋像朽木一样的东西。

眨眼间，一枚枚乌黑发亮的东西撑破朽木的肚子滚了出来。旁边的一个农民工不禁惊叫道："银子！银子！"周围的人立即围上来，仅仅几分钟，数十枚银锭就被抢得一个不留。

事后，工地负责人及时将这批银锭收回，并上交给当地的文物部门。经彭山县文管部门初步鉴定，这批被挖掘出土的银锭为明代官银。河床中为何会有成批的银锭？这不由得让人联想起了一个流传甚久的宝藏传说——张献忠宝藏。

张献忠是明末清初纵横川陕地区的一位农民起义军领袖，曾定都成都，建立了大西国。从1630年起事到1646年兵败而亡的十六年间，"天府之国"四川的财富可以说被他尽纳囊中。

据说，张献忠曾举办斗宝大会，得意洋洋地炫耀他的富有，二十四间房子里摆满奇珍异宝、金锭银锭，令人目不暇接，瞠目结舌。有历史学家粗略估算了一下，张献忠至少拥有千万两白银。按明末一两白银折合购买力相当于现在的三百元人民币计算，在那个年代，他拥有相当于现在三十亿人民币的财富。

有人说，人生最可悲的事，就是人死了，钱没花完。对敛财有着"强烈爱好"的张献忠万万没有想到，自己的皇帝命会如此短暂。后来，清军入关，张献忠被杀，他的宝藏之谜也就困扰着一代又一代的寻宝人。

也不知从何时起，在成都平原西南部的彭山县，流传着这么一段故事：相传，大西军兵败成都时，十几艘大船沿岷江顺流而下，在彭山境内被清军预先埋设的铁链拦住。于是，大西国押运船的兵将凿沉船只，登岸而逃。清军早就知道张献忠有大量金银要从成都运走，这回截获了运宝船队，自然欣喜若狂。可当他们登上那些尚未完全沉没的大船，却发现其上装载着的全是石块。这无疑是张献忠使出的障眼法，真正的财宝早就沉于江底了。

同时，这一带还流传着一首民谣："石牛对石鼓，银子万万五。有人识得破，买尽成都府。"这首古老歌谣，被认定为破解大西王张献忠藏宝之地的"密码"。

这首民谣，为后人沿江寻宝留下了无尽的想象空间。三百年来，从清朝到民国，从朝廷的官员、将领到地方军阀、普通百姓，无不对此津津乐道，寻宝热潮从未间断。

民国时期，一位姓杜的清朝遗老因犯案而四处打点，受到曾任四川省府秘书长杨白鹿的接济而化险为夷。为报恩，杜某将一个檀木匣转赠与杨白鹿，并说匣内所藏就是张献忠埋银的地点图样——当时参与埋银的一名石匠偷偷绘制此图，几经辗转流落杜家。此后多年，杨白鹿一直珍藏木匣，从未向任何人透露。

1937年冬，杨白鹿将此事告诉了好友马昆山，两人一拍即合，于是四处奔走，成立了锦江淘金公司，专事打捞张献忠宝藏。他们按照原图纸方位丈量、细密探索，推断出埋藏金银的地点就在成都望江楼下游对岸，原石佛寺下面三角地段的交叉点左侧的江边。

于是，趁着1938年冬河水较少的良机，锦江淘金公司组织大规模开挖，却没有任何收获。他们并不死心，1939年冬又继续挖掘，上百人前前后后忙活了十个多月，功夫不负有心人，竟真挖出一个大石牛和一个大石鼓。流传的民谣得到了印证！杨白鹿等人赶紧买来金属探测仪。

不久后的一天，金属探测仪发出了"嗡嗡"的响声。"没有金银，哪来的响声？找到了！"锦江淘金公司当即召开紧急会议，购买了大批箩筐扁担，并且订购了一部起重机，准备金银一出土，就集中人力搬运，直接缴存银行。但历史又一次和人们开了玩笑，工人们费尽心力，却只挖出三大箩筐铜钱。轰轰烈烈的挖银事件，也只好草率收场。

在滚滚的岷江中，是否真的有宝藏呢？

虽然轰轰烈烈的寻宝事件终以闹剧收场，但此后几十年，仍不断有老百姓从江中打捞出金银宝贝的消息传出。

1990年8月，彭山县江口镇渔民邬长福网得大小银锭各一枚；1998年7月，彭山县灵石乡村民张志华在河中淘沙，却淘出一个银鼎……这些发现，使人们的目光一次又一次地投向锦江那看似平静的江面。而这次老虎滩神秘银锭的出现，立即又引起了方方面面的关注。

有学者指出，老虎滩发掘出的银锭与史料多有暗合之处。这些银锭乌黑中泛着亮光，其边缘虽有些残损，但清晰地刻有"崇祯十年八月"（1637年）的字样，介于张献忠在米脂起义（1630年）与在四川凤凰山中箭身亡的时间（1646年）之间。另外，此次挖掘出土的银锭，无论从银锭本身还是其外包装，都与史料记载相吻合。

既然张献忠沉银已被证实，那么如何打捞沉银、打捞需要多少资金也就成为社会各界关注的热点。

三百多年来，张献忠"江口沉银"的秘密一次次被爆料，真相却一次次与我们擦肩而过，或许这一次，它真的能大白于天下，人们期待着……

"金锚链"背后的秘密

14世纪下半叶，浩瀚的北海和波罗的海上完全是一派混乱无序的景象，海盗活动十分猖獗，克劳斯·施托尔特·贝克尔就是当时北欧最猖狂的海盗之一。在北欧的海岸线上，几乎没有一艘从事海上贸易的船只能在反抗之后得到他的宽恕，野蛮的克劳斯令所有往来的船只望风而逃。

克劳斯·施托尔特·贝克尔出生在德国的维斯马，常年指挥着五十艘船只在北海和波罗的海劫掠。他们从不放过任何船只，很多船根本不敢到公海上来。这伙海盗在海上肆虐的过程中，不但积聚了数量众多的西方国家的珍贵物品，而且还攫取了巨大的金银宝藏。对有些人来说他是一只可怕的海狼，但在另一些人眼里他是"海上的罗宾汉"。据说，他劫掠富人，然后把劫夺的财富赠送给穷人。

1393年4月以来，这些海盗们的势力越来越强大，以至于他们公然向挪威南部富庶的贸易城市卑尔根发起进攻，洗劫并烧毁了这座城市。

当克劳斯的海盗船队在北海变得越来越肆无忌惮的时候，英国国王理查德二世和丹麦女王玛格丽特为共同打击海盗，联合了起来。

1401年夏天，当克劳斯在北海上以"之"字形逆风航行时，遭到英格兰船只伏击。经过一场激烈的海战，海盗们最终遭到惨败。在这场战斗中，包括克劳斯在内共有73名海盗被投进监狱，40名海盗被打死。随后，这位海盗船长被送回他的故乡德国接受审判。

1401年10月的一天，被捕之后的克劳斯·施托尔特·贝克尔和他的73名海盗兄弟一起被押往德国汉堡市格拉斯布鲁克。当绞索即将套上他们的脖子时，这个海盗的头目向监刑的议员提出了条件：他许诺将拿出一个像花环一样美丽的金锚链及无数的金币，再加上向汉堡市捐赠一个金质的教堂钟楼楼顶，以此来赎买海盗们的自由。这个请求被断然拒绝，这伙海盗人头落地。随后，他们血淋淋的头颅被一排排钉在木桩上示众。

后来，人们在查阅有关北海和波罗的海海盗的传说和编年史后才知道，为了把抢来的金银财宝尽可能多地运走，海盗们便掏空船桅杆，把一部分贵重的金属（如大量的黄金等）熔铸成金锚链，藏匿在桅杆之中。

汉堡的议员当时确信，不论采取什么手段，他们总会找到克劳斯的宝藏。但后来的事实证明，这些议员们想错了，而且大错特错，直到今天那个德国海盗船长的所有财产仍然下落杳然。

根据古老的传说，克劳斯那批巨大的宝藏至少分别隐藏在了以下几个地方：

据说，海盗们曾掏空船的桅杆，把大量的黄金熔铸成金锚链，藏匿在桅杆之中。

首先是古老的哥特兰港口城市维斯拜，因为这个地方曾经是海盗攻占的目标。这个城市的设防十分牢固，有众多的堡垒、强大的保护墙和28座碉堡包围。

其次，它们可能隐藏在波罗的海的乌泽多姆岛。在那个小岛上，有一条从沙滩通向腹地的名叫"施托尔特·贝克尔"的山谷。过去，这条山路曾经通往一处海盗的藏身地。有人分析，也许那里至今还埋藏着他们的战利品。

再次，有个地方叫吕根岛，这是个满是白色峭壁的白垩质海岸，曾经是海盗的栖身之处，那里有许多有裂缝的很深的山洞。在过去的抢掠活动中，海盗们也曾在此地落脚。所以，这里一度被人们称为"海盗湾"。

还有个地方就是位于波罗的海小岛上的费马恩城堡。因为，近年来寻宝者在这座城堡里发现了一些古老工事的残垣断壁，此地可能是最适宜藏宝的地点。

另一个被人们认为可能藏宝的地点，是位于东佛里斯兰海岸雷伊布赫特东部马林哈弗的一座古老的圣母教堂。教堂建有一座60多米高的钟楼。在14世纪时，这里也是海盗们最喜欢的栖身之处。那时，大海从这里一直延伸到离陆地很远的地方。海盗们有可能把他们的海盗船固定在坚固的石环上，然后把抢来的东西放到高高的钟楼里。

最后，还有个地方值得提一下，它就是离马林哈弗不远的一个农庄。从12世纪始，这个农庄就很富裕，后来农庄的主人又把女儿嫁给了克劳斯·施托尔特·贝克尔，克劳斯有时会住在那里，也就有可能会把宝藏藏在那里。

进入20世纪以来，探险家和寻宝者们先后找到了这几个地点，却均未发现这笔宝藏。

这个海盗究竟把他的金锚链和珍宝埋藏在哪儿呢？寻宝者们深信，它们必然埋藏在上述六处中的某一处地方，只是掩埋得太严密，要找的地方又太多，因此尚未被人找到罢了。

如果能把这些地方彻底找遍，也许有一天人们真的会发现海盗的宝藏。于是，神秘的金锚链以及巨额海盗宝藏，就成了北欧最有名、最具诱惑力的传说，在这个拥有不计其数的高山、峡谷的"迷宫"中经久流传。

肆虐欧洲的"黑死病"

14世纪中期，一场史无前例的大瘟疫席卷欧洲，从1348年到1352年，它把欧洲变成了"人间地狱"，夺去了欧洲三分之一的人口，总计约2500万人！它就是历史上著名的"黑死病"。

在黑死病暴发后的300年间，黑死病仍不断造访欧洲和亚洲的城镇，威胁着那些劫后余生的人们。尽管准确统计出黑死病的致死人数已经不可能，不过许多城镇留下的记录还是让我们见证了惊人的人口死亡：1467年，俄罗斯死亡127000人；1348年德国编年史学家吕贝克记载死亡了90000人，最高一天的死亡数字高达1500人；在维也纳，每天都有500~700人因此丧命……

看到如此可怕的数据，人们不禁要问："黑死病"到底是什么病？它是如何传播的呢？

据相关专家介绍，黑死病可能是一种淋巴腺肿的瘟疫，这种由细菌引起的传染病，在今天仍时有发现而且相当危险。这种病菌是由跳蚤的唾液所携带，带病菌的跳蚤可能是先吸到受到感染的老鼠血液，等老鼠死后，再跳到人体身上，透过血液把细菌传染到人的体内。

黑死病因其可怕的症状而命名，患者身体上会出现大块黑色、疼痛并且会渗出血液和脓汁。受感染的人会高烧不退且精神错乱，很多人在感染后的四十八小时内死掉，相当恐怖。

不过对于黑死病是如何传播开的，如今仍没有定论。有专家认为，1346年，在蒙古军队进攻黑海港口城市卡法时，用抛石机将感染鼠疫的尸体抛进城内，这是人类历史上第一次细菌战。鼠疫原产中亚，其携带者是土拨鼠。在蒙古帝国之前鼠疫曾多次传入中国，所以在当时，中国人已经对鼠疫有了免疫力，而欧洲人在此前并没有接触过鼠疫。在卡法的一个热那亚商人将带病的跳蚤无意间带到意大利，于是鼠疫在欧洲广泛传播开来，成为让人闻之色变的黑死病。

但也有专家认为，鼠疫是丝绸之路上的商人把病菌带到中东，然后又传播到欧洲的。

研究瘟疫历史的史学家麦尼尔曾写道：战争与瘟疫肆虐，造成中国人口剧减。在明朝建立后，官方对人口的估计由1200年的1.23亿下降至1393年的6500万。因此，东方肆虐的瘟疫沿着亚欧丝绸之路西行也并不是没有根据。

还有专家认为，黑死病的暴发与传播与彗星撞地球有关。

有资料显示，在黑死病暴发前夕，地球上发生过一次大灾难，即彗星撞地球，这造成地球上的农业受到重创，全球暴发了一次灾难性的大饥荒，并最后引发了那场在欧洲大地肆虐、让人们谈之色变的黑死病。

科学家利用1994年从木星上形成的彗星撞击点上取得的信息得知：彗星撞地球之后，灰尘就会在巨大的冲击力的作用下，在空气中四处传播，并很快笼罩全球。支持这种观点的德里克教授说："彗星撞击地球的时机正好与传染病在欧洲流行的时期相吻合。当时欧洲在东罗马帝国的统治之下，人们相信那是黑死病第一次在欧洲出现。"

缺少阳光的照射，地球上的生物无法进行光合作用，因此普遍欠收，这在生产力不发达的当时给很多人带来了衣食之忧。由于很多人饥饿而死，尸体遍布街头，再加上大部分人食不果腹，身体对疾病的抵抗力很弱，因此黑死病立即在欧洲大陆传播开来，酿成大祸。

另外，黑死病之所以能在欧洲肆虐横行还与欧洲中世纪大量屠杀猫有很大关系。在中世纪欧洲，人们普遍信仰宗教，欧洲人认为猫是女巫的宠物和助手，所以猫被大量消灭，以至

黑死病的暴发与传播曾对欧洲历史乃至世界历史造成了不可磨灭的创伤。

于在相当长的一段时间内猫在欧洲绝迹。黑死病重要的传播媒介老鼠则在这条断裂的生物链中疯狂增长，为黑死病的暴发创造了最重要的条件，直至黑死病暴发后，猫才因具有捕鼠的本领而大受欢迎。

如今，人们依然闻"黑"色变，黑死病在人类历史上留下的创伤不可磨灭，甚至改变了欧洲历史。

这一惨重的疫情告诉我们，人类只有不断吸取教训，做好防疫准备，才能防患于未然。

| 惊魂的死亡体验 |

俗话说"人死不能复生"，然而在现实生活中，确实有一些人曾体验过死亡，和死神擦肩而过。这些和死亡进行过亲密接触的人，不仅能够描绘出死亡的感觉，而且有一些人在死而复生之后会性情大变。轰动美国的汤姆·索耶濒死事件就是其中的典型例子。

汤姆是美国纽约的一名汽车修理工，他和妻子生有两个女儿，一家人过得非常美满。在他30岁的时候，有一天下午，汽修厂拖来了一辆小型载重卡车。汤姆检查了一下，初步判断出卡车出毛病的所在部位，于是，他支起千斤顶，躺到小型载重卡车底下进行修理。可是万万没有想到的是，一场灭顶之灾正在悄悄向他靠近。突然，千斤顶松脱，3吨重的卡车压在他的腹部上，汤姆·索耶毫无防备，"唉呀"一声惨叫，撕心裂肺。

幸好，汤姆的两个女儿正在附近玩耍，她们听到父亲的惨叫声立即飞奔过来。见到眼前的情景，两个孩子吓呆了，她们扑到父亲的身边，一个劲地哭喊："爸爸，爸爸，你怎么了？"此时，汤姆的双眼还睁着，神志依旧清醒，他断断续续地发出微弱的声音："快，快去叫人。"

"你快去叫人，我在这里看着爸爸。"汤姆的大女儿哭着对她的妹妹说。汤姆的小女儿发疯似的往前跑去。很快，消防队和医护人员都赶来了。

消防人员费力地将3吨重的卡车从汤姆的胸腹部轻轻移开，这个过程持续了10分钟，然而对于汤姆来说，这是极端痛苦的10分钟，因为当时他还有清醒的意识。后来，汤姆回忆当时的感受说："我感到我的胸部和腹部被一个滚烫的铁杠研磨，我犹如在遭受极刑。"后来，医护人员立即对汤姆进行急救处理，发现他先失去了知觉，接着呼吸停止。救护车开动后，他的心脏也停止了跳动。汤姆被送到医院以后，医护人员虽然知道希望渺茫，但仍然对他进行了全力抢救。但令人意料不到的是，汤姆竟然活过来了，并最终渡过了危险期。

事后，汤姆的主治医生说："这真是一个生命的奇迹，很难想象，3吨重的卡车压在他的胸腹部以后，他还能够死里逃生。"一段时间过后，汤姆恢复了健康，他仍然精力充沛，神采奕奕。而他的事迹则被美国的新闻界炒得沸沸扬扬，各大媒体争相对他的事情进行报道。

6年后，汤姆在一次新闻发布会上描述了当时自己的死亡体验："当消防队员把我从卡车下抱出来的时候，我的呼吸已经停止了，与此同时，我感觉到一种从未有过的安宁和轻松。我的灵魂好像从我的肉体中逸出，轻飘飘地向空中升起。我仿佛是一个旁观者，看着消防人员抬着我的肉体，放到担架上，然后再手忙脚乱地送到车上。我的两个女儿脸色苍白，哭天抢地。很快，救护车载着我的肉体向医院驶去。这时，我的灵魂也在不断地上升，3米、5米、10米、100米……当上升到一定的高度之后，我发现眼前的景象消失了，自己被推进了一个黑洞中，但我的心绪依旧安宁。之后，我的眼前出现了光芒四射的阳光，但是并不眩目耀眼，我感到一种从未有过的快乐。我向着金光走去，似乎与光线融为一体。就在这时，深埋在我心底的记忆就像过电影一样一一浮现出来，如生日盛典、初中毕业典礼、订婚仪式、甜蜜的婚礼……我那已经过世的父母亲也出现在我的面前，他们身材高大，浑身放射出彩色光芒，笑吟吟地朝我走来。"

汤姆在讲述这些经历的时候，一直显得很平静，有一种历尽沧桑、看透生死的感觉。然而，这些经历还不是汤姆最奇特的地方，最让人觉得难以置信的是，他死里逃生之后，发生了脱胎换骨的变化，其中突出的表现是他突然狂热地迷上了物理学。

当时，汤姆还在医院里进行治疗。有一天，他靠在床上，对前来探视的妻子说："亲爱的，你能帮我找一些物理学的书吗？我现在对这方面的知识特别感兴趣。我要抓紧我养病的这段时间，好好学习学习物理学。"汤姆的妻子听了，夸张地张大了嘴巴，忽闪着长长的睫毛说："亲爱的汤姆，我的耳朵没有听错吧。你以前对物理可是毫无兴趣，并且是一窍不通的。"汤姆略带神秘地笑着说："可是现在一切都改变了。""那好吧，但愿你能坚持下去。"汤姆的妻子无奈地耸耸肩。从此以后，汤姆只要有空闲时间就学习物理。几年后，汤姆在大学里获得了物理学学士学位。他对记者说："在那次事故发生以后，我在同神秘光线融合的瞬间，就忽然意识到自己已经掌握了物理学的全部知识。在大学里，只不过是将这些知识一段一段地从记忆中追回来。"

汤姆为什么会发生这种变化？心理学家肯尼斯认为："一个曾经经历过死亡的人，在他经历了与光线融为一体的阶段以后，身体、智能和精神也许都已经发生了

多数死而复生的人提到临死时都有一种分外安详和放松的感觉，这让科学家们备感惊奇。

巨大的变化，他们会犹如投胎转世一般。"

那么，汤姆所说的神秘光线是什么？光线在融合的瞬间具有怎样的力量？是不是所有经历了与光线融为一体的人都会脱胎换骨呢？这些问题还需要科学家们进一步考证。

疑窦丛生的无人船

在浩瀚无垠的大海上，有时会出现一些奇怪的无人船。这些船只像幽灵一样漂浮在海上，似乎在诉说着什么不为人知的秘密。

1881年12月12日，美国快速机帆炮舰"艾伦·奥斯汀"号行驶在大西洋上。然而，船上的人们却遇到了这样一件怪事！

那天，天气晴朗，茫茫的大海上风平浪静，海面在阳光的照耀下，像铺着片片鱼鳞。船长格里福芬站在船头，看着海鸟欢快地从头顶飞过，任海风撩起耳边的头发，感觉心旷神怡。忽然，他的视线被远处的一艘纵帆船吸引住了。只见那艘船像失去依靠的浮萍，漫无目的地在海上漂荡。一个浪头打过去，船左右摇晃着，待慢慢恢复平衡后，又继续向前漂浮。

"那艘船看起来怪怪的，好像没有开动马达。"格里福芬皱着眉头，望着越来越近的纵帆船，转头对助手说，"你带几个人，乘小艇上去看看，看看这艘船是怎么回事，看他们是否需要帮助。"

其实大海上经常会出现一些无人驾驶的船，有人认为船上的人掉进了海里，所以到海底进行勘察打捞。

接到命令的助手不敢怠慢。他们乘着小艇很快靠近了这艘船，几个人爬了上去。但没料到的是，他们带回来的消息却让所有的人都大吃一惊！

原来，这艘船里一切正常：里面的东西例如货物、水果和瓶装酒都原封未动，食物和淡水等也一应俱全。只是，船里安安静静的，没有一个人！

"人呢？那些人哪里去了？"格里福芬眼里闪着疑问的光芒。

"会不会是遇到了海盗，这些人在打斗中丧生了？"有人说。

"不可能！"从那艘船上回来的助手肯定地说，"船里的东西摆放整齐，根本没有打斗过的痕迹。而且如果是海盗的话，他们不可能不把那些货物带走。"

"那这艘船叫什么名字呢？"格里福芬问道。

"船的尾部已经被破坏，上面的字迹更是模糊不清，无法辨认它的名字。"

"那这样吧，我们把船拖回去，到时候交给有关部门处理。"格里福芬坚定地说。然后，他指着几个身强力壮的水兵说："你们几个，到那艘船上去驾驶它跟着我们，有问题随时联系。"接着，他又指了指另外几个水兵说："你们几个，把缆绳找来，我们把这艘船拖回去。"

水兵们立即行动，很快一切打点停当，两艘船一前一后，在平静的海面上行驶。傍晚时分，海面忽然狂风大作，海鸥在头顶不安地叫着。疯狂的海浪击打在"艾伦·奥斯汀"号上，使得船左右摇摆，像个醉汉一样。格里福芬在指挥舱忙碌地指挥着。忽然，助手跑过来，一脸焦急地说："不好了，船长，风太大了，缆绳被弄断了，那艘纵帆船偏离了航道，不知去向了！"

"真是见鬼！快和船上的人联系！问问他们现在在哪里……"

"已经联系过好几次了，但是，我们的联络信号发出后，他们一点反应都没有。"助手脸上满是沮丧。

格里福芬有些焦虑，他把手在空中粗暴地挥动了两下，不耐烦地说："那你还在这儿站着干什么？继续联络！"助手不敢再多说，转身离开船长室。

3天过去了，联络工作始终在继续，可纵帆船一直没有出现，那几个被派到纵帆船上的水兵也销声匿迹了。就在人们快要绝望的时候，舵手忽然兴奋地大喊："船长，船——那只船——"人们顺着他指的方向看过去，发现那艘纵帆船的驾驶舱和桅杆已经塌了，此刻它正悠闲地漂浮在海上，似乎一点也不知道，为了找到它，另一艘船上的人们费尽了怎样的周折。

当人们带着欣喜靠近这艘船并登上去之后，疑惑再一次笼罩了所有的人：船舱的餐桌上放着喝过一半的土豆汤，盛咖啡的杯子里留着浅浅的咖啡渍。水手室里，挂着水兵洗过的衣服，已经干了，只是还没有被收起。刮胡刀上，沾着几根不知道是谁的毛发，还没来得及清理。这里的空气，甚至还弥漫着那几个水兵的气息，可他们却真真切切不在船上！这艘船，又变成了一艘没有人的空船！

"怎么会这样？就算前几天的风浪再大，也不至于船舱里整整齐齐，船员却全部落难吧？就算是他们乘救生艇离开了，也总得有蛛丝马迹，可从现场看，这里在出事前一切正常。"格里福芬一边检查现场，一边自己嘀咕着。

"船长，他们会不会是被外星人掳走了？或者，是海怪？"有人犹豫着，用不肯定的语气说。

"开什么玩笑！我从来不相信这些无稽之谈！"格里福芬皱着眉，严肃地说。

没有人敢再多说一句话，大家都低着头，默默地做事。可消息不久就传了出去。人们对此充满了好奇，许多人议论纷纷。

有的人猜想，是一名水兵落水了，其他人在营救的过程中，全部落水身亡。但这种猜想是非常可笑的，因为那几个水兵都是经验丰富的老兵，非常熟悉海上营救及自救的方法，不可能全军覆没。

还有的人提出，可能是他们吃了毒蘑菇，以至于产生幻觉，集体自杀了。美国曾出现过这样的事故。但这种可能也不大，因为格里福芬船长在带人检查船舱时，发现他们吃的食物里没有蘑菇一类的东西。

至今，美国快速机帆炮舰"艾伦·奥斯汀"号的这段奇遇仍然是一个解不开的谜，吸引着人们不断去破解求索。

奥立佛人间蒸发事件

如果一个人在没有任何征兆没留下任何线索的情况下，忽然消失不见了，你会不会觉得太离奇了？可就是这种离奇的事情，在美国却发生过好几次。其中，"奥立佛人间蒸发事件"就曾掀起过轩然大波。

那是1890年的圣诞节夜晚，雪花仿佛白色精灵，在空中翩翩起舞。轻风阵阵，带来远方淡淡的钟声。温馨祥和的气氛，在夜空里弥漫着。位于伊利诺伊州南贝特市的李奇一家刚刚大宴完宾客，酒足饭饱的亲友回到客厅，坐在圣诞树旁，愉快地聊起了天。整个客厅，弥漫着欢乐的气息。这个时候，只有勤劳贤惠的李奇太太还在厨房里忙碌着。

大概是觉得母亲太辛劳了，李奇太太的二儿子奥立佛从说笑的人群中走到厨房门口，笑眯眯地问："妈妈，需要我帮忙吗？"

李奇太太抬起头，高兴地说："太好了，奥立佛。储水槽里没有水了，我正想去院子里提些水回来。如果你愿意，那么，这个任务就交给你吧。"

"没问题，很高兴为您效劳，女士！"奥立佛调皮地对李奇太太眨眨眼，然后拿起水桶，吹着口哨走了出去。

忽然，一阵令人心惊的急呼划破庭院上空，撞击着人们的耳膜。"救救我！救救我！快抓住！救我！"奥立佛的哀叫一迭声地响起。

不明所以的人们起初愣住了，接着便都从客厅涌出来，朝院子里奔去。但当他们奔出来时，空荡荡的院子里，竟一个人也没有。

李奇太太眼里带着焦虑，完全顾不上优雅，她大声地喊着："奥立佛——奥立佛——你在哪儿？"没有人回答。

"难道，他掉到井里去了？"李奇太太眼里闪着泪光，朝水井扑去。

"应该不会。看！"一位客人指着雪地上的脚印说，"他的脚印，只到院子中间就没有了，应该是还没走到水井那儿。所以，掉下井去的可能性不大。"希望之光又重新回到李奇太太的眼里，她环顾着四周，嘴里呼唤着："奥立佛——能听到妈妈的呼唤吗？奥立佛，你在哪儿啊？"

"救命啊——抓住——"又一声凄厉的叫声在人们头顶响起。

所有人都抬起头，朝着发出声音的地方看去。可黑暗的夜空，除了看到雪花无声无息地飘落着，什么也看不到。5分钟过去了，10分钟过去了，偌大的庭院，只剩下一排脚印和一只翻滚在地上的水桶。叫声仍在继续，但看不到人影。人们一脸茫然地听着从

在很多情况下，人们都习惯把离奇失踪事件与外星人联系起来，那么，外星人究竟是不是失踪事件的元凶呢？没有人能肯定。

头顶传来的叫声，不知该如何是好。

渐渐地，奥立佛的声音消失了。他的人，就好像蒸发了一般，消失在空气里。李奇太太因为伤心过度，晕倒在雪地里。谁也没有想到，一场盛大而丰富的晚宴，最后竟以悲剧结束了。

奥立佛消失了，人们的猜测却没有停止。有的人直到很久以后，也不敢相信所发生的一切是真的，他们认为这不过是幻觉。可所有人都知道这不可能是幻觉。

会不会是奥立佛用了某种"隐身术"，隐匿起来了？好像也不太可能。奥立佛从来不会什么"隐身术"。即使他会"隐身术"，他又为什么要藏起来呢？那么，会不会是外星人干的？人们不敢肯定，因为没有人能确定外星人是否真的存在。

奥立佛人间蒸发案成了一个谜，没有踪迹，不可思议，无法解释。我们只能随着时间的推移与科学的发展，慢慢等待水落石出的那一天！

| 印度"死丘"迷雾 |

一提到印度"死丘"，人们会不约而同地想到土地荒芜、白骨嶙峋、天地昏暗……的确，印度"死丘"又被人称作"死亡谷地"，其至今仍被科学家列为"世界上最难解的自然灾害谜团之一"。

"死丘"即印度历史上的摩亨佐·达罗遗址。1922年，印度"死丘"被考古学家拉·杰·班纳吉等人发现，根据测定，它存在于公元前2500年~前1500年。从遗址发掘来看，摩亨佐·达罗非常繁荣，占地8平方公里，分为西面的上城和东面的下城。上城居住着宗教祭司和城市首领，四周有城墙和壕沟，城墙上筑有许多瞭望楼，城中的浴池面积达1063平方米，由烧砖砌成，地表和墙面均以石膏填缝，再盖上沥青，因而滴水不漏。浴场周围并列着单独的洗澡间，入口狭小，排水沟设计非常巧妙。

和上城相比，下城设置比较简陋，房檐低矮，布局也不规整，可能是市民、手工业者、商人以及其他劳动群众的居住之地。但是在接下来的发掘中，考古学家却陷入一个接一个的历史谜团之中。

首先，在古城发掘中，人们发现了许多人体骨架，从其摆放姿势来看，有人正沿街散步，有人正在家中休息。灾难是突然降临的，几乎在同一时刻，全城四五万人全部死于来历不明的横祸，一座繁华发达的城市顷刻之间变成废墟。

到底是什么灾难有如此巨大的威力呢？

有专家认为这是由洪水所致，雷克斯、威尔帕特等教授从地质学和生态学的角度进行了解释，认为"死丘"事件可能是由于远古印度河床的改道、河水的泛滥、地震以及由此而引起的水灾，特大的洪水把位于河中央岛上的古城摧毁了，城内居民同时被洪水淹死了。

然而，很多学者对这种说法提出了异议，有人认为如果真的是因为特大洪水的袭击，城内居民的尸体就会随着洪水漂流远去，城内不会保存如此大量的骸

科学家发现在摩亨佐·达罗废墟中有爆炸留下的痕迹。

骸。再者考古学家在古城废墟里也没有发现遭受特大洪水袭击的任何证据。

既然不是洪水所致，那会是什么引起这场巨大灾难的呢？对此，又有学者猜测，可能是某种急性传染疾病造成了全城居民的死亡。但这一说法也有漏洞，因为无论怎样严重的传染病，也不可能使全城的人几乎在同一天同一时刻全部死亡，且从废墟骸骼的分布情况看，当时有些人似乎正在街上散步或在房屋里干活，并非患有疾病。接着，又有学者提出了外族人大规模进攻，大批屠杀城内居民的说法。可是入侵者又是谁呢？有人曾提出可能是吠陀时代的雅利安人，然而事实上雅利安人入侵的年代比这座古城毁灭的年代要晚得多，二者相隔了几个世纪。因此，入侵说也因缺少证据而不能作为定论。

"古城被毁"的谜题还未解，紧接着考古工作者又发现了一个未解谜题。在对"死丘"事件的研究中，科学家发现了一种奇特现象，即在城中发现了明显的爆炸留下的痕迹，爆炸中心的建筑物全部夷为平地，且破坏程度由近及远逐渐减弱，只有最边远的建筑物得以幸存。科学工作者还在废墟的中央发现了一些散落的碎块，这是黏土和其他矿物烧结而成的。

罗马大学和意大利国家研究委员会的科学家表示，废墟当时的熔炼温度高达1500℃，这样的温度只有在冶炼场的熔炉里或持续多日的森林大火的火源才能达到，然而岛上从未有过森林，因而只能推断大火源于一次大爆炸。

其实，印度一直流传着远古时发生过一次奇特大爆炸的传说，"耀眼的光芒""无烟的大火""紫白色的极光""银色的云""奇异的夕阳""黑夜中的白昼"等描述，都将毁灭古城的真凶指向了"核爆炸"。

可是历史常识又告诉我们：直到第二次世界大战的末期，原子弹才第一次真正使用，而远在距今3600多年前，是绝不可能有原子弹的。

也有学者认为，在宇宙射线和电场的作用下，大气层中会形成一种化学性能非常活泼的微粒，这些微粒在磁场的作用下聚集在一起并变得越来越大，从而形成许多大小不等的球形"物理化学构成物"，形成这种构成物的大气条件同时还能产生大量的有毒物质，积累多了便会发生猛烈的爆炸。随着爆炸开始，其他黑色闪电迅速引爆，从而形成类似核爆炸中的链式反映，爆炸时的温度可高达 1.5×10^4 ℃，足以把石头熔化。这恰好与摩亨佐·达罗遗址中的发掘物相一致。科学家推测，摩亨佐·达罗可能是先被有毒空气袭击，继之又被猛烈的爆炸彻底摧毁。在古城的大爆炸中，至少有3000团半径达30厘米的黑色闪电和1000多个球状闪电参与，因而爆炸威力无比。不过这种说法并没有相关的科学证据，因此也不被人采信。还有人认为，摩亨佐·达罗毁于外星"宇宙飞船"。英国学者捷文鲍尔特和意大利学者钦吉推测：3500年前，一艘外星人乘坐的核动力飞船在印度上空游弋时，可能意外地发生了某种故障而引起爆炸，以致造成巨大灾难。然而外星人是否存在至今仍是一个未解之谜，故此种说法并没有引起太大关注，而印度"死丘"仍然是一个未解之谜。

| "空中录音"再现经年战争 |

1951年7月26日，两名英国女子来到法国埃比港附近的一家小旅馆度假。然而，就在她们的假期即将结束准备返回伦敦的时候，一件不可思议的事情发生了。

1951年8月4日凌晨，这两名女子还沉浸在香甜的梦境当中，忽然，一阵"轰轰"的炮声把她们惊醒。其中，有一名女子当过兵，她听到炮声，一骨碌爬起来，习惯性地看了看手表，指针正对着早上4点20分。"快起来，可能有危险。"她对同伴说。"怎么回事？难道这里发生战争了吗？"另一个一边祈祷一边向同伴靠拢过来。"我们去阳台上看看到底发生了什么？"说完，当过兵的女子拉着同伴冲向阳台。隔着窗户，只见外面还是灰蒙蒙的一片，小路上看不到来往的车辆，看不到军队，更看不到炮火。然而，她们耳边的炮火声却连绵不绝。一架架飞机在夜空中怒号，一颗颗炮弹呼啸而过，战士们在越来越响的炮声中喊着冲锋陷阵。

这时，当过兵的女子很快从惊恐中缓过神来，她找到笔和纸，对照着手表，按顺序记录下所有"听到"的事情过程。直到3个小时以后，四周才归于沉寂。事实上，这名女子所记录的情况，正是9年前同盟国军队在埃比港登陆时，与纳粹德国在这里进行的一场战斗的过程。她的记录与军方的机密文件中的记载相差无二。

这名女子的记录为：上午4时左右，忽然听到喊杀声，如雷轰鸣，其间有炮声和越来越响的轰炸声。 同盟国的机密军事记录为：上午3时47分，同盟国战机与德国战舰交火。这名女子的记录为：5时40分，一切归于静寂。 同盟国的机密军事记录为：5时40分，海军停止炮击。 这名女子的记录为：5时50分，大批飞机轰鸣声，伴有微弱嘈杂声。 同盟国的机密军事记录为：5时50分，盟军空军增援部队到达，与德军飞机相遇……

这两名英国女子并没有参加过那场战争，她们也不可能看到军方的机密文件，那么，为什么她们的记录能与军方的机密文件如此相似呢？为什么她们听到的声音与9年前激战的情景如此相符呢？

为了弄清真相，英国科学家兰伯特教授面见了这两位女子，并严密地询问了她们。后来他在报告中说："她们是两个身心健康的妇女。"这就意味着兰伯特教授承认了她们的话的真实性。以后，兰伯特教授经过长期调查和探索，终于得出一个结论："我认为这个经历必须列为一次真正的通灵现象。"但是，他的观点并没有得到大家的认同。

有科学家认为，地球是一个大磁场，除磁铁以外，很多东西都具有磁性，只不过有强有弱罢了。在磁性强度较大的环境里，并在适宜的条件下，声音很可能被周围的建筑物、岩石、铁矿或古树记录并储存下来，而在相同的条件下又会还原而重现声音。两位女子的经历就属于这种情况。

还有一些科学家认为，她们完全是偶然闯入了一个第四维的保存过去声音的空间里。到底是怎么回事呢？那个夏日夜晚"时光倒流"时所真正发生的一切，将永远是一个人们心目中难解的谜。

偏爱英国人的怪病

1485年8月，亨利·都铎在博思沃思原野上打败了约克王朝的国王查理三世，结束了英国的"玫瑰战争"。但正当凯旋的军队欢欣鼓舞地进入伦敦时，另一场灾难却神秘降临……

人们还没有享受到胜利带来的喜悦，就发现一种瘟疫在城中肆虐，在短短的三个星期内，该病夺去了伦敦两个市长、四个高级市政官、许多贵族和无数英国平民的生命。亨利·都铎七世的加冕典礼也不得不推迟。

究竟是哪一种疾病有如此大的威力呢？这就是令人谈之色变的汗热病。

汗热病发作短暂而迅猛，能在数小时之内使人死亡，而且患病的人通常在夜间"犯病"。发病初期，病人会浑身发冷、颤抖，有的还伴随着头疼、呼吸短促或高烧。几小时后，病人或是立即痊愈或是在昏迷中死去。

另外，让医生十分不解的是，汗热病十分"偏爱"英国人。其他疾病在英国出现后，通常会穿过英吉利海峡传播到欧洲大陆去，但是这种病却只是危害着英国人，没有传播出去。

正当人们为如何医治汗热病而苦苦找寻方法时，1485年晚秋时节，汗热病神奇地销声匿迹。有人说是一场猛烈的风暴把它刮到海中去了。不管怎么说，反正它不见了。第二年它没出现，第三年也没见它的影子。

至此，人们悬着的心开始放下来，可到了1508年的夏天，汗热病又回来了。如同上一次一样，它的出现是如此突然，不过这次疾病滞留时间也不长，到了中秋时节，它又神秘地消失了。

1517年，汗热病再一次出现在英国人面前。这次，它来势凶猛，吞噬了更多人的生命，亨利八世的红衣主教、大法官沃尔西就险遭它的毒手，牛津大学400多名学生被它夺去了生命，伦敦街头丧钟不断。著名的政治家托马斯·摩尔曾在信中感叹道："我相信，血战沙场也比待在伦敦城内要安全得多。"

1551年，汗热病最后一次袭击伦敦，从那以后，许多人开始试图以科学方式解释有关该疾病的问题。比如，凯厄斯写下了有关汗热病的书，但因为缺乏相关的研究条件，人们依旧没有找到答案，因为汗热病在那之后就再也没有出现过。

如今，汗热病的具体病因仍是个谜，人们对它的解释更多的只是一种猜测。凯厄斯认为，频繁蒸发的雾和水蒸气也许是主要病因。他认为，疾病之所为喜欢袭击英国人是由于英国人食肉过多、饮酒过甚，并食用了过多带病毒的水果，而且生活优裕的中年男子尤其是疾病进攻的对象。另外，他还认为贫困的人们好像确实比富有的绅士抵抗力要强得多。也许正是艰苦的生活环境使他们逐渐地增强了免疫力。

此外，凯厄斯还对当时一些医生的治疗方法提出了质疑。他认为当时医生的一些疗法违反科学，比疫病本身更可怕。

当时医生常用的一种疗法是：找一群人看护在病人周围，并以各种方式不让病人睡觉，因为汗热病人大多是在睡眠或昏睡状态

汗热病为何只在英国爆发，而从未传播到欧洲大陆呢？这还是个未解之谜。

下死去的。还有的医生不仅不让病人休息，还让人往病人鼻孔中压入气体或灌入烈醋，而这些方法不但没有让患者病情好转，反而产生了相反的效果。

另外一些对汗热病有过研究的医学家猜测，汗热病与人体的抵抗力和人口迁移有关。这种病一直被认为是由当年"玫瑰战争"中凯旋的军队带回来的，但这也只是猜测而已。如今，科学家一直在想办法弄清楚汗热病的病因，但是无奈汗热病已经消失多年，无法找到其致病的细菌。不过，相信随着人类医学技术逐渐提升，汗热病的谜题早晚会被解开。

阴魂不散的世纪绝症

1981年，美国洛杉矶市一家医院收到一名症状十分奇特的患者，该患者的咽喉有严重的霉菌感染，但是感染并没有沿着呼吸道蔓延，而是向食道发展，也就是说这个患者的食道几乎全阻塞了！这究竟是什么怪病呢？

医生尝试了各种方法但仍没有任何效果，最后只能看着患者无法进食，体重逐渐减轻，不治而死。

当医生对这种疾病百思不解的时候，又有几个症状相似的病人住院治疗。而在全美国也有很多例类似的病人，他们有的患上了卡氏肺囊虫肺炎，有的患上了卡波氏肉瘤……但这些病人的症状都有一个共同点，即细胞免疫缺陷。

究竟是什么疾病能让患者的细胞免疫力缺失呢？经过医生仔细研究，终于搞清楚了这种病的缘由。1982年，美国疾病控制中心正式将这种疾病定义为"获得性免疫缺陷综合征"，它就是让世人闻之色变的艾滋病，即AIDS。

艾滋病非常可怕，从它被发现之日起，全世界众多医学研究人员就开始对其研究，付出了巨大的努力，但至今尚未研制出根治艾滋病的特效药物，也没有可用于预防的有效疫苗。因此，这种致死率几乎高达100%的绝症被人们称为"世纪绝症"。但更为恐怖的是，自从其被发现以后，它的蔓延速度就非常惊人，全世界至少有2180万人死于此病，死亡人数是第一次世界大战的两倍多。据有关数据显示，仅在2001年就有300万人死于艾滋病，因此，艾滋病严重威胁着人类的健康和社会的发展，已成为威胁人类健康的第四大杀手。

面对来势汹汹的艾滋病，人们除了担心，更充满了好奇与疑问：艾滋病为何如此厉害，它到底又是如何产生的呢？

经过几十年的研究，以及对艾滋病病毒DNA的分析，人类逐渐了解了艾滋病的来源之谜。

原来，艾滋病是一种人畜共患疾病，由感染"HIV"病毒引起。HIV是一种能攻击人体免疫系统的病毒，它把人体免疫系统中最重要的T4淋巴组织作为攻击目标，大量破坏T4淋巴组织，产生高致命性的内衰竭。这种病毒破坏人的免疫平衡，使人体成为各种疾病的载体。

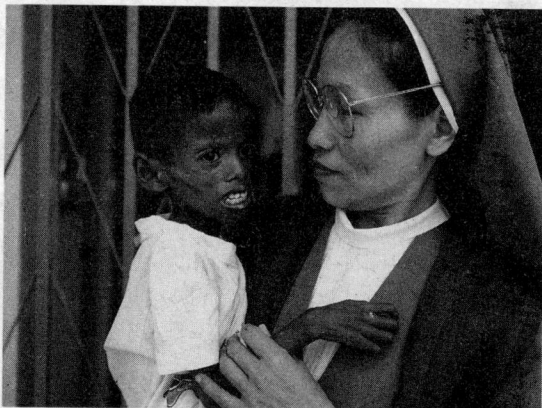

如果母亲是艾滋病感染者，孩子也很有可能会在怀孕、分娩过程中或是母乳喂养时受到感染。

不过HIV本身并不会引发任何疾病，而是当免疫系统被HIV破坏后，人体由于抵抗能力过低，丧失复制免疫细胞的机会，因此容易感染其他的疾病导致各种疾病复合感染，最终使生命迈向死亡。

科学研究发现，艾滋病最初是在西非传播的，可能是某慈善组织做了一批针对某流行病疫苗捐给非洲某国，当时他们并不知道做疫苗研究用的黑猩猩携带有艾滋病毒。

由美国、欧洲和喀麦隆科学家组成的一个国际研究小组研究后表示，通过野外调查和基因分析证实，人类艾滋病病毒HIV-1起源于野生黑猩猩，病毒很可能是从猿类免疫缺陷病毒SIV变异而来。

由此，人们得出结论，艾滋病的起源应该是在非洲。1959年，当时医学工作者曾经采集了一个生活在森林中的土人的血液，他的血液样本经化验后，便被冷藏，就此尘封数十年。但没想到的是，数十年后，医学家竟在这个土人的血液中发现了艾滋病病毒，从而找到了艾滋病来源的重要线索——艾滋病起源于非洲。

不过疑问接踵而来，黑猩猩身上的SIV是如何传染给人类的呢？有学者解释说非洲一些国家有捕猎黑猩猩而后食用的习惯，非洲人可能是因为吃黑猩猩的肉而被感染的。但这种说法并没有赢得大多数人的赞同。

还有一种说法认为，人类在生产小儿麻痹疫苗时，使用了被人类免疫缺陷病毒或类似HIV病毒污染的黑猩猩器官组织，从而导致人在疫苗接种时被感染。不过这种说法还未得到证实……

如今，虽然人类还无力治愈艾滋病，但我们已经知道它的传播方式，如性交、血液和母婴传播。只要人类在这些方面多多注意，做好预防、准备，就会大大降低感染艾滋病病毒的几率。我们相信，随着人类医疗科技水平的不断提升，艾滋病一定会被人类征服。

"挑战者"号失事迷雾

　　1986年1月28日是所有美国人都应该铭记的一天。因为在这天，美国航天飞机"挑战者"号骤然失事，机舱内7名宇航员全部遇难，成为美国宇宙航天历史上最为惨重的一次事故。"挑战者"号航天飞机是肯尼迪航天中心的第二架航天飞机，它以航行于大西洋和太平洋上的英国研究船挑战者号而命名。1982年7月，"挑战者"号航天飞机成为美国可再度试用的带翼航天器，共成功完成了9次航天飞行任务。然而谁都没想到"挑战者"号航天飞机的第十次任务成了它的绝命之旅。

　　起初，"挑战者"号航天飞机起飞正常，可是在升空1分14秒，离地15.24千米时，"挑战者"号突然燃起来黄白相间的大火，没过几秒，"挑战者"号航天飞机便发生爆炸，瞬间化为乌有。事故发生后，美国举国悲痛。美国政府立即组织打捞"挑战者"号航天飞机残片，他们运用了一切可能的先进手段，包括飞机、潜艇、水下机器人和声呐扫描装置。7个月后，事故调查人员共打捞出了111.32吨重的残骸，其中有机组人员的尸体、燃料、所携带的货物和座舱残骸。不过人们更关心一个问题，到底是什么原因导致了这次事故的发生呢？

　　在事故原因未调查出来的几个月，世界各国议论纷纷：有科学家认为是航天飞机自身的机械故障导致的爆炸，也有科学家认为是美国航天局操作出现了问题……

　　经过事故调查小组几个月的调查、论证，终于找到了"挑战者"号航天飞机爆炸的原因。原来，由于发射时气温过低，发射台上已经结冰，造成固定右副燃料舱的O形环已经硬化，失效。在航天飞机飞行时，O形环遇到了强烈气流而被吹脱落，造成了主燃料舱底部脱落，从而导致了灾难的发生。

　　既然"挑战者"号航天飞机是由于人为失误坠毁，那这个导致事故发生的O形环为何没有被及时发现呢？经过调查，其实这场惨烈的事故本来是可以避免的……

　　在发射前13小时，一位重要工程师向公司上级召开了电话会议，他表示上次"挑战者"号的发射由于O形环失效差点毁灭，但上级由于急于完成此次任务，没有听从工程师的建议。另外，对于"挑战者"号航天飞机失事，有两个人一点也不意外，这就是为航天飞机设计、制造固态燃料火箭助推器的莫顿－瑟奥科尔公司的高级工程师，罗杰·博伊斯乔利和他的顶头上司鲍勃·埃比林。事发前，两人也以温度过低力劝美国宇航局推迟"挑战者"号的发射，然而，瑟奥科尔公司高层给了他们当头一棒，他们认为没有问题，所以向宇航局作出了"可以发射"的报告，灾难由此埋下祸根。在发射前30分钟，一架波音757客机报告有强气流的存在，但发射中心也没有注意，于是"挑战者"号错过了最后的一丝生机……

　　"挑战者"号航天飞机失事让美国航天事业受到沉重打击，以至于公众对航天飞机的安全问题产生了极大的不信任感，此后的3年中美国再也没有进行航天飞机飞行试验。但人类的航天梦想还没有完成，在总结了"挑战者"号失事的教训之后，人类又踏上了征服太空的征程……

诡异的蓝钻夺命案

在美国华盛顿史密森尼博物院的国立自然博物馆中，藏有一颗名为"希望"的蓝钻石，它是世界上屈指可数的钻石王之一，重45.52克拉。传说，这是一颗受诅咒的宝石，因为围绕它发生的命案达数十起之多。

500年前的一天，在印度编基伯那河畔，有位老人走进了一座废弃的矿井里。那里一片漆黑，老人提着油灯来回扫视，忽然感觉到有一丝亮光在眼前晃了一下。他躬下身子，在一堆废矿石中发现了一块闪亮的石头，捡起来一看，竟是一颗硕大的蓝钻石。"呀！我发现宝贝了！"老人欣喜若狂地喊出了声。

随后，老人来到首饰作坊，请工匠将钻石进行了一番粗加工。加工后的蓝钻石重约112.5克拉，呈极为罕见的深蓝色，没有瑕疵、裂纹和斑点，是一件稀世珍宝。老人一直珍藏着这颗宝石，直至去世。老人死后，他的3个儿子为争夺这颗钻石大打出手。族长出面处理，因无法解决，最后只好将钻石充公，下令镶嵌在神像的前额上。就这样，这颗钻石成了神庙的圣物。

很快，关于钻石的事在村子里传开了。一天深夜，一个抵不住钻石诱惑的年轻人偷偷溜进了神庙，从神像头上撬走钻石。但仅仅几小时后，他就被守护神像的祭司捕获，活活打死。蓝钻石被夺回后又重新镶嵌在神像的前额上，但由它引发的一系列命案却拉开了帷幕，年轻人是第一个牺牲者。

1642年，法国冒险家塔韦尼埃来到这里，趁夜将钻石偷走。神庙祭司第二天发现后，便诅咒所有起于私心而拥有这颗钻石的人。根据传说，塔韦尼埃将这颗钻石带回法国后，卖给法国国王路易十四，但他后来却穷困潦倒，最后被野狗咬死。

这颗蓝钻石到路易十四手里之后，经切割后变为67.125克拉，被镶嵌在王杖上，并命名为"法兰西之蓝"。可是不久后的一天，路易十四最宠爱的一个孙子不明不白地死去了。路

"希望"蓝钻石是世界上屈指可数的钻石王之一，因诅咒之说而格外令世人瞩目。

易十四大受打击，不久也撒手归天。路易十四死后，"法兰西之蓝"落入蓓丽公主之手。她将钻石从王杖上取下来，作为装饰挂在她的项链上。1792年9月3日，在一次偶发的事件中，蓓丽公主被一群平民百姓殴打致死。

接着，"法兰西之蓝"成为了国王路易十六和王后玛丽的珍玩。可是一场法国大革命的风暴把路易十六和王后玛丽都送上了断头台。"法兰西之蓝"在动乱中又被皇家侍卫雅格斯·凯洛蒂趁乱窃取。法国临时政府在清点国库时，发现"法兰西之蓝"失踪，于是贴出告示：凡私藏皇家珍宝者处以死刑。侍卫雅格斯·凯洛蒂得知后终日不安，精神错乱，最后自杀而亡，蓝钻也不知所踪。

"法兰西之蓝"不断给占有它的主人带来不好的运气，但还是有许多贪婪的人将目光盯向它，希冀有朝一日成为它的主人。

后来，"法兰西之蓝"辗转落入俄国伊万皇太子手里，又从他手中转移到女皇加德琳一世手里。女皇意欲将钻石镶在皇冠上，于是命人将"法兰西之蓝"送到荷兰，交由堪称具有世界一流手艺的威尔赫姆·弗尔斯进行加工。经过威尔赫姆·弗尔斯的精心雕琢，"法兰西之蓝"被切割成现在的样子，它的每个面都闪着诱人的蓝光。钻石加工好以后，钻石匠的儿子不辞而别，将钻石带到英国伦敦去了。无法交差的钻石匠服毒自杀，而他的儿子后来在英国也自杀身亡，原因不明。

这颗钻石很快又被英国珠宝收藏爱好者亨利·菲利浦收藏，并将其命名为"希望"。1893年，亨利·菲利浦暴死，他的侄子成为"希望"蓝钻石的主人。这位钻石的主人将钻石置于展厅公展，后来据说他寿终正寝。

20世纪初，一个叫杰奎斯·塞罗的商人购得了"希望"钻石，但不久就莫名其妙地自杀了。钻石辗转到了土耳其苏丹阿卜杜拉·艾哈迈德二世手中，一个王妃为此丧生，苏丹也于1909年被土耳其青年党废黜。

"希望"蓝钻石的下一个主人是华盛顿的富翁沃尔斯·麦考琳夫妇。自从拥有这颗钻石以后，灾难就像影子一样追随他们：他们的儿女先后遭遇了不幸。

关于这颗钻石会带来厄运的故事，首先被公众所知始于1909年6月25日，在当日出版的《泰晤士报》上，一位驻巴黎的记者写了篇文章，声称这颗钻石曾给许多拥有者带来厄运。"希望"蓝钻石自问世以来，历经沧桑，周游列国。其间，更易的主人有数十人之多。的确，它并没有给它的任何一个主人带来希望，相反，除少数几人外，大部分拥有它的人都遭遇厄运，甚至命丧黄泉。

1958年11月8日，这颗蓝钻石被送到了华盛顿史密森尼博物院里。温斯顿是"希望"钻石的最后一个主人，也是300年来最幸运的一个主人。至今前往史密森尼博物院参观的人络绎不绝，人们在赞叹这颗稀世之宝历尽沧桑的同时，仿佛感觉到那闪闪的蓝光在向人们默默地诉说着它那神秘不祥的历史。

MYSTERIOUS ·····

4 惊世的人间悬案

　　古往今来，众多的历史名人在人类进步的篇章上留下了光辉的足迹，但有些名人的身影却总是忽隐忽现，为后人留下了一串串难解的谜题。比如，法老图坦卡蒙是死于疾病还是谋杀？埃及艳后到底有什么魅力能让她在各国首领间游走自如？拿破仑到底是怎么死的，谁来证明……想知道答案吗？那就翻开这一章，一起去破解这些人间悬案吧。

令人惊悚的史前核大战

　　古老悠远的史前文明总会让人想到茹毛饮血、刀耕火种的原始生活。而原子弹则是直到第二次世界大战才出现的高科技武器。如果有人对你说，在史前时代就发生了核大战，你一定会瞠目结舌，无法相信。然而，印度古诗《摩诃婆罗多》和《马哈巴拉塔》中却真的记载着这样的事情。

　　《摩诃婆罗多》是著名的印度古诗，也是古印度文明的一颗明珠。《摩诃婆罗多》成书于公元前4世纪前后，据说它记载的史实比成书时间早了3000年。据记载，在史前时期的恒河上游，费里希尼人和安哈卡人之间曾发生过两次大规模的战争。《摩诃婆罗多》对第一次战争的描述是这样的："……发射了'阿格尼亚'……这种武器发出可怕的灼热，动物灼毙变形，河水沸腾，鱼虾全部烫死。"

　　"阿格尼亚"这种武器的威力让人难以置信，而古诗对第二次战争的描述更让人触目惊心："……向敌方三个城市发射了一枚飞弹。此飞弹似乎有整个宇宙的力量，亮度犹如万个太阳，烟火升入天空。敌人的尸体烧得无法辨认，大地为这种武器散发的炽热所烤焦，在高热中震颤，大象被大火烧得狂吼乱叫，东奔西窜，飞翔的鸟类被高温灼死，水在沸腾，百兽丧命。愤怒的火焰使树木一排排倒下。数以千计的战车被摧毁，大海一片死寂，大地通红发亮。"从古诗的描写来看，这种情景与原子弹爆炸时的情景极为相似。

　　如果说仅凭《摩诃婆罗多》中的记载，让人觉得不足为信，那么我们还在另一部印度叙事诗《马哈巴拉塔》中发现了描写核战争的某些片段。《马哈巴拉塔》成书于3000多年前，书中记载道："……发射了具有能够破坏整个宇宙的那种力量的炮弹，城市在这时开始燃烧起来。在它爆炸的一瞬间，天空明亮得好像有一万个太阳。"这段描写不禁让人们想起原子弹在广岛和长崎爆炸时的情景。难道在史前，人类就已经掌握了复杂的核技术并将

人们在沙漠中曾发现过类似核战争的遗迹，坍塌的建筑物和那些由于瞬间的高温而熔化又迅速冷却形成的物质，似乎在向世人证明，在远古的时候那里曾发生过核战争。

其应用于战争了吗？这听起来似乎是天方夜谭。

然而，物理学家弗里德里克·索迪认为："我相信人类曾有过若干次文明。地球曾不止一次遭到大洪水、大爆炸、大灾难的侵袭，因此古文明可能一毁再毁。而原子能就是史前文明所掌握的高科技，但由于误用，使他们遭到了毁灭。"

此外，一些考古学家的发现也开始倾向于证实史前确实爆发过核战争。1922年，考古学家在印度信德地区的摩亨佐·达罗发现了一些蛛丝马迹。摩亨佐·达罗是一座至少有5000年历史的城市，在城市废墟里，人们发现了成排倒地死去的人，这些人用双手盖住脸，好像在保护自己，又仿佛看到了可怕的事。可以肯定，这些人都是在突如其来的变故中死去的，这座古城当时一定发生了异常事件。印度考古学家卡哈对出土的人骨进行了化学分析，然后说："9具白骨中，均发现有高温加热的痕迹，说明这些人的死亡和突然出现的高温有关。"此外，古城的许多坍塌建筑物上发现了由于瞬间的高温而熔化又迅速冷却的物质。今天，人们只在热核武器爆炸现场发现过这些人为的物质。这些证据似乎说明，这里确实发生过核爆炸。

但是，从人类发展史的科学角度分析，当时的人类处于科技极度落后的原始时期，拥有核武器简直是不可能的。而且，《摩诃婆罗多》是在古代战争发生后3000多年创作的，记载的内容也可能含有虚构的成分。同样，《马哈巴拉塔》也不能排除虚构战争情节的可能。所以，事实究竟是怎样的呢？我们不得而知。

图坦卡蒙死因之谜

公元前14世纪，古埃及已经进入了一个强盛的王国时代。自从年仅9岁的小法老图坦卡蒙即位以来，宫廷内外的夺权斗争便愈演愈烈。

公元前1323年的一天傍晚，图坦卡蒙法老在大殿上焦急地走来走去，他正在为最近发生的一系列事情烦恼呢！军队刚刚输掉了一场重要的战役，与此同时，国家还面临着瘟疫的侵袭。怎么办呢？想着想着，他抬起了头，望着前方的壁画，又逐渐陷入了沉思。这个时候，王后安克赫娜蒙走了过来，她准备叫他早点休息，但见他在如此专注地想事情，就向侍女们打了个手势，示意她们都退下。随后，她也悄悄地离开了大殿。

夜深了，空荡荡的大殿上只剩图坦卡蒙一个人了。疲倦的他倚靠在黄金座椅上继续思考着，昏暗的灯光照在他身上，他迷迷糊糊地睡着了。突然，一个黑影从帷幕后跳了出来，举起一根铁棍，朝着图坦卡蒙的后脑勺打去……这位年仅19岁的埃及第十八王朝法老，在本是可以大展宏图的好时光，就这样离奇地结束了生命。

这是后人对图坦卡蒙的死因作出的猜测和想象。在那个充满了背叛、阴谋与谎言的埃及宫廷里，年轻的法老身边的确充斥了太多的威胁。但事情真如上面所料想的那样，图坦卡蒙是被人谋杀的吗？这对后人来说是一个难解的谜，而揭示谜底的线索或许就藏在他的陵墓里。

自从1922年图坦卡蒙的墓穴被英国考古学家霍华德·卡特和卡纳凡勋爵发现后，图坦卡蒙就成了世人关注的焦点。墓穴中满是黄金、象牙和珍贵的木雕，其中最有名的便是图坦卡蒙木乃伊脸上罩着的那个黄金面具。但是在一派辉煌景象背后却掩藏着一丝令人不安的迹象：从图坦卡蒙法老下葬的情形来看，他生前似乎遭到了不公平的待遇。

图坦卡蒙的木乃伊并没有葬在他自己精心选择并花费10年时间修建的陵墓里，而是被葬在了另一座简陋而寒酸的墓室，它甚至不如帝王谷中一些祭司的墓室。墓室中的器物相对其他法老要少得多，甚至很多是从别处搬来的"二手货"。墓室狭小而简陋，不过这倒使它躲过了盗墓者的视线。

1968年，英国利物浦大学为图坦卡蒙的木乃伊做了一次X光透视检查，结果令人大吃一惊：木乃伊的头颅中有一块移位的碎骨，颅骨的后部有一块仿佛血液凝结的阴影，与头部受重击的损伤非常相似。更可疑的是，他的颈骨有骨折的迹象。这些线索似乎在告诉人们，图坦卡蒙死于谋杀。

怀着强烈的好奇心，今天的学者们对这起3000多年前的谋杀案进行了一系列推理分析。首先，他们认定，这个凶手肯定是能够接近法老的重要人物，而且是能够从法老之死中得到利益的一个。这样，目标就缩小了很多，首先被认定的是新任法老伊特努特·阿伊，他是这件谋杀案中的最佳受益人。

阿伊在老法老阿肯那顿在位时就是宰相。后来他辅佐9岁的图坦卡蒙登基，深得小法老的信任。这期间，阿伊的权力早已超越了他的身份。他执掌着国家大权，而日渐成熟的图坦卡蒙将使他失去已有的权力，唯一的办法就是杀死图坦卡蒙。

实际上，阿伊是当时宫廷中唯一拥有皇室血脉的男性，他是阿肯那顿的皇后拉菲尔缇缇的父亲。图坦卡蒙与王后安克赫娜蒙本是同父异母的兄妹，阿伊也就是这两人的外祖父。图坦卡蒙死后，阿伊娶了自己的外孙女，继而登上了法老的宝座。

但是这里又有一个问题：以阿伊的老练，他怎么可能会在谋杀外孙之后那么急不可待地坐上王位呢？那岂不是把自己完全暴露了吗？更何况，阿伊已入暮年，继任法老之后不过支撑了三年，就一命归西。说他是凶手，真有点让人难以相信。

第二个可能的凶手就是司库（管理财政的官员）马亚。司库的工作，使马亚有许多机会与图坦卡蒙接近。假如马亚因为贪污事发或者在来往中不慎触怒了法老，他确实也有谋杀的动机。但是问题是图坦卡蒙死后，司库马亚并没有被追究责任，而且从留下的史料来看，马亚对图坦卡蒙很有感情，小法老下葬后不久陵墓就被盗了，还是马亚命人重新修葺并封闭的。看来，凶手是马亚的可能性极小。

会不会是王后安克赫娜蒙呢？小夫妻间发生了摩擦，使得她杀夫？从种种迹象来看，好像又不太可能。因为随同图坦卡蒙一起安葬的还有两具婴儿木乃伊，据分析可能是图坦卡蒙和安克赫娜蒙夭折的孩子。与父亲安眠在一起，这种合葬方式代表着家庭关系亲密良好。另外，在图坦卡蒙木乃伊身边摆放着一束小小的花环，从造型来看，应该是王后送给丈夫的最后一件爱情信物。这击破了王后是凶手的说法。

图坦卡蒙的墓室令人叹为观止，而它所揭示的古埃及文化，更使历史学家们欣喜若狂，他们足足花了10年的时间才清理完其中的物品。

后来研究者发现了一封古老的书信，就将疑问引向了另外一个人——执掌军权的大将军荷伦希布。这是一封在图坦卡蒙死后不久，由埃及送往赫梯王国的书信。信上写着，国王的遗孀希望赫梯国王撒皮鲁流马士一世能帮她一个忙，选择他的一位王子前来做她的丈夫和埃及国王，不然，她有可能被迫下嫁"仆人"。

然而，历史表明，这桩婚姻没能缔结成功。当赫梯王子赞纳扎带领着庞大的随从队伍南下埃及的时候，他和他的部属都离奇地消失在了沙漠中。肯定是有人除掉了王子和他的随从们，最后疑点落在了荷伦希布身上。

作为军队的统帅，荷伦希布与图坦卡蒙单独相处的机会非常多，若要下手暗害这个没有戒心的少年，或者制造一起意外要他的命，对荷伦希布来说简直易如反掌。不过荷伦希布没有出现在嫌凶榜首，原因就在于：在图坦卡蒙死后，他没有立刻继任法老，当然，这很有可能是他不想把自己暴露在风口浪尖上。不过后来事情的发展更倾向于这种看法：仅仅过了三年，年迈的阿伊法老就死了，荷伦希布成为继任法老，并迎娶了身不由己的两任法老遗孀安克赫娜蒙。

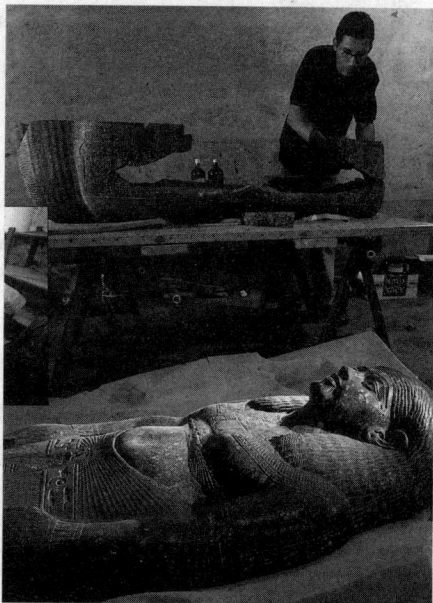

而荷伦希布在8年的法老任期内所做的一系列决策更令人瞠目结舌——他把阿肯那顿和拉菲尔缇缇以及图坦卡蒙的形象从全埃及境内的神庙壁画上铲掉，并且改建了图坦卡蒙加冕的卡纳克神庙，将属于图坦卡蒙的记载都抹去。尤其令人不能接受的是，荷伦希布还把皇族世系表中阿蒙荷泰普三世（阿肯那顿之父、图坦卡蒙之祖）后的法老统统剔除，把自己直接放在了阿蒙荷泰普三世的名字后面，想要完全否认那几位法老的存在。由此推断，野心勃勃的荷伦希布似乎是早有预谋的。

谜底到此似乎就可以揭晓了，然而，新近对木乃伊进行CT扫描的结果显示，图坦卡蒙的膝盖有骨折的痕迹，而这并非考古造成。由此推测，他死前很可能在一次事故中腿部受伤，该伤虽不致命，但也有可能让图坦卡蒙因伤口感染发炎而亡。这又为本已扑朔迷离的图坦卡蒙死因蒙上了一层迷雾！

传奇艳后的谜样人生

"埃及艳后"是指古埃及托勒密王朝的女王克利奥帕特拉·塞勒涅七世。传说她美丽妖艳，政治手腕高明，是一个极具传奇色彩的人物。她的婚姻与宫廷纷争、战争动乱纠结在一起，其一生谜题重重，令后世捉摸不定。

公元前48年的一天夜晚，夜幕笼罩着地中海南岸宁静的亚历山大城，在离海岸边不远的一处古老殿堂里，古罗马统帅恺撒将军正与部下们开怀畅饮。忽然，一名侍卫进来报告："伟大的恺撒，一个埃及官员给您送来一件非常贵重的礼物，说是他们的女王送给您的。"不一会儿，只见卫兵们抬过来一大卷华丽的地毯。正在恺撒对这件礼物感到疑惑时，忽然一位风姿绰约的美人从地毯中钻了出来。这位鏖战沙场的罗马英雄先是一惊，转而大喜，被这位美人的容貌和勇气所征服。

这位美人就是克利奥帕特拉·塞勒涅，她执掌着埃及风雨飘摇的托勒密王朝。这一次，她为了争取埃及的独立与安宁，把自己当礼物送给了恺撒。结果很圆满，她不仅保住了埃及，还成了恺撒的情人，在罗马享受着奢华的生活。不久，她就为恺撒生了一个儿子。然而好景并不长，公元前44年，恺撒惨遭刺杀，不治身亡。克利奥帕特拉一下子失去了强大的依托。

恺撒死后，其养子屋大维及属下马克·安东尼平定了因他猝死而引发的动乱，两人划分了势力范围：屋大维统治西部，安东尼统治东部。这次，克利奥帕特拉又投身到安东尼的怀抱。安东尼深深地迷恋上克利奥帕特拉，两人在塔尔苏斯城同居达12年之久。女王再次成功地保住了她的王位，使弱小的埃及避开了战火的侵袭。

然而，这位女王的命运并非总是一帆风顺。公元前31年，安东尼与屋大维为争夺罗马统治权，在亚克兴展开了大海战，克利奥帕特拉出兵支持安东尼。然而在安东尼舰队受挫之时，克利奥帕特拉突然率领她的60艘战舰撤离了战场，驶回埃及的亚历山大城。安东尼一看，抛下战斗部队就去追赶，结果他的舰队遭遇惨败。一年后，屋大维进攻埃及，包围了亚历山大城。安东尼见大势已去，执剑自刎。很快亚历山大城陷落，克利奥帕特拉落入了屋大维的手里，被囚禁在皇宫里。

安东尼的离去，令克利奥帕特拉心痛不已。但她很快振作起来，想再一次用魅力征服屋大维。然而，野心勃勃的屋大维吸取了养父恺撒和安东尼的教训，根本不为所动。克利奥帕特拉万念俱灰，绝望地自杀了。不过，她的魅力并没有因为死亡而消失，后人在众多的史料记载和传说中，苦心孤诣地探讨她的谜样人生。

首先，人们对克利奥帕特拉在与屋大维的那场海战中临阵逃脱耿耿于怀，不明白她究竟出于什么目的。有人说她想考验安东尼对她的爱情，也有人说她是害怕战争失败。但是从女王的性格以及战争最终结果来看，这些观点不足以成立。又有人说她是想坐观安东尼与屋大维两虎相斗，以谋取自己的政治资本，但是她没料到痴情的安东尼会有此一举，最后只能自食苦果。这种猜测虽然有些道理，但却无从考证。

其次，关于克利奥帕特拉的死因也一直备受争议。关于她死亡的记载，均来自于公元1世纪希腊传记作家普鲁塔克的叙述，按照他的说法，女王是用毒蛇自杀的。而现今发现的与克利奥帕特拉本人有关的文物资料是少之又少，其真实的死因无法考证。因此，自杀的说法受到了今天众多法理学家和犯罪学专家的广泛质疑。专家们提出的最大疑点就是：记录埃及艳后用毒蛇自杀的叙述见于希腊传记作家普鲁塔克的名人传记中，而普鲁塔克是在埃及艳后死去75年后才出生的，所以他的叙述不足为信。

美国有一位犯罪心理学家为此展开了深入的探索研究，提出克利奥帕特拉是死于他杀，并大胆猜测指使人是屋大维。他认为屋大维想统治罗马，但担心克利奥帕特拉以及她和恺撒大帝所生的儿子对

埃及艳后的一生充满了传奇，其中争议最大的便是其死因。只有希腊传记作家普鲁塔克对埃及艳后之死有所叙述，认为她是用毒蛇自杀而亡的。但是，这一观点遭到了后世专家的广泛质疑。

自己有威胁，于是先杀死小恺撒，然后除掉了克利奥帕特拉，再制造她自杀的假象，以掩人耳目。此外，还有人提出，克利奥帕特拉是用事先准备好的毒药自杀的。

现在，关于埃及艳后的一生，我们仅停留在猜测阶段，在那个时代里的是是非非，又如何是我们这个年代的人所能明辨的呢？埃及艳后的一生仍然是一个谜。

探究雍正继位真相

1722年（康熙六十一年）11月13日，寒风刺骨，星月无辉。时值深夜，北京南郊天坛的斋宫里一灯如豆，四皇子胤禛独坐在书案前，以手支额，陷入了沉思。自从初七康熙皇帝从南苑驾返畅春园，众皇子都留在园中伺候，晨昏两次到澹宁居向父皇问安。初九，康熙突然要胤禛代替他去天坛举行冬至大祀。在当时，祭祀都是由皇帝主持的，没人能替代。这仿佛是康熙传位给胤禛的一个暗示，但当时朝政错综复杂，众皇子群雄逐鹿，争储活动已趋白热化，谁也料不到会有怎样的事情发生。

康熙皇子众多，两次废立太子胤礽，尤其是第二次废掉胤礽之后，形成了以大皇子胤禔、八皇子胤禩、十四皇子胤禵、三皇子胤祉、四皇子胤禛各为中心的夺嫡集团。从地位、名望来说，胤禔以皇长兄自居，占尽天时；胤禩善于理财，又以礼贤下士出名；胤禵是少年才俊，深得康熙喜爱，又颇有治军才能，被委以重任，授抚远大将军专征青海，虽然不在京城，却被认为是最有可能接替皇位的人选；胤祉擅词能写，斯文有名；而胤禛表面上韬光养晦，不争不抢，暗中却拉拢十三皇子胤祥和朝中重臣隆科多，掌握兵权，密切关注康熙和朝廷的动向。

"王爷，隆科多大人的密信。"一名内侍匆匆进来，将一封信交给胤禛。胤禛看完信后，知道康熙病情有

雍正继位的真相虽然还是一个谜团，但是他的勤奋在历代皇帝中是有口皆碑的。在他执政的12年零8个月里，几乎每天都工作到深夜。

变，果断地说："回京！"北京畅春园澹宁居前，侍卫林立。九门提督隆科多紧守康熙寝宫，命令紧闭宫门，使诸皇子及亲信大臣无法得知康熙的情况，直到深夜，胤禛风尘仆仆地进入宫中。这一夜究竟发生了什么，谁也不知道。但是第二天，胤禛成为大清朝的雍正皇帝。于是各种各样的说法应运而生。有人说，康熙病重之时欲把帝位传给十四皇子胤禵，但是当时胤禵在西北征战，不能及时赶回来。胤禛（雍正）勾结当时的重臣隆科多，篡改遗诏，夺得了皇位。

据说康熙遗诏手书"传位十四子"，胤禛把"十"改为"于"，自己登上了帝位。但是这样的说法不能令人信服。因为据一些正史记载，清朝皇帝的遗诏是用满文写的，并用满语宣读。故将"十"字改为"于"字是行不通的。即使是用的汉字"十"，也无法加一道成为"于"字，因为那时的"于"字写法是"於"（"于"是简化以后的汉字）。而且，清朝皇帝的儿子，一定称为皇子，第几个儿子则称为"皇某子"，这是规矩，不能出错。如果真的将"十"字改成"於"字，就是"於四子"，在语法上也讲不通。胤禛原名叫胤禛，也有人说，雍正是将康熙诏书中传位于"胤禛"的"禛"字篡改为"禛"，从而登上帝位的。但这种说法，同样也经不起推敲。总之，在这场帝位争夺战中，胤禵是最大的输家。

当然，也有许多人认为，康熙心目中的继承人就是皇四子胤禛，胤禛没有改动遗诏。据说，康熙遗诏上写有："皇四子胤禛人品贵重，深肖朕躬，必能克承大统，著继朕登基，即皇帝位。"根据史料记载，我们也可以找到康熙传位给胤禛的一些迹象：其一，康熙曾讲要选个坚固可托之人做嗣子，胤禛性格刚毅，精明务实，手段也比较狠毒，有利于改革康熙朝后期的弊政。其二，康熙先是派胤禛代替他行祭天大典，又在弥留之际特地将他召至畅春园，当有特殊意义。其三，据说胤禛生母仁寿皇太后在胤禛即位时有言："钦命予子缵继大统，实非梦想所期。"这说明雍正继位是康熙早就安排好的。

"爱孙及子"是认为雍正继位合法的学者们的又一观点。自雍正继位以来，人们就将他的继位与弘历（乾隆）联系起来。康熙去世前夕一直没有确定帝位的合法继承人，自从见到弘历后就宠爱异常，准备把自己毕生的事业都寄希望于爱孙弘历身上，期待他青出于蓝而胜于蓝，使大清江山长传不息，威名赫赫。这件事也成为康熙最终传位于胤禛的决定因素。而在雍正死后，皇帝位也的确是传给了弘历，也就是历史上有名的乾隆皇帝。但是胤禛登基以后，曾对在帝位争夺战中为他立下汗马功劳的隆科多出了狠招，将他降罪处死。与此同时，康熙晚年的贴身侍卫赵昌也被雍正所杀。隆科多是重臣，康熙死时在其身边，而赵昌则常常传达康熙的命令，他们的被杀，又令雍正继承帝位之事更加扑朔迷离了。

光绪帝死于何人之手

爱新觉罗·载湉，即光绪皇帝，是同治皇帝的堂弟，咸丰皇帝的侄子。光绪帝亲政后，一直希望摆脱慈禧太后的"垂帘听政"，按照自己的想法，当一个真正有作为的皇帝。然而，与同治帝一样，他的命运也充满了悲剧性。

自从戊戌变法失败以后，光绪帝就一直被慈禧囚禁在中南海的瀛台内，在那里度过了长达10年的凄凉时光（其间为躲避八国联军，曾随慈禧一道逃亡一年多）。

由于长期被幽禁，光绪帝的健康每况愈下。到光绪三十四年（1908年），他的病情突然进入危急状态。农历十月二十一日（11月14日）这天，在中南海瀛台涵元殿内，躺在病榻上的光绪帝服下汤药，嘴角还在轻轻颤抖。午时，他突然白眼上翻，牙关紧闭，神志不清。到了傍晚，这位年仅38岁的大清皇帝便撒手西去了。

光绪帝的死本来没什么问题，但多少年来一直被世人所津津乐道，那是因为就在他死的第二天，掌控大清王朝长达半个世纪之久的慈禧太后也驾崩于中南海仪鸾殿内，终年74岁。这光绪和慈禧，一前一后死得如此巧合，不得不让人感到其中必有不可告人的秘密，由此也引出了关于光绪皇帝死因的多种猜测。

虽然清宫医案明确告诉人们，光绪帝是病死的，但人们依然怀疑他是非正常死亡。光绪帝一直体弱多病是事实，但根据死亡前的种种迹象表明，他的病情是突然加重的，这有点不太合常理。而且像"白眼上翻，牙关紧闭"等症状显然是神经麻痹的表现，这与体虚病重而死的人表现很不同。因此，有人推测他极有可能是中毒而死的。

当然，以上的分析还不能完全断定光绪是中毒死亡。但最近一项为期5年的科学研究已经证明，光绪的确死于中毒，是砷中毒。由中央电视台、中国原子能科学研究院、北京市公安局法医检验鉴定中心、清西陵文物管理处的专家们组成"清光绪死因"专项研究课题组，于2004开始了关于光绪死因的法医学检测。研究人员分别提取了光绪皇帝、隆裕皇后、一名清代草料官以及当代人的头发样本进行同时代、同性别、同环境的头发砷检测。结果发现，光绪帝的几处头发截段中砷含量不仅远高于当代人，也分别是隆裕皇后的261倍和清代草料官的132倍，确属中毒。

难道这就一定能说明光绪帝是被谋杀的吗？从理论上讲，如果病人过量服用雄黄、雌黄、朱砂等中药，也会导致砷、汞慢性中毒，长期下来则会导致病变死亡。而根据文献记载，光绪在宫中和瀛台被囚禁期间曾服用过多种中药。所以，光绪的死不排除慢性中毒的可能。

光绪帝是一位年轻奋发的君主，他以社稷为重，推行变法，历史上著名的戊戌变法就是他在位时推行的。

如果是谋杀，就必须判定光绪帝的死因是砷急性中毒。如何来区分砷急性中毒还是慢性中毒呢？法医专家称，可以从病人头发不同部位的含毒量来判定。如果中毒者属于慢性中毒死亡，其头发发根的含毒量会高于发中部和发梢。如果属于急性中毒死亡，其头发发根、发中部和发梢的含毒量基本相同。事实上，光绪帝的情况符合后者，这也证实了光绪帝确系死于谋杀。

光绪帝死亡的时间与慈禧之死仅差一天，这使人不得不怀疑他的死与慈禧有关。有人这样分析：慈禧杀死珍妃、软禁光绪帝都是光绪帝刻骨铭心的痛，慈禧害怕光绪帝在自己死后实施报复，所以先毒死光绪，以绝后患。

也有人提出了不同看法，认为光绪的死与慈禧无关，时间只是巧合。根据史料的记载，1908年11月13日光绪帝就已经神志昏迷了，而慈禧神志还非常清醒。她曾于14日连发三道懿旨，让傅仪入承大统为嗣皇帝。从这些事实可以看出，光绪帝的病况慈禧是非常清楚的。而且，慈禧也不是神仙，无法预知自己的死期，因此她完全不必这么做。

还有些人坚持认为光绪帝死于自杀。光绪帝患有严重的滑精病，性格又怯懦多疑，在治疗时常对太医的处方进行修改，凭感觉增减药量，最终因服药过量导致死亡。更有人说是袁世凯害死了光绪帝。戊戌变法时，袁世凯出卖光绪帝，他怕在慈禧死后遭光绪帝报复，于是贿赂太监下毒。

究竟是谁对光绪帝下了毒呢？这还有待史学家们的进一步研究。

谁燃起了莫斯科大火

19世纪，欧洲大陆战火不断，法、俄两国为争夺欧洲大陆的霸权，矛盾日益尖锐。1804年，拿破仑创建法兰西第一帝国后，开始了同英、俄等"反法同盟"国家交战。1812年9月中旬，拿破仑率领法军攻入了俄国首都莫斯科，并在那里驻扎下来。9月16日深夜，拿破仑正在克里姆林宫的卧室里熟睡。忽然，他被窗外一阵尖叫声惊醒，其间还夹杂着嘈杂的喧闹声。

拿破仑立即跑到窗边，向外眺望。只见莫斯科到处烟火升腾，火光冲天。此

1812年8月26日，俄军将领库图佐夫在"博罗迪诺会战"中被拿破仑率领的法军打败。拿破仑因此顺利地进驻莫斯科。但是，等待他的却是一场噩梦。

时，莫斯科城内已经乱成一团。火焰声、房屋倒塌声、士兵的奔跑声和尖叫声夹杂在一起。人们在街上一边跑一边喊着："着火了！着火了！"

"这到底是怎么回事？"拿破仑愤怒地叫来侍卫官询问情况。

"陛下，不知道是为什么，整个莫斯科到处都是大火，很多地方的火势都很猛，无法控制。我已经派人去灭火了，但是全城所有的灭火器具都已被破坏。"侍卫官无奈地向拿破仑汇报着此时的情况。

"怎么会这样，到底是谁干的……"拿破仑气愤地说。

没等拿破仑说完，忽然，一个火球从天而降，向克里姆林宫飞来，拿破仑往后一退，差点跌倒。火球"嗖"的一下落在了克里姆林宫门前，火苗开始迅速向克里姆林宫内蔓延。顿时，克里姆林宫也陷入了一片火海。

拿破仑匆忙穿好衣服，在侍卫的搀扶下迅速离开了克里姆林宫。

此时，在外面救火的法军也狼狈不堪。他们好像热锅上的蚂蚁，在民房中翻箱倒柜，但找不到一个水桶。法军指挥官只好组织士兵排成行，利用行军提桶和每个人的军帽递水，但在熊熊大火面前，这点水根本起不了什么作用。他们干脆动用炸药，想用爆炸隔断火路。但是，火从四面八方扑来，当这边火势被控制住的时候，那边的大火又开始蔓延了。法军对此毫无办法，他们眼睁睁地看着大部分粮草、大炮、枪械以及住所，慢慢化为灰烬。

这场大火切断了法军的粮食补给。之后没多久，拿破仑就率领法军撤出了莫斯科。得知法军撤退的消息后，俄军沿途不断阻击，迫使拿破仑不得不随时改变撤退路线。到12月，拿破仑才最终撤出了俄国境内。虽然逃离了俄国，但法军损失惨重，军力损失达47万多人。

大火之后的莫斯科一片狼藉，许多地方都只留下断壁残垣。此时，人们不禁要问，到底是谁燃起了莫斯科的大火？

有人认为，这场大火是莫斯科人自己放的。当年由于法强俄弱，俄军决定放弃莫斯科，而莫斯科人则打算随俄军一起撤退。为了不给法国入侵者留下任何有用的东西，莫斯科人忍痛放火烧了莫斯科。拿破仑就一直认为"放火烧城"是莫斯科军政总督罗斯托普金蓄意谋划与安排的。因为当法军企图救火的时候，他们发现偌大的莫斯科城居然没有任何消防水龙头和灭火的工具。另外，城里城外同时起火，显然是有计划、有预谋的。而且，当时法军逮捕的一些纵火嫌疑犯也曾交代，是罗斯托普金命令他们放火的。

可是，也有人不同意这一看法。他们认为，莫斯科大火并非俄国人自己放的，而是进城的法军干的。持有这一观点的人认为，四处横行的法军夜闯民宅，他们点起蜡烛、火把和柴禾照明，喝醉酒后，不慎引起了大火。俄国大文豪列夫·托尔斯泰在他的小说《战争与和平》中就是这样写的。

此外，更为激进的说法是法国人蓄意纵火。苏联的一位历史学家就在他的论著里这样写道："看到莫斯科大火的俄国人证明，拿破仑是事先有计划地来焚毁和破坏莫斯科城的。"

由于没有任何一种观点能够拿出足够的证据加以证明，所以到目前为止，"谁燃起了莫斯科大火"这一问题，仍然是一个谜。

惨败滑铁卢的诱因

1814年4月，由俄、英、奥、普等国组成的欧洲反法联军攻陷巴黎，拿破仑被迫宣布退位，被流放到厄尔巴岛。1815年春，拿破仑重返巴黎，东山再起，很快重新控制了整个法国政权。得到这一消息后，欧洲各国政府如临大敌，组织了第七次反法同盟，希望能在最短的时间内将拿破仑打败。拿破仑也立即重建大军，准备对付反法联军。

1815年6月18日，拿破仑和反法联军在滑铁卢进行决战。滑铁卢是位于比利时南部的一个村庄，易守难攻，英国统帅威灵顿在那里布兵以待。从前一天开始，滑铁卢就下起了滂沱大雨，道路被冲毁，田野一片泥泞。

次日清晨，彻夜未停的大雨使得拿破仑的进攻计划延迟，看着几乎连在一起的雨线，拿破仑说："威灵顿是什么东西，竟敢向我挑衅。我用不了一顿早餐的时间，就能将他们歼灭。他真应该谢谢这场雨，让他多活了一段时间。"

到了上午11点，雨终于停了。拿破仑下令发起进攻。法军越过低洼地带，冲向英军驻守的山岗，所过之处泥浆四溅。但英军严防死守，猛烈射击，炮弹像骤雨般落在法军的阵地上，法军死伤惨重，不得不撤兵。下午1点，法军第二次进攻英军阵地，还是无法得胜。此时，双方势均力敌，都在等待援军的到来。拿破仑等的是法军元帅格鲁布，而威灵顿等待的则是反法联军将领布吕歇尔。

拿破仑正准备发动第三次攻势时，他用望远镜向四周瞭望，侦察敌情。突然，他远远看见东边有黑压压的一片，便立即派出骑兵去打探情况。凭借丰富的作战经验，他知道那一定是一个兵团。"一定是格鲁布到了。威灵顿，你就等死吧。"拿破仑觉得胜利似乎就在眼前。然而，骑兵打探到的消息却大大出乎拿破仑的意料，这个增援的部队不是格鲁布的，而是布吕歇尔的。更让他意想不到的是，布吕歇尔带来了三个增援的兵团，从而使双方兵力悬殊。

拿破仑并没有因此想到撤退，他认为格鲁布应该会很快到达。"我必须在布吕歇尔的援军赶到之前拿下英军的阵地，这样我就可以变攻为守。"于是，拿破仑指挥法军的80门大炮对英军的阵地进行炮轰，掩护着骑兵向英军驻守的山岗挺进。恰恰此时，布吕歇尔带领的援军赶到了，将法军团团围困，法军措手不及，伤亡无数，只好向后撤退。

下午6时，拿破仑孤注一掷，调集4000名士兵发动进攻。他让士兵每70人排成一队，爬上陡坡，拼死向前冲去。当他们离英军防线不到60步时，威灵顿突然站起来大声疾呼："全线出击！"英军排山倒海般向法军扑去。

拿破仑的部队乱成一团，无法坚持下去，只得四处溃逃。最后，拿破仑泪流满面，无奈地说："一切都完了！"他只带了一万名残兵退回巴黎，从此结束了他的戎马生涯。滑铁卢战役是战争史上的著名战役，最终决定了拿破仑及其帝国的命运，对欧洲有着深远的影响。

滑铁卢惨败，使拿破仑对未来充满了绝望。有人认为格鲁布元帅的迟到是导致法军失败的重要原因。因为当时拿破仑的军队有7.2万人，英军也有7万人，双方实力相当，谁的援军先到，谁将占据优势。因而，格鲁布的迟迟未到便导致了法军的滑铁卢惨败。

然而，事实真如人们所言：拿破仑的惨败完全在于格鲁布元帅的迟到吗？如果格鲁布元帅没有迟到而是准时到达救援地点，那是否又意味着拿破仑会一如既往地雄霸欧洲呢？

有学者认为战败的原因是法军中缺少得力大将所致。在滑铁卢一役中，拿破仑的身边缺少能攻善战、与他配合默契的将领，他的那些将领都分散各地。达乌被围

在滑铁卢战役中，双方势均力敌，尸横遍野，血流成河，战况十分惨烈。

困在汉堡，缪拉没能及时从那不勒斯赶回来，马塞纳正在西班牙征战。拿破仑虽然培养了一批将才，但在关键时刻却不能为自己所用，这无疑是一场悲剧。

此外，滑铁卢之战中还有一处重要的细节。在会战之前，拿破仑曾命令部将戈洛西在离战场25千米处待命，等战斗打响后见机行事，给敌人来个两面夹攻。不料，戈洛西一班人马谁也没听到开战的炮声，结果延误了战机。拿破仑在最需援兵的时刻孤军奋战，以致兵败如山倒。事后，戈洛西才知道，在离战场更远的地方，隆隆炮声反倒清晰可闻。原来，由于声波折射，他正处在声音的寂静区，因此听不到。这一阴差阳错的事件，也极有可能是拿破仑惨败滑铁卢的原因。

而曾在拿破仑麾下作战的瑞典国王约翰则发表了这样的评论："拿破仑并不是被世人征服的，他比我们所有人都伟大。但上帝之所以惩罚他，是因为他只相信自己的才智，把他那部庞大战争机器用到了山穷水尽的地步。然而凡事物极必反，古今概莫能外……"

至今，人们仍在不遗余力地对滑铁卢战役中的细节进行分析探讨，希望能找到新的证据来解释"战神"拿破仑的这次惨败。

离奇的拿破仑之死

1821年5月5日，曾经不可一世的法国皇帝拿破仑·波拿巴，在流放地——大西洋南部的圣赫勒拿岛上死于胃癌。然而，也许在世人看来，拿破仑这位继亚历山大大帝、恺撒大帝之后最伟大的皇帝也应死得轰轰烈烈，因此对他死于胃癌一说

（虽然这和他的祖父、父亲和三个妹妹都死于胃癌是一致的）心存疑虑。

"我的死期不远了。"拿破仑曾对他的医生说，"我死后，我要你解剖尸体……你知道我的症结在哪里，只有解剖才知道。"1819年，拿破仑最忠实的随从塞普里亚尼突然生病死亡，在此之前他的另外两个仆人也是这样神秘死亡的。所以拿破仑由此"预感"到自己将是这一连串阴谋事件的最终目标，因此坚持要进行死后尸体剖检。

拿破仑死后，参加他的尸体剖检的人有17位，其中有拿破仑忠实的仆人路易·马尔尚和其他侍从们、法国军官蒙托隆和贝特朗、英国总督代表、6名英国军医（他们对英国总督负责）以及拿破仑最后18个月的私人医生弗朗西斯科·安通马尔基等。医生们最终没有在拿破仑的死亡调查上取得一致的意见，7个人交上了4份死亡报告。但根据他们从胃到肠的检查，所有人一致认为在靠近幽门的地方有溃疡，这是胃癌的症状。

然而，拿破仑的尸体似乎还显现出其他迹象，尤其是他肝脏的大小和状态令人生疑。另外，拿破仑身上毛发很少，身体柔软肥胖，有点像女性的身体。而且参与解剖的所有医生还似乎有意无意地共同遗漏了这样一个问题：拿破仑身上根本没有发生伴随癌症出现的全身消瘦症状。那么，拿破仑究竟是因何而死的呢？

19年后，也就是1840年，拿破仑的尸体获准运回法国。在跟随拿破仑一起流亡的几个随从的监督下，拿破仑的坟墓被重新挖开，在场的人都大吃一惊：虽然衣服都已经腐烂，但是拿破仑的尸体却保存得非常好。

三位随从的神秘死亡、验尸报告的有意疏忽和19年后尸体的完好无损，为拿破仑的死亡蒙上了一层神秘面纱。

在关于拿破仑死因的众多理论中，最有影响的说法是1955年瑞典医生和毒物学专家史坦·弗西福提出的"砷中毒说"。弗西福运用自己丰富的毒物学知识指出，拿破仑晚期岁月的痛苦表现与人为操纵的慢性砷中毒症状非常相似。而且，他指出，拿破仑的尸体在19年之后挖掘时仍然保存完好，这正是砷中毒的最好体现，因为砷具有强大的防止尸体腐烂的作用。

弗西福用了3年时间，艰难地从拿破仑

拿破仑是法国民众心中的英雄。许多法国人认为，拿破仑死于谋杀，而非胃癌。

的继承人手中寻找到了拿破仑的头发，他相信砷中毒的证据应该存在于这些头发中。

要在头发中寻找到拿破仑死于砷中毒的证据，必须解决两个问题。首先，既然砷是被人为操纵，在长时间里一点点地加到拿破仑的饮食中，以便造成拿破仑患慢性病的错觉，那么，拿破仑的头发中砷含量应该会远远超过常人。二是通过对头发生长时间的鉴定，头发中具有高含量砷的时间应与拿破仑中毒症状出现的时间相吻合。基于这两点，弗西福将拿破仑的头发做了砷鉴定，确实发现其中的砷含量比通常情况要高得多。后来，弗西福又从其他地方找到了一些拿破仑的头发进行检测，结果发现拿破仑头发中砷含量高的部分是间歇性地出现的。于是弗西福深信，拿破仑就是死于人为的慢性砷中毒，因为头发中砷含量高的部分间歇性地出现，正好对应于各个下毒时期。

那么，到底是谁谋害了拿破仑呢？动机又是什么呢？很明显，那个下毒者应该在拿破仑被流放的整个时期都待在圣赫勒拿岛。拿破仑忠实的仆人中有三个在他整个流亡期内都待在岛上，他们分别为随身男仆路易·马尔尚、总管亨利·贝特朗和蒙托隆伯爵。

路易·马尔尚是个谦卑的人，尽心尽力服侍主人，谋杀主人的可能性几乎为零。亨利·贝特朗及其夫人住在离拿破仑有1英里远的地方，可能性也不大。剩下的有作案动机的人只有岛上的英国总督洛和拿破仑的亲信蒙托隆伯爵。洛与拿破仑关系很糟糕，相互间深恶痛绝。尽管从私人的角度来看，洛恨不得拿破仑死得越早越好，但忠于职守的洛下手谋害拿破仑的可能性也很小。当时英国和欧洲都不想落下谋杀拿破仑的名声，以免引起支持拿破仑的法国民众爆发革命。而且，洛很难也很少接近拿破仑。尽管洛可以通过派往岛上的医生谋害拿破仑，但据说那些医生都被拿破仑的魅力所征服，其中有几个医生就因为"过于同情"拿破仑而被撤换。

现在就只剩下蒙托隆伯爵了。蒙托隆首先具有充足的动机。他有一段不光彩的历史，在拿破仑手下做事时深受信任，却贪污了大量军费。他还是个花花公子，立场不明，曾经不断地在拿破仑阵营和波旁王朝之间摇摆不定。他是如何重新取得拿破仑的信任，从而跟随拿破仑上岛的，一直是一个谜。而且，蒙托隆与波旁王朝皇帝路易十八世的弟弟——后来的法国皇帝查理十世关系密切。据说蒙托隆伯爵夫人在岛上阅读过一本有关慢性砷中毒的书，或许蒙托隆就是从他夫人那里获得用砷下毒的想法的。另外，他想方设法成为拿破仑最信任的人，帮助拿破仑订立了遗嘱。拿破仑死后，蒙托隆得到了拿破仑的大部分遗产。因此，于公于私，蒙托隆都具有充分的杀人动机。而且，蒙托隆是非常有机会下毒的人。如果通过饭菜下毒，那么岛上其他人也不能幸免，通过酒下毒则方便多了。岛上有一个拿破仑私人专有的地下酒窖，而只有蒙托隆才能进入其内。

这一分析让许多人都相信，蒙托隆就是杀害拿破仑的人，工具则是砷。但是这一说法并不能说服所有的人，现在科学界仍有许多专家坚持认为，拿破仑是死于胃癌的。也许，这场旷日持久的争论只有在更有说服力的证据出现后才会彻底终止。

西班牙兵败马尼拉之谜

19世纪，古巴和菲律宾是西班牙的殖民地，而美国也一直对这两个地方虎视眈眈。1898年，美国"缅因"号战舰在古巴哈瓦那港突然爆炸，美国政府认为向西班牙宣战的时候到了，于是，美西战争爆发。

1898年4月27日下午，美军海军准将乔治·杜威率领远东分队奔赴马尼拉湾，准备与实力强大的西班牙舰队交战。

当时，杜威所指挥的远东分队包括4艘巡洋舰即旗舰"奥林匹亚"号(5870吨)、"巴尔的摩"号、"罗利"号、"波士顿"号，2艘炮艇即"海燕"号和"康科德"号，以及缉私船"麦卡洛克"号。这些舰只的总吨位有2万吨，共载有大约100门舰炮，其中只有半数舰炮的口径大于10厘米。在杜威的舰队里，除了巡洋舰，就是防御力较差的炮舰和速度较低的辅助舰。相比较而言，西班牙的舰队可谓实力雄厚。他们具有优良的战舰和大批重型炮舰，而且弹药充足。此外，为了抵御美军的进攻，西班牙事先在马尼拉湾附近做了严密的战略部署。

然而，战争并不像西班牙人预想的那么顺利。

5月1日午夜时分，杜威率领舰队到达马尼拉湾的入口。在马尼拉湾的入口处有两个关键地点，那就是埃尔弗赖莱岛和科雷希多岛，这两个岛是西班牙人用重型火炮护卫的要塞。但奇怪的是，当杜威舰队缓缓经过这两个岛屿时，他们没有遇到任何抵抗，两个要塞没有做出任何阻击的反应，非常平静。在这种形势下，杜威的全部战舰以每小时15千米的速度无一损伤地进入了马尼拉湾。

在杜威率领美军顺利驶入马尼拉湾后，西班牙人终于开始行动了。他们立即对杜威的舰队开火。尽管杜威舰队上的火炮不像西班牙人拥有的火炮那样强大，可是，在交火的过程中，他们并没有处于明显的劣势，他们顶住了西班牙舰队的火力。

西班牙舰队一发现杜威舰队就开始大火力进攻，而杜威的舰队没有足够的弹药补给，所以为了节省弹药，杜威舰队只有在逼近到离西班牙舰队4000米的距离时才能开火。

5月2日上午5点40分，到达了预定射程范围后，杜威对"奥林匹亚"号舰长下令："准备完毕，即可开火，格里德利。"美国军舰在西班牙军舰附近往返航行，不断射击。数艘西班牙军舰几次企图冲击美舰均遭重创，他们不是被击沉就是被击退。7点35分，杜威因接到弹药短缺的误报决定暂时撤离。11点，美军舰队重新参战，1个小时的炮击使西班牙舰队全军覆灭。当杜威下令停火时，西班牙舰队的所有舰只不是冒起浓烟，就是葬身海底，或是被弃了。就这样，在杜威的指挥下，美军舰队竟然奇迹般地仅用半天时间就战胜了西班牙舰队。

16世纪初，为了扩张殖民掠夺，成为欧洲第一强国，西班牙组建了一支装备精良的海军舰队。到了19世纪，虽然西班牙的海军实力有所下降，但是其强大阵容仍不容小视。

在这场战斗中，西班牙共伤亡381人，而杜威的舰队只有7人受了伤。第二天，美军又占领了甲米地和科雷希多岛，彻底封锁了马尼拉的海上交通。

美军轻取马尼拉湾的消息，让西班牙人非常震惊。许多军事将领都认为这件事不可思议。而美军在马尼拉湾胜利的原因，引起了史学界的种种猜测。

有的史学家认为，杜威舰队的胜利归功于战前做了足够的准备工作。历史资料显示，当杜威接到作战令之后，他为了弄清西班牙舰队的情况，曾秘密派人专程去马尼拉刺探西班牙舰队的实力和马尼拉港口的设防情报，搜集马尼拉海湾的水文资料。可见，杜威战前已经做到了"知己知彼"。

但是，也有一些史学家不同意这一观点，他们认为，美军的胜利主要是西班牙军队轻敌造成的。杜威舰队在刚驶入马尼拉湾时，并没有在战略要塞埃尔弗赖莱岛和科雷希多岛遇到西班牙的抵抗。关于西班牙舰队毫无抵抗的原因，至今仍是一个谜。而一些史学家就将之归结为西班牙军队的轻敌。而且他们指出，杜威派出的密探当时并不能上岸进行详细调查，这两个密探只是侦察了西班牙舰队的大体数量，并辨别了风向和水流而已，并没搞清楚西班牙舰队及岸上驻防的情况。

此外，还有人认为，杜威舰队之所以能够取得胜利，是因为美军的炮火战术比

西班牙军队略高一筹。但是，反对这一观点的人认为，从战争的细节上来看，这一说法并没有切实的证据。而且，当美国和西班牙的舰队最后决战时，美国的大炮向西班牙军舰打了6000发炮弹，可是击中目标的还不到150发。

总之，时至今日，关于杜威舰队一举打败西班牙舰队，顺利攻取马尼拉的原因，依然众说纷纭、莫衷一是。

中途岛海战之谜

1941年12月7日，日军突袭珍珠港，重创了美国太平洋舰队，但太平洋舰队的主力因出海参加军事演习而幸免于难。就在日本军方欢庆胜利之时，日本海军联合舰队司令山本五十六大将冷静而清醒地指出："我们只是唤醒了一个巨人，必须在巨人尚未起身之前，彻底击毁美国的太平洋舰队。"而日本要实现这一计划，必须先拿下美国重要的航空基地——中途岛，把它作为日军的作战基地。

1941年12月7日，日军突袭珍珠港，重创了美国太平洋舰队。

中途岛位于太平洋中部，距美国圣弗朗西斯科（旧金山）和日本横滨均2800海里，处在北美和亚洲之间的太平洋航线的中间，因而得名中途岛。此外，中途岛距珍珠港1135海里，是美国在中太平洋地区的重要海军基地和交通枢纽，也是美军在夏威夷群岛的西北屏障。中途岛一旦失守，美国太平洋舰队的大本营珍珠港也将不保。为此，山本五十六决定毫不迟疑地进军中途岛，摧毁美国的航空母舰舰队。

1942年初夏，当山本五十六派出日本海军联合舰队在东太平洋游弋时，惊魂未定的美国人推测，日本似乎在寻觅下一个攻击目标。那么，日本的下一个攻击目标是哪里呢？1942年5月，美国发现在日本备战舰艇所传递的密码电报里，经常出现两个英文字母"AF"。美国的情报人员判断，这两个字母有可能是地名的代号。美军的一些高层将领认为"AF"指的是中途岛，但还有一些人认为是指位于太平洋北部的阿留申群岛。

"AF"到底是指哪里呢？美国海军杰出的密码破译专家罗彻福特为此事绞

尽脑汁。一天，他来回踱着步子，脑海中回忆着每一个破译电报的细节，忽然，他的眼前豁然一亮："为什么不从以前截获的电报中寻找线索呢？"想到这里，他立即让助理把以前截获的电报都找出来。在堆积如山的侦抄电文中，他们终于找到一份日军偷袭珍珠港时发出的电报，电文中也提到了"AF"，说一架日军水上飞机需要在"AF"附近的一个小珊瑚岛上加油。罗彻福特结合电报中提到的珊瑚岛，推测"AF"就是中途岛。然而军事情报在战争中所起的作用至关重要，一旦情报失误，造成的损失将不可估量。为了验证自己的推测，罗彻福特想出一条妙计，让中途岛守备司令向总部发一份"本岛淡水蒸馏设备发生故障，请上级立即派人前来修理"的电报。然后，他们就严密地侦控日本海军的无线电通信信号。

果然，两天以后，日本海军在电报中出现"AF淡水蒸馏设备发生故障""请准备提供淡水"等字样。这样，美国就确定了日本准备攻击的目标的确是中途岛。

后来，美军又截获到日本海军发给通信部门的一份电报，上面说"6月5日以后，本部队的邮件请寄往AF"。这就说明，日本发动攻击的具体时间可能是6月4日。之后，美军情报人员又从日本海军电台活动的各种情况分析，日本有可能着重于攻击中途岛的舰艇和飞机等。就这样，美国掌握了日本大部分的作战安排。

5月25日，日本中途岛战役基本准备就绪。日本动用了整个联合舰队，总计200多艘舰艇，其中包括8艘航空母舰、11艘战列舰、23艘巡洋舰、65艘驱逐舰和21艘潜艇，外加600架飞机助战。5月27日，在日本的海军节这一天，清晨6时整，日本海军联合舰队的南云忠一中将率领航空母舰舰队，徐徐开出了日本濑户内海海军基地，它们是这次中途岛之战的主力。随后，其他舰队也渐次起航。山本五十六及各将领信心满满，认为击败美太平洋舰队，拿下中途岛如探囊取物。"几乎所有的人都认为胜利在握。"山本五十六的参谋渡边后来说道，"美国舰队的大部在大西洋。在太平洋上，日本海军处于绝对优势。如果指挥得当，不可能会失败。"

与山本五十六相比，美太平洋舰队司令切斯特·尼米兹当时只凑集了3艘航空母舰、8艘巡洋舰和6艘战列舰，以及其他军舰共计76艘，无论在数量上还是进攻能力上都处于劣势。值得庆幸的是，美国破译了日军的情报密码。针对日军的作战计划，尼米兹决定在中途岛东北海面设伏，突袭来犯的日军舰队。

6月3日晨，日本海军中将细萱戊子郎率北方编队对阿留申群岛的荷兰港发起突击，企图诱使美军分兵驰援阿留申群岛。但尼米兹非常清楚他的伎俩，根本不予理睬。次日，日军再次空袭荷兰港，美军仍然按兵不动。山本五十六声东击西的诡计没有得逞，便立即下令，命北方舰队停止进攻阿留申群岛，并迅速南下，协同主力准备与美军舰队决战。

6月4日，日海军主力攻击舰队向中途岛发起突然袭击。埋伏在该岛东北海域的美军以逸待劳，直扑日军舰队。一顿狂轰滥炸和兵力角逐之后，日本的4艘航空母舰先后中弹沉没，330多架飞机被毁，3000多人死亡。美军以少胜多，扭转了太平洋战争的战局，使日军丧失了在太平洋战争初期所据有的海空控制权。

战后，尼米兹上将兴奋地说："中途岛的胜利实质上是情报的胜利。"在总部举行庆功会时，他派专车去接密码破译专家罗彻福特，并称赞说："中途岛的功劳，应归功于这位中校。"40年后，人们仍没有忘记他，里根总统曾亲自为这位已去世的英雄授勋，并对他的业绩大加赞扬，甚至说他"改写了美国二次大战的历史"。

但在中途岛海战中，有众多的谜团尚令我们迷惑不解：一贯非常注意搜集敌人情报，并对己方信息严加保密的日本海军总指挥山本五十六为什么把这次战争的准备工作做得那样差呢？首先，他没有派间谍去了解美军和中途岛的具体情况，如果他通过情报部门首先了解了中途岛已经战备升级，那么定能由此判断出尼米兹已经获悉日军的预谋，中途岛海战的胜败就是未知数了。其次，一向小心谨慎的山本五十六为什么在两次战争中使用相同的情报密码？通常情况下，在战争期间，为了安全起见，军方所用的密码都是随时更换的。身经百战的山本五十六为什么连这点都没有想到？是由于时间太紧呢，还是掉以轻心？这一切都令我们感到不解。

不过，还有专家认为，在中途岛海战中，日军的失误不仅仅表现在对情报的搜集不力上，他们还忽略了航空母舰的作用，只把它作为辅助性兵力是导致其失败的重要原因。另外，日本海军在战略部署上兵力分散，各部队在相隔很远的距离上单独作战，大大减弱了其兵力数量上的优势。看来，日本中途岛海战失败的内外因素还有很多，尚需专家进行更深入的研究。

被搁置的苏德战争秘密情报

1941年的6月18日，苏联领导人斯大林接到了一份有关德军企图进攻苏联的高级情报，情报提供了一个名为"巴巴罗萨"计划的详细情况，其中包括进攻的精确时间以及德国北部、中部、南部三个方面军坦克的详细情况，甚至连集团军高级将

俄罗斯前总统普京这样评价斯大林："斯大林是一个独裁者，但正是在他的领导下苏联取得了卫国战争的伟大胜利。"图左一为斯大林。

领的姓名都——罗列出来。

　　斯大林坐在椅子上，听助手念完这些情报，连眼皮也没抬，说："给对方回一个电文，内容是：'明白，完毕。'"说完，他又伏案批阅其他文件，对刚才的那个重要情报置若罔闻。其实，从6月14日开始，斯大林就接连收到这样的高级情报，向他报告德国将要实施代号为"巴巴罗萨"的进攻计划，并给他提供了关于"巴巴罗萨"计划的相关信息，然而他都一概置之不理。

　　除了谍报人员的情报，斯大林还于4月22日收到了一份来自英国首相丘吉尔的信件。信中写道："我从可靠的渠道得知……德军正从罗马尼亚调集5个装甲师到波兰南部……请您对以上消息保持警惕。"然而，斯大林对丘吉尔的信件不但没有予以重视，反倒认为丘吉尔是在离间苏、德两国的关系。因为在两年前，即1939年8月23日，苏联和德国签署了《苏德互不侵犯条约》。实际上，德国的一些所作所为已显露出将要进攻苏联的迹象。就在"巴巴罗萨"计划实施的前两个月，24架德国侦察机越过苏波边境，进入苏联领空。其中一架飞机坠落了，飞机残骸里有高质量的照相机，胶卷里所拍摄的内容都是边界线附近苏联的军事设施。种种迹象表明，德国将要对苏联发动进攻，而斯大林对这些都毫不理睬。

　　1941年6月19日到20日，300余万德国士兵秘密潜伏在长达3200多千米的苏波边境。他们将乘坐的坦克和装甲战车的车灯都蒙上，数以千计的坦克都处于备战状态。他们就是"巴巴罗萨"计划的实施者，他们的目标就是千里之外的莫斯科。希特勒在东普鲁士一个密林中的指挥所内，等待着发布进攻的命令。随着进攻时刻的到来，希特勒兴奋地对手下的将军说："'巴巴罗萨'一开始，整个世界都会为之震惊。"而在莫斯科的克里姆林宫里，斯大林却对大量表明德国要进攻苏联的消息仍然置之不理。

1941年6月22日黎明时分，苏波边境显示出一种怪异的安静。忽然，数千枚炮弹夹杂着震耳欲聋的呼啸声，倾泻在苏联的国土上。300万德国士兵乘着坦克，在苏联境内长驱直入。很快，德军炸毁了苏联数以百计的飞机，大量的苏联士兵在迷迷糊糊中就做了俘虏。苏联中部重镇布勒斯特在战争的第一天就沦陷了。而毫无防备的苏联指挥官都方寸大乱，他们在电台上互相询问："我们遭到了进攻，我们该怎么办？"

1939年8月23日，一直高唱反法西斯的苏联竟和德国政府签订了《苏德互不侵犯条约》。也许正是这条约的签订迷惑了斯大林。

"进攻？谁在进攻？"

"该死的德国人。"

在德军的进攻下，苏联节节败退，丧失领土150多万平方千米，死亡人数达700多万，24万辆坦克、2.4万架飞机以及数万支枪支被毁坏或被缴获。如果不是苏联拥有超大的领土面积，如果不是德国没有做好应对苏联寒冬的准备，苏联就要亡国了。

面对苏联的惨败，人们不禁要问：斯大林一向精明，为什么对德国将要进攻苏联的大量信息置之不理呢？

第一种说法认为，苏、德于两年前签订了《苏德互不侵犯条约》，斯大林可能认为，受到条约的限制，德国不可能这么快就攻打苏联。况且，在德国进攻苏联之前，希特勒曾经对苏联外务委员莫洛托夫说："我想和斯大林见一次面。很久以前，我就深深地敬仰贵国伟大领袖在建设贵国时所表现出的非凡智慧和果断。我相信我将名留青史，而斯大林先生也一样。"莫洛托夫听完这些话后，对斯大林报告说："希特勒两年内绝不可能进攻我们。"

第二种说法认为，斯大林妄自尊大，刚愎自用，认为苏联强大，没人敢惹。

第三种说法认为，斯大林非常清楚，在苏联寒冷的冬天，只有羊油制造的润滑剂不会被冻住。斯大林认为，如果德国要发动进攻，必须大量储备羊油和军用寒带作战用品。鉴于此，他要求在德国的情报机构随时向他提供德占区的羊油单价变动情况和德国的军用寒带作战用品的生产储备情况，而他所收集的信息表明，德国的羊油单价始终没有变化，军用寒带作战用品也没有生产储备。所以，斯大林认为德国近期决不会进攻苏联。

所有这些，都随着斯大林的逝世成为了一个不解的谜团，而我们能够做的，就是从苏德战争中吸取教训：一个国家只听从领袖的裁决是极其危险的，哪怕他是比斯大林更伟大的领袖。

破译"圣殿骑士团"宝藏密码

"圣殿骑士团"成立于1119年，是一个由职业军人组成的宗教军事修会。它成立的目的是为了保卫第一次十字军东征中建立的耶路撒冷王国。圣殿骑士团成立以后，通过朝圣者的募捐，以及在西欧从事高利贷和银行业，再加上教皇赐予的种种特权，迅速积累了大量财富。

但是，由于圣殿骑士团的团员生活奢侈、热衷秘术，而且他们还支持贵族派和反皇帝派，密谋参与政治活动，所以，引起了欧洲各国王室和其他教会的不满，被斥为异端。

1307年10月5日，法国国王菲利普四世下令逮捕所有在法国的圣殿骑士团成员。法国国王想通过打击圣殿骑士团，没收其财富，以补充日趋窘困的财政开支。但是，圣殿骑士团却巧妙地把大量财富隐藏了起来，使菲利普四世一无所获。

原来，当圣殿骑士团的大祭司雅克·德·莫莱被菲利普四世关入狱中的时候，他听说法国国王要彻底消灭圣殿骑士团，便秘密让人把自己的侄子、年轻的伯爵基谢·德·博热叫到了狱中。

莫莱对侄子说："估计不久菲利普四世就要把我处死了，我现在任命你为新的大祭司，你必须发誓拯救圣殿骑士团，并把我们的财宝一直保存到世界末日。"

博热按照要求发了誓，随后，莫莱告诉侄子："我们前任大祭司的墓穴里放的不是他的遗体，而是圣殿骑士团的档案。通过这些档案，就能找到许多圣物和珍宝。它们是从圣地带来的，其中包括：耶路撒冷国王们的王冠、所罗门王的7个烛台和4部金福音。但是，圣殿骑士团的主要钱财还在其他地方，在前任大祭司墓穴入口处祭坛的两根大柱子里。这些柱子的柱顶能自行转动，在空心的柱身里藏着圣殿骑士团积蓄的巨额财宝。"

1314年，莫莱被法国国王处死。不久之后，博热伯爵便成立了一个"纯建筑师"组织。他请求法国国王准许他把莫莱的尸体埋葬到另外的地方，国王同意了。于是，利用莫莱的棺材，博热乘机从圣殿骑士团教堂的大柱子里取走了黄金、白银和宝石等几箱子的宝藏，并转移到安全的地方。

之后，再也没有人见过这些宝藏。有人猜测，由于圣殿骑士团热衷于秘术，他们经常用一套神秘的符号来表达某种意思，所以，宝藏的秘密很有可能和一些神秘的符号有关。因此，许多人开始大范围地搜集有关圣殿骑士团神秘符号的信息。

后来，有人发现了一部分神秘符号，他们根据这些符号和有关圣殿骑士团的传说，猜测藏进棺材里的财宝可能仍然在法国，而且就在博热伯爵封地附近的阿尔日尼城堡里。阿尔日尼城堡位于法国罗讷省夏朗泰市管辖区，它属于一个叫雅克·德·罗斯蒙的伯爵所有，他与圣殿骑士团有很深的渊源。

1952年的一天，考古学家克拉齐阿夫人来到了阿尔日尼城堡，并对这座城堡进行了实地考察。在这里，克拉齐阿夫人有一个惊人的发现：这座城堡里有一些与藏宝有关的神秘符号。这些符号从进门的雕花板上开始出现，一直延续到阿尔锡米塔楼。由于克拉齐阿夫人对圣殿骑士团以及符号学有一定了解，所以她认出那些符号是埃及古文字符号，它们表明，除了宗教圣物外，还有一笔财宝藏在某个地方。

克拉齐阿夫人说："阿尔锡米塔楼上有8扇又小又高的三叶形窗户，其中有一扇窗户被水泥黏合的石头堵塞，必须开通这扇窗户，并在6月24日这一天观察射进这扇窗户的光束。2点至3点的阳光可能起着决定作用，它将照射在一块会显示出具有决定性符号的石头上。但是，我想，只有熟悉内情的人，才能发现秘密的钥匙。"

在法国，有许多历史悠久的城堡，其中一些城堡也同阿尔日尼城堡一样，与神秘的符号或者藏宝图扯上了关系，使人们产生了无限的遐想。

对于圣殿骑士团的财宝是否藏在阿尔日尼城堡这个问题，城堡的主人罗斯蒙表示，这些财宝有可能藏在这座城堡里，因为这座城堡原属于博热。但是，他同时指出："我们目前没有确切的理由去拆毁这座建筑物里那些令人肃然起敬的墙。"

而一些寻宝爱好者根据最新资料认为，圣殿骑士团的宝藏可能不在阿尔日尼城堡，因为至今仍然没有找到任何有力的证据可以证明这批宝藏存放在那里。而且，在法国夏朗德省巴伯齐埃尔城堡，人们也发现了许多圣殿骑士团留下的神秘符号。

圣殿骑士团的宝藏究竟在哪里？依靠现在的技术以及人们对圣殿骑士团神秘符号的了解，我们还不能得到一个明确的答案。也许有一天，当人们找到了破译这些神秘符号的方法，寻找这批宝藏就没那么困难了。

寻找稀世藏书的惊险之旅

伊凡雷帝是俄国历史上第一位沙皇，他于1533年即位，当时年仅3岁。在俄罗斯民间，一直流传着有关伊凡雷帝书库的传说。据说，他的书库里藏有大批非常宝贵的图书，在寻找这些藏书的过程中，发生了许多令人匪夷所思的事情。

据史料记载，伊凡雷帝的这些藏书是从他的祖父莫斯科大公伊凡三世和祖母索菲娅·帕妮奥洛克丝那里继承来的。索菲娅是东罗马帝国的末代皇帝康士坦丁鲁斯十一世的侄女。她来到莫斯科时，曾从帝国的皇家图书馆里带来了一批极为珍贵的古代抄本。这些古代抄本都是稀世珍本，价值连城。

伊凡雷帝即位后，顺理成章地继承了这些藏书。在16世纪一本名为《里波利亚年代记》的书中有这样一段记载："德国神父魏特迈曾见过伊凡雷帝的藏书。它占据了克里姆林宫地下室的两个房间……"

可见，这些珍贵的藏书被伊凡雷帝放在了克里姆林宫的地下室里。然而，令人费解的是，后世的记录中，再没有提到过这些藏书，不知在什么时候，这些藏书竟然"不翼而飞"了。

但是，这些珍贵的藏书并没有从人们的记忆中抹去，许多人都加入了寻找伊凡雷帝书库的行列。因为在民间流传着这样一种说法：得到了伊凡雷帝书库的人，就会拥有一切。但是，让人们没有想到的是，寻找伊凡雷帝书库的过程是那么的漫长和曲折，甚至还惊险重重。

传说，在16世纪末，两个俄国人曾经为了寻找这批藏书，偷偷潜入了克里姆

庄严的克里姆林宫历史悠久，这座辉煌的宫殿下面哪个地方埋藏着伊凡雷帝的书库？这仍是一个谜。

林宫。他们走进克里姆林宫的地下室后，开始四处寻找这些藏书。这时，他们看到地下室的深处好像有亮光，于是走了过去。他们发现，这个亮光是从一扇石门里发出来的。但是，无论他们怎么推这扇门，门就是不动。他们以为门上可能有机关，便用手试探性地触摸门附近的各个角落。突然，一支利箭射来，其中一个人当场毙命。另一个人见状，仓皇逃窜。可是，那个人回到家没多久，就毫无征兆地死了，他的家人一直都不知道他的死因。

虽然这只是一个传说，但是许多听过这个传说的人，都不禁会想："会不会那些觊觎伊凡雷帝藏书的人都会发生不测？"可这并没有阻止人们寻找珍贵藏书的脚步。仍有不少人到克里姆林宫地下室寻找藏书，不幸的是，他们都没有找到有关藏书的任何线索。

到了19世纪，有两个德国人对伊凡雷帝的藏书很感兴趣。他们其中一个人，还专门为此来到了莫斯科，以寻找有关藏书的线索。他在古代记录保管所查遍了有关这方面的材料，但是一无所获。

后来，另一个德国人也来到了莫斯科，他们一起又对克里姆林宫的地形进行了调查，希望能够在克里姆林宫附近找到可能藏东西的地道，但还是没有找到。

当他们准备起程回国的时候，一件不可思议的事情发生了，其中一个德国人离奇地失踪了，另一个德国人怎么也找不到他。后来，有人猜测，失踪的德国人可能找到了藏书的线索，为了独吞这些藏书，他故意一个人离开。还有人猜测，这个失踪的德国人可能已经遭遇了不测……

在19世纪末，克里姆林宫古玩器类的权威——历史学家扎贝林又有了新的发现。据他了解，有人曾在造币厂的文书保管所里看到了一本很奇怪的书。这本书上面记载的全是历史资料，其中包括一件很值得注意的事件。

在1724年，彼得大帝决定迁都圣彼得堡，把莫斯科作为陪都。同年12月，一个名叫奥希波夫的教会工作人员来到圣彼得堡。他向财务管理部门提交了一份报告，报告中谈到莫斯科克里姆林宫的地下有两个秘密的房间，房间的铁门上贴了封条，还加了大锁，里面好像放着许多大箱子。于是，人们立即展开了调查。但是，不知道为什么，在调查进行到中途的时候，调查人员接到命令，调查工作必须终止。人们对此疑惑不解，难道出了什么事吗？许多人都猜测，有关方面一定想刻意隐瞒什么事，所以才终止调查。

虽然这次调查无果而终，但是人们通过这件事更加相信，伊凡雷帝的书库很可能就埋藏在克里姆林宫地下的某个角落。希望在人们的不懈努力下，伊凡雷帝的珍贵书库能够早日重现人间，这样，我们就能够仔细地研究这些藏书背后的巨大价值了。

夏朗德宝藏深陷地下魔网

夏朗德省位于法国西南部，是法国的一个著名的省份。它闻名于世的原因不仅在于其悠久的历史，还在于这里经常发生一些离奇事件。

一天，德国考古学家罗德途径夏朗德的一座小教堂。在这座教堂旁边的大树下，他捡到了一枚16世纪的金币，对这一意外收获他感到欣喜万分。为了弄清金币的来历，他询问了教堂里的牧师。

牧师告诉罗德，夏朗德居民经常会在一些角落里奇迹般地发现一两件金银珠宝和各种罕见的基督教圣物。牧师还说，每隔7年，在夏朗德的大建筑物正门和古老市场的石柱上，都会出现一些布告，布告上写着："修道院的珍宝将出现在圣体显供台下。"

没有人知道到底是谁贴了这些布告。听了牧师的介绍，罗德猜测，这些神秘出现的财宝背后一定隐藏着一个大的宝藏。

其实罗德的猜测并没有错，在夏朗德的确有一批16世纪的宝藏，这批宝藏的来历要从很久以前说起。

1569年，法国克利尼地区海军司令手下的一名中尉罗日·德·卡尔博尼埃男爵

149

占领了夏朗德。他听说夏朗德修道院里藏有大量的珍宝，便下令火烧夏朗德所有的修道院，屠杀所有的修道士。但是，修道院里的修道士早已在卡尔博尼埃到来之前秘密知道了他的企图，他们事先把所有金银珠宝和圣物集中在了一起，并偷偷运走藏了起来。

由于在这场对修道士的大屠杀中，没有一个修道士能够幸免于难，所以这批珠宝和圣物埋藏的地点也随之成了千古之谜。

有人猜测，这些珠宝和圣物可能被埋在了夏朗德的某个地下通道里。原来，在夏朗德的地下，有许多星罗密布的地下通道，这些地下通道像一张巨大的蜘蛛网，遍布夏朗德的各个角落。其中，有些地下通道与地面的建筑物连接，有些则与城堡相连，有些甚至直接通向修道院和教堂。但是，近年来，这些地下通道大多数已被当地居民用水泥黏合的厚墙所隔断，有的则早已坍塌，所以，要清理和挖掘这些地下通道非常困难。

可是，关于宝藏埋藏在地下通道里的说法也不是没有根据。1568年，一位名叫克莱蒙的年轻牧师曾经为了逃命躲进了夏朗德附近的一个山洞中，偶然发现了一个地下通道。克莱蒙沿着这个地下通道一直走了下去，发现这条地下通道越走越宽，最宽的地方足可以让一名骑士骑着自己的坐骑在里面走。

大约走了一天的时间，克莱蒙竟然发现在这座地下通道里，还有一大一小两座教堂，教堂里的摆设和地面上没有太大区别。他又花了一天的时间，才从地下通道里走出来。

由克莱蒙的经历可以看出，夏朗德的地下通道既可以住人，又可以用来藏宝和修道，所以，修道院的财宝如果藏在夏朗德地下通道中也不足为奇。

后来，维尔纳太太的话也证实了克莱蒙的经历不是虚构的。维尔纳太太住在离夏朗德4千米处的巴罗尼埃小村里，她回忆说："50年前，我父亲对我讲，山洞里有一条可以通到山冈底下的地道。他曾在地道里看见过一座很高的大厅，像教堂一样，四周有100个凳子。这个地下工程一直延伸到很远的地方，可以通达夏朗德的楠特伊。"

维尔纳太太的话和克莱蒙所看到的情况是吻合的。试想一下，如果把那些财宝和体积较大的圣物放在这些地下通道中，的确非常安全，因为这些迷宫般的地下通道既宽敞，又不容易被发现。

渐渐地，越来越多的人相信，在夏朗德迷宫般的地下通道里埋藏着16世纪的宝藏。但是由于这些地下通道太复杂，有些已经被堵死，所以要寻找和挖掘这些宝藏还需要很长时间。但是，仍有不少人为此而努力着……

MYSTERIOUS
.....

5 疯狂的自然异象

　　自人类诞生以来，光怪陆离的自然现象就一直困扰着我们。它们瞬息万变，扑朔迷离，甚至暗藏杀机，人类用现有的智慧似乎根本无法捉摸，也无法解释。例如，芝加哥的灭顶"天火"究竟来自何方？诡异的球形闪电何以屡次袭击人类？闪电也能摄影，这是不是无稽之谈？太平洋上的怪云是致命的原子云，还是其他自然异象？惊魂的麦田怪圈到底是谁的杰作……你的脑海里肯定也充斥着无数的问号吧。看完这一章，也许你会若有所悟，甚至豁然开朗。

"天火"突袭芝加哥

美国芝加哥欧立瑞太太家的母牛，可以算得上是世界上最"声名狼藉"的母牛了，因为它是1871年芝加哥大火的纵火"嫌疑犯"！

芝加哥地处北美大陆的中心地带，位于美国伊利诺伊州，自1837年正式建市后，在几十年内迅速发展成为世界肉类加工业和农机制造业的重要中心，人口近300万之多。

1871年10月8日是个晴朗的星期天。假日之夜，很多人纷纷走出家门，芝加哥的大街上熙熙攘攘，人流如织。21时45分，城内东北部忽然传来一串刺耳的火警：一幢房子起火了！人们只是警觉地听了一会儿，并没有太在意。可就在消防队员还没来得及抬出消防装备时，第二个火警又从起火点3千米外的圣巴维尔大教堂传来。紧接着，警报以骇人的速度从全城的四面八方响起，这时，人们才慌了手脚，意识到火情的严重性。只见消防队员惊慌失措地东奔西跑着，却没能来得及控制住任何一处火情。

当时，芝加哥市异常干燥，且起火时正吹着西南风，大火借着风势越烧越旺，形成一堵巨大的火墙朝东北方向的城区直扑过来。仅仅几十分钟的时间，火势就已经逼近了人口最稠密的中心区。只见耀眼的火星陆续从天而降，高大的太平洋饭店房顶首先起火，紧接着，商业大厦和芝加哥商会大厦也烧着了。那些高楼就像一个个擎天的火炬一样疯狂地燃烧着。由于没有云梯，消防队员们只能望火兴叹，眼睁睁地看着这些建筑物纷纷燃烧着垮掉。

面对如此猛烈的火势，几乎所有的人都猝不及防，他们唯一能做的就是扶老携幼弃家逃走。在每一处燃烧着的建筑物下，都挤满了装载着各种行李的四轮马车和仓皇逃命的人们。人们都在疯狂地哭喊着，奔逃着，拥挤着，芝加哥处在一片混乱惊恐之中，一幅幅凄惨的画面犹如人间炼狱。

在市中心区的法院塔上，一名消防员及时看见了迅速蔓延的大火，他向消防总部报告说："大火已经从运河港和赫尔斯特德街烧过来了！"总部立刻将所有消防队员都派往那里，可等到消防队员们赶到现场时，已经没有什么火场中心位置可言，全市已经陷入了一片火海！

40分钟后，芝加哥郊区的水厂也被大火包围了，全城的供水系统中断。当时，有许多住在附近的市民正躲在水厂的巨大水池里避难。大火袭来时，泡在水里的人们吓得纷纷跳出水池，然后向远处的伊利诺伊河奔去。而随着供水中断，许多消防队员也被迫放弃了救火，加入了逃亡的行列。

芝加哥消防局的负责人仍在奋力地指挥救火，可怜的几十辆救火车却是杯水车

芝加哥的这场大火似乎是从天而降的，很多目击者称，无数的火星从天上掉下来，烧毁了芝加哥。但为什么会出现这种现象，人们却不得而知。

薪。大火早已无法控制，消防队员们不得不且战且退。成千上万的市民被逼得跳进了密歇根湖，以免遭遇火焚。第二天，大火仍在继续燃烧，吞噬着城内的一切。人们都绝望地以为，芝加哥将从此从地球上被抹去了。可幸运的是，在这场连绵的大火整整燃烧了30多个小时之后，10月9日晚上，一场暴雨从天而降，凶猛的火势竟被控制住了。

这场大火过后，诺大的芝加哥城有2/3成为废墟。亲人们围着烧焦的尸体哭声震天，幸存的人也是一无所有。在这场灾难中，有近300人被当场烧死或踩死，10万余人无家可归，近2万间房屋被毁，直接经济损失超过了1.5亿美元。

到底是谁制造了这场惊天灾难呢？经过美国当局的全力调查，事情很快就有了眉目。不过，结果却出人意料——纵火犯竟然是一头奶牛！因为有人亲眼看到火苗是从欧立瑞夫妇的牛舍中蹿出来的。

据查证，10月8日晚上，芝加哥市的主妇凯特·欧立瑞太太提着马灯到牲口棚照看一头生病的奶牛，她随手把灯放在了地上，而焦躁的奶牛却不小心把马灯踩翻在地，燃油顿时迸射到木板和干草上，火苗立刻蹿上了牲口棚顶，欧立瑞太太和闻讯赶来的邻居甚至来不及灭火，整个牲口棚就被大火包围了，火势借着西南风迅速蔓延，殃及全城。

鉴于当时芝加哥天气干燥，已数日无雨，且芝加哥的大多数房屋都是木质结构，房屋外围又堆满了冬用燃柴，街道也都用木栏栅圈围着，再加之焦干的秋叶铺天盖地，这些都为酿造一场大火创造了足够的条件。所以，起初市民们对此结论深信不疑。

但这种说法很快就遭到了很多人的质疑，例如曾在现场指挥救火的消防队长麦吉尔在调查证词中说："到处是火。而在短时间内，燃遍全城的这场火灾是由某间房子开始而蔓延的，这完全不可能……如果不是一场'飞火'，又怎能在一瞬间使全城燃成一片火海呢？"其他的目击者也称，"整个天空好像都烧起来了，炽热的石块纷纷从天而降"，"火雨从头上落下"……

火灾过后，人们还发现了一些奇特的现象：一条小河边有个孤立的金属船架，离它最近的建筑物少说也有100米，周围又没有其他易燃物，但它却不可思议地熔成了一块。有目击者说，连大理石也在那可怕的夜晚着了火。而木屋之火不过两三百摄氏度，是不可能熔化金属和岩石的。还有一些目击者称，当一幢房子起火后，离它较远的房屋也忽然起火了，也就是说，大火不是发自一处，而是"遍地开花"。而且近三百名从火海死里逃生，跑到郊区公路上避难的人们却不明不白地死去了。尸检证明，他们并不是被火烧死的。另外，据有关部门查证，8号晚上遭遇火灾袭击的不只是芝加哥城，芝加哥周围的密歇根州、威斯康星州、内布拉斯加州、堪萨斯州、印第安纳州的一些森林和草原也都发生了火灾。

由此看来，奶牛纵火的说法显然是站不住脚的。当时，警察局还抓了不少纵火嫌疑犯，可是经过反复调查，又一一否定了他们作案的嫌疑。那这场大火到底是怎么烧起来的呢？

事后，美国科学家维·切姆别林通过研究火灾与气象的关系，认为芝加哥大火极有可能是由一场炽热的陨石雨引发的。因为1826年，捷克天文学家曾发现了一颗新的彗星，它绕日一周的周期为6.6年。1846年，人们发现这颗彗星的彗核已经分裂成两半。1852年，分裂后的两半彗核相隔越来越远，后来就失踪了。而1871年10月8日，地球正好穿过其中一个彗核的轨道，交点就在美国。地球与彗核的短暂摩擦引发了一场流星雨，集中撒在了美国的芝加哥及其周围地区。彗核陨落的物质温度极高，足以使金属、石头熔化。而彗星含有大量致命的一氧化碳和氰，会使人中毒身亡。

尽管这种说法有理有据，但还是遭到了很多人的质疑。因为，通常彗星与地球相遇，是不会制造灾难性事件的，一般彗星物质在到达地面之前就因与大气层剧烈摩擦而焚烧殆尽了，即使没有燃烧干净，落到地面上的陨石的高温也只限于表面薄薄的一层，不足以引发火灾。

还有一些科学家认为，芝加哥大火可能是由短暂的龙卷风造成的，但他们也同样拿不出足够的证据。

总之，芝加哥的这场灭顶"天火"至今没有人能说得清，也许随着科技的发展，人们还有机会找出这场火灾的元凶。

行踪诡异的球形闪电

电光闪闪，雷声隆隆，这是我们常见的闪电现象。但有一种闪电却是极为罕见的，它喜怒无常，行踪诡异，每一次出现都富有戏剧性。这种神秘的闪电直到1837年才有文字记载，它就是球形闪电。

19世纪，人们曾记叙过一次发生在巴黎的球形闪电事件：一个雷雨天的下午，一个火球突然从一户居民的壁炉里落到了地板上。这个火球来得如此突然，像一个蜷缩成一团的发光的小猫一样滚到了房主人的脚边，又猛地升到了他的脸旁，主人惊恐地躲闪着。这个火球一边发出"咝咝"声一边向上移动。不一会儿工夫，它就钻进了火炉上方的烟囱里，紧接着，"砰"的一声——烟囱爆炸了，一截烟囱塌了下来，火球也随之消失了。

无独有偶，1852年的一天，在美国一个裁缝的家里，一个火球突然顺着烟囱闯了进来，在屋里慢慢游荡着，就像一个悠闲的来客。然后，它又突然钻进了烟囱，结果也在烟囱里爆炸了。这种火球就是球形闪电。

球形闪电经常带来灾难。1978年8月17日，5名苏联登山运动员夜宿在高加索山区的特拉佩齐亚山上。一名队员夜间无意中醒来，发现一个网球大小的橙色火球正在距离地面约1米高的地方沿着帐篷游动。突然，这个火球钻入了一个队员的睡袋，睡袋立刻爆炸了，伴随着一声惨叫，那名队员当即被炸死了，其余几个帐篷里的队员也因爆炸受了伤。可奇怪的是，队员们的睡袋以及睡袋下的橡皮垫等易燃物却完好无损。

1989年，球形闪电还在莫斯科进行过一次神奇的表演。当年6月的一个傍晚，莫斯科的近郊下起了滂沱大雨。突然，两个球形闪电闯入了"友谊"少年夏令营的营地。两个火球大小不一，大的直径约30厘米，小的直径约15厘米，都闪耀着蓝色的光芒。它们从一个营房后面飞起，然后沿着旁边的松树往上爬，顷刻间，树上的树皮都脱落下来，发出一股焦糊味。

当时，一个小男孩正提着一只金属茶壶路过，突然他的手被壶把黏住了，他吓得不停地使劲甩手，才把茶壶甩到地上。令人惊奇的是，白色的茶壶居然变成了红色，同

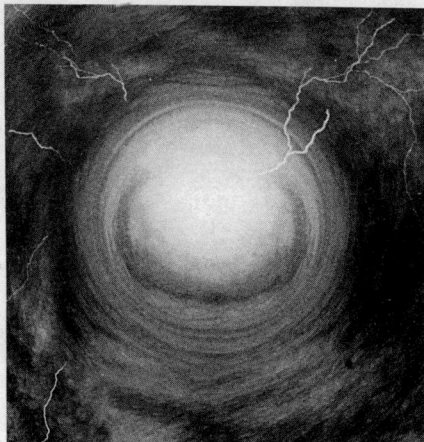

球形闪电行踪诡异，极为罕见。它们大多出现在雷雨交加的时刻或暴风雨前后，呈发光的火球形状，中心极亮。

时爆出了火星。不一会儿，那两只火球飞远了一些，落在了一个水坑里，水中立刻冒出了大量气泡，大火球变得更红了，不一会儿它的颜色越来越暗，挣扎着跳跃了几下就消失了。小火球穿过围墙门进入了小树林，也在人们的视野中消失了。

在我国，球形闪电也多次出现过。1999年3月16日下午，湖北省枣阳市忽然电闪雷鸣，雷电过后，居然有9人死亡，20余人受伤。事后，很多目击者都称雷击现场有一片球形的红光，而这正是球形闪电的特征。

一个半世纪以来，人类共记录了4000多次球形闪电出现的情况。气象学家经过多年的研究发现，球形闪电的行动十分诡秘，它们往往出现在雷雨交加的时刻或暴风雨前后。这种闪电的中心极亮，颜色多变，有白、绿、黄、橙几种，直径从几厘米到几十厘米不等，持续时间仅在数秒左右，但也有维持了一两分钟的纪录。球形闪电有个怪脾气，见缝就钻，它能从门窗、烟囱，甚至缝隙中钻入室内，有时能沿着导线以每秒2米左右的速度前进并燃烧。球形闪电有时停留在半空中，有时降落在地面上，有时会无声消失，有时又会因碰到障碍物爆炸而消失，其振动能量足以置人于死地。

那么，球形闪电到底是怎样形成的呢？这是数百年来科学家们一直试图解开的谜题。目前，对于球形闪电的形成主要有两种观点。

第一种观点认为，球形闪电是由磁场约束发光等离子体而形成的。每当闪电出现时，都会在周围形成磁场。如果其形成的水平磁场和垂直磁场的磁力线圈相互交织，就会形成磁力线网。在某些特殊情况下，这一磁力线网有可能会呈现出球形，而空中的发光等离子体被这种磁力线网"俘获"，就形成了球形闪电。

另一种观点指出，当闪电击中物体表面，例如富含硅的地球土壤表面时，就有可能产生一股硅蒸气。硅蒸气会与空气中的氧气浓缩成粒子并伴随着氧化的化学能缓慢燃烧，从而形成球形闪电。

这两种说法都有一定的道理。但目前为止，人们尚未在实验室里制造出真正的球形闪电。关于球形闪电形成之谜，还有待于科学家们进行更深入的研究。

闪电"摄影"之谜

提到闪电，人们往往会想到电闪雷鸣，风雨大作。可是你知道吗，闪电不仅是雷雨的"先行官"，还是自然界的一位高级"摄影师"呢。

1976年夏季的一天中午，忽然乌云密布，狂风大作，一场暴风雨眼看就要袭来。美国密歇根州的农民阿莫斯·皮克斯在院子里收拾东西，这时，他看见有几只黑猫在那里乱叫。阿莫斯有些心烦意乱，顺手抄起了一根棒子，跑向猫群，想轰散它们。机灵的猫儿们见状，纷纷起身逃跑。就在阿莫斯将棒子高高举起，朝猫群劈下去的一刹那，一道闪电划过天空，原本黑沉沉的天骤然一亮，黑猫们像受到了电击一样，惨叫几声，全都倒地而死。与此同时，阿莫斯也感到有一股电流从头顶流遍周身，使他全身剧痛，手脚麻木。闪电过后，他跟跟跄跄地奔回屋中。

有科学家推测，闪电摄影与雷电发生时的高压放电、大气等离子的形成以及温度、湿度等众多因素有关。

阿莫斯的妻子正在收拾东西，她看到丈夫的样子，不由得吓了一跳。只见阿莫斯的左腿裤筒连同长筒鞋已自上而下撕裂，他的腿和脚都露在外面。再看他的头部，原本光滑干净的光头上赫然出现了一只黑猫的影像，这只黑猫张着大嘴，露出两排尖利的牙齿，看起来狰狞而恐怖。阿莫斯的妻子不禁惊叫一声，张大了嘴巴，半天说不出话来。

"亲爱的，你怎么了？"阿莫斯被弄得有些莫名其妙。他妻子指了指他的头，阿莫斯走到镜子前，也吃惊地大叫起来："天啊，这是我刚才驱赶的那群猫中的一只。它怎么到我的头顶上来了？快给我洗掉！"阿莫斯的妻子如梦方醒，立即拿来肥皂、洗涤剂、刷子，打算把丈夫头上的影像清洗掉。可是她费了九牛二虎之力，黑猫影像怎么也去不掉，它牢固地印在了阿莫斯的光头上。到了第二天，阿莫斯头上那奇怪的"黑猫相片"却自行褪色变淡，至中午时分就全部消失了。

这个事件实际上是闪电"摄影"在作怪。人们经过长时间观察，发现闪电具有在人的某个身体部位印下某些影像的功能，故称其为闪电"摄影"。此类事件在很多地方都有记载。

1892年7月19日，两个黑人在美国宾夕法尼亚州被闪电击死，当时他们正在公园的一棵树下避雨。当人们为其中一具尸体脱下衣服时，看到了令人震惊的奇景：死者的前胸上留下了闪电发生地点的影像，并且非常清晰。上面有一片略带棕色的橡树叶以及藏在草中的羊齿叶，甚至其细小的筋络用肉眼就可以看清楚。

1957年，美国一位牧场女工在雷雨中工作，忽然巨雷一响，一道闪电划过，她感到胸部骤然作痛，解开上衣一看，竟有一头牛的影像印在她胸前。

闪电为什么会"摄影"呢？一般，闪电所"摄"下的影像都是当事人所处地点附近的景物。所以有人认为，下雨时，当事人所处的特殊环境可能相当于摄影棚，而闪电起了"透视"作用。如果真是这样的话，那么具体的摄影机理又是怎样的呢？此外，闪电"摄影"对摄影对象是否有选择性？为什么影像能穿透衣服而印在人体上？这些至今仍是未能解开的谜。

天降红雨，从何而来

2001年7月25日，从空中传来"嘣嘣"几声闷响之后，印度西部喀拉拉邦居民的平静生活就被打破了。他们身边的空气、地面、房屋开始不停颤抖，窗上的玻璃在"咯咯"作响，人们惊恐极了。几个小时后，喀拉拉邦突然下起了一场奇怪的红雨，密密的红色雨点从天而降，断断续续下了两个月。在部分地区，红雨如注，河水、海岸都被染得一片鲜红。这种特殊的红色雨水使衣服变红，染色后就像血液一样。

多年来，各国科学家对红雨的成因一直众说纷纭。一些科学家认为，"红雨"不值得大惊小怪。也许是在降雨发生前，强风带来了阿拉伯地区的红土。随着降雨的发生，红土夹杂在雨水中降落，使雨水变成了红色。但是这种说法遭到了许多人的反对。理由是如果某个地区一连两个月断断续续地下雨，这可以理解。但要是这两个月内都不断地刮强风，而强风还都来自同一方向，并不断地带来阿拉伯地区的红土，就让人很难相信了。

另外也有一些科学家认为，红雨中的颗粒是微小的海藻，或者真菌孢子；还有一些科学家则认为，红雨的成分中带有蝙蝠的血液，它是由陨星碎片击中飞行中的蝙蝠引起的。印度物理学家戈戈弗雷·路易斯博士驳斥了这几种假说，因为无论是海藻还是真菌孢子都应有DNA存在，而提出这些观点的科学家并没有对红雨颗粒进行DNA检测。至于血液细胞说则更不可能，因为血液细胞在与空气或水接触后会迅速死亡，不可能形成规模较大的红雨。

为了探明红雨的真实成分，路易斯博士与一些研究人员在出现红雨的地区每隔100千米设立一个观测点进行采样，很快就收集到红雨样品——红雨颗粒。红雨颗粒看上去十分细小，直径仅4~10微米，平均浓度为900万粒/毫升。他们在进一步研究中发现，在红雨颗粒的剖面，大细胞内部还有一个小细胞，但其中并没有DNA，这类小细胞在315℃的高温下也能繁殖。路易斯博士认为，这种红雨颗粒可能是能适应开放太空失重条件的地外微生物，它们与一些较小的陨星或彗星碎片一起坠落到地球上，陨星或彗星碎片在地球大气中分裂，然后与带雨云团混合在一起形成红雨。在红雨发生前的几个小时里，当地突然出现的声音，可能就是一颗彗星在经过地球时，一些碎片脱落下来，穿过大气层坠落地面。

不过，路易斯的离奇理论遭到了许多人的质疑。一些科学家认为，要证明路易斯博士的观点是否正确，必须检测这些红色细胞中是否存在特殊的碳同位素。如果检测结果是肯定的，才能够证明路易斯博士的观点正确。目前这项检测仍在进行中，因而，印度的红雨之谜仍未解开。

通古斯大爆炸疑云

通古斯位于北极圈附近的俄罗斯西伯利亚地区，气候酷寒，荒无人烟，是一个名不见经传的小地方。然而，就是这样一个不起眼的小地方，却因为一个百年不解的惊天谜团而闻名于世，家喻户晓。

1908年6月30日早晨，通古斯河畔的森林里一派生机勃勃的景象。就在这时，一个巨大的火球突然划过，照亮了整个天空，远处传来一声山崩地裂的巨响，紧接着大地抖动起来，巨大的火柱直冲云霄，慢慢地又变成了黑色的蘑菇云，一股灼人的热浪咆哮着席卷了整个森林，森林顷刻间全部化为灰烬。

这次爆炸发生的地点在贝加尔湖西北方800千米处。爆炸产生的巨响和颤动刚刚停歇，通古斯一带又刮起了狂风。居住在附近靠游牧为生的牧民们在狂风中颤抖着，帐篷都被刮得无影无踪。在离爆炸中心仅60千米的地方有一座叫瓦纳瓦拉的小城，爆炸发生后，城内所有建筑物的玻璃窗都被震碎了，随即从地面升起的旋风气浪把很多房顶都掀到了空中，城内的很多树木也被连根拔起。许多居民都被猛烈的热浪刮倒在地，还有一些居民被严重灼伤，甚至有人被巨大的声响震聋了耳朵。

事后，一位在这场灾难中幸存下来的农民回忆说："当时天气很热，我正在自己家门口乘凉。突然，西北方向出现了一道强烈的火光，紧接着我就看到一个巨大的火球，它几乎遮住了半边天空。火球逐渐变黑，然后就消失了。这时，我听到一声巨响，身体立刻被爆炸气浪掀出去一米多远，顿时失去了知觉。几分钟后，我苏醒过来，又听到一声巨响，只见房屋剧烈

有人猜测，通古斯大爆炸是由外星人的飞行器制造的。

有人称，通古斯大爆炸发生时，一团蘑菇云裹挟着火球冲天而起，这与核爆炸时的情景非常相似。

地摇晃，窗框散了架，房子附近的土地也被震裂了……"

离爆炸中心较远的人也无一例外地遭了殃，居住在通古斯方圆1000千米范围内的人们都听到了巨响。当时在西伯利亚铁路上运行的列车紧急刹车，火车司机还以为是列车发生了爆炸。通古斯河流域的居民陷入了恐慌，很多参加过日俄战争的退伍军人甚至认为是日本人打进了西伯利亚，还有人断言是世界末日来临了。

大爆炸之后，通古斯一带的大地和房屋一连摇晃了好几天。离通古斯近900千米远的伊尔库茨克的地震仪在爆炸后45分左右记录到了大爆炸产生的地震波，其传播速度高达330米/秒。爆炸产生的冲击波一直传到中欧，英国和德国地震观测站都记录下了地球受到强烈震动的情况，甚至美国的华盛顿和印度尼西亚的爪哇岛也得到了相关的记录。

许多国家都感受到了通古斯此次大爆炸产生的巨大威力：在伦敦，电灯突然全部熄灭；在荷兰，夜空明亮如白昼；美国许多地区的人感到大地在晃动……

最为奇怪的是，爆炸之后整整3天，整个西伯利亚西部和欧洲地区的黑夜都亮如白昼，就连8000千米外的苏格兰晚上看书读报都不用点灯。通古斯地区那几天甚至没有出现黑夜，人们看到当太阳光穿过云层时，马上射出了怪异的绿光和玫瑰色的光，有时云团还会呈现出银光，并且边界分明。在之后的数个夜晚，天空仍比平常亮很多，直到8月底才慢慢恢复正常。在美国的史密松天体物理台和威尔逊山天文台也观察到大气的透明度降低的现象至少维持了数月。

这场可怕的大爆炸到底是怎么引发的呢？可惜的是，当时统治俄罗斯的沙皇政府正处于风雨飘摇之中，根本没有精力组织人员对此事展开调查。通古斯地区过于偏远，且伤亡较轻，当时只有极少的科学家对这次大爆炸感兴趣。直到1927年6月，在苏联政府的支持下，气象学家兼陨石研究者库利克才率领一支考察队来到通古斯。那里几千万棵树木都已被烧焦，整齐地倒伏在地上。根据爆炸现场的痕迹判断，库利克认为是一颗巨大的陨石从天外飞来，引起了这场大爆炸。当他们来到大致的爆炸中心位置后，却发现这里所有的树木都没了树枝，可树干却仍立而不倒，这简直太奇怪了。而且科考队在这里没有找到任何宇宙物质留下的痕迹。几个月后，他们只能无奈地空手而归。如果确实是陨石所为，那它为什么把近2000平方千米的森林变为焦土，自己却没有留下一丝痕迹呢？在灾难发生20年后，通古斯之谜诞生了……之后，库利克终其一生，都在探索通古斯爆炸的真实起因，然而，一直到他生命的终结，这个研究都没有取得任何有价值的成果。

1927年以后，又有许多来自不同国家的考察队来到爆炸现场考察，他们仔细搜寻着各种样品，进行了一系列的测定，并相继提出了80多种假说。

1945年12月，苏联物理学家亚历山大·卡萨柴夫在目睹了日本广岛由原子弹爆炸造成的废墟时，发现通古斯爆炸产生的废墟和那里有着惊人的相似之处，那就是树木没有留下一丁点枝梢和树皮，但树干却仍直直地竖立着。于是，卡萨柴夫大胆地提出了通古斯大爆炸是一场热核爆炸的新见解。

此后，苏联地球物理学家索洛托夫和天文学家齐盖尔也多次到事故现场进行考察。他们在那里发现了放射性物质的痕迹。他们推测说，通古斯大爆炸是由一个外星人的载人飞行物体造成的。齐盖尔根据1908年大爆炸发生时的目击者提供的证言作出解释，这个飞行物体当时是从南南西向北北东飞行的，而陨石等自然飞行体绝不可能做这样的移动。因此他认为，这个飞行物是由外星人操纵的。它在进入地球大气层时受到了损坏，从而导致了飞船失事爆炸，即而造成了通古斯大爆炸。

苏联科学家彼得洛夫则认为，造成通古斯爆炸的其实是一个由稀松的雪团组成的巨大彗星。据苏联乌克兰科学院地球物理化学研究所的测算，这颗彗星的重量约为500万吨，它的头部直径约300米。1908年6月30日早晨，它以高速进入地球大气层，彗核迅速蒸发。而彗星融化所产生的游离氧很快同大气中的臭氧结合，使面积达几千平方千米的臭氧层被破坏，形成了一个"窟窿"，太阳风便从这个窟窿乘虚而入，造成了相当于数颗原子弹爆炸产生的巨大冲击波袭击通古斯。由于彗星很快就蒸发完了，所以地球上没有留下任何残骸。

此外，还有几位美国科学家认为导致这场大爆炸的是一种由"反物质"组成的陨石。因为半克"反铁"与半克铁相撞，就足以产生相当于在广岛爆炸的那颗原子弹的破坏力。

还有人说，这次爆炸是一次规模不小于3500平方千米范围的地磁逆转化现象引起的。1984年，一些苏联科学家经全面研究通古斯爆炸事件后，确认通古斯爆炸发生在5～7千米的高空。强大的冲击波推倒了几千平方千米的树木。此后，冲击波又诱发了地震，地震发生时释放出的能量，相当于一颗2000万吨级氢弹爆炸时产生的能量。但这强大的冲击波是如何产生的？人们至今仍不得而知。长久以来，通古斯大爆炸之谜一直牵动着科学家的神经，要想查清它的真正起因，还有待于人们进行不懈探索。

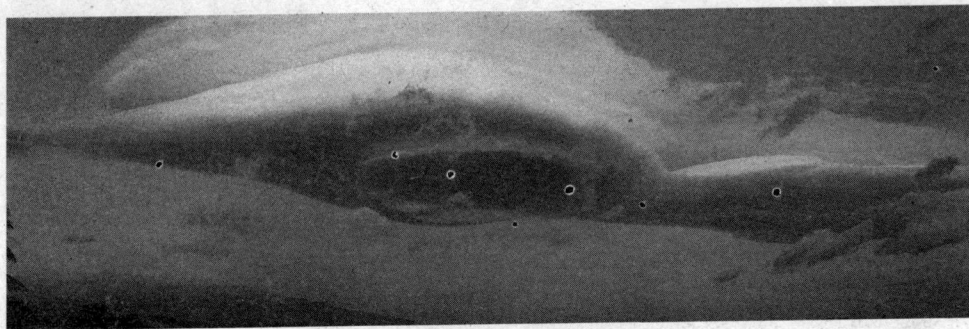

除了海洋上空会出现怪云，陆地上空也会发生怪云现象，而且比海洋上更为常见。

太平洋上的怪云之谜

　　1984年4月9日22点左右，一架日本航空公司的飞机从新东京国际机场（现成田机场）起飞，目的地是美国阿拉斯加州的安克雷奇市。

　　班机按预定的航线飞行着，一切正常。突然，飞行员小平久幸惊叫起来："天哪！前面那奇怪的东西是什么？"

　　透过飞机前方的玻璃窗，只见飞机正前方有一朵巨大的云，上端呈半球状，中、下部呈直柱状，就像一朵硕大无比的蘑菇，上下高度至少有1万米！当时，飞机正飞行在太平洋上空，这朵巨大云彩的形状不难让人联想到1945年美国投放在广岛的原子弹爆炸形成的蘑菇云。更可怕的是，这朵云并非固定不变的，它正迅速地扩散开来，坐在飞机座舱里的乘客也发现了这一奇景。不一会儿，扩散的云雾包围了飞机，这顿时引起了乘客们的骚动。

　　飞行员小平久幸也有些慌乱，他见那朵云彩居然闪现出了些许明亮的蓝白色光芒。他的脑海中像回放电影片段一样，迅速闪现着自己见过的各种各样的云。不一会儿，他理智地做出了判断——这绝不是普通的积云，很有可能是核试验后产生的原子云！于是，他立刻向机长报告说："机长，飞机正前方有危险！"

　　机长也发现了那朵奇怪的云彩，立刻下令飞机改变航线，以避开那个庞然大物。凌晨0时5分，飞机绕过了那朵怪云，恢复了正常航行。

　　当天晚上，一架荷兰航空公司班机上的乘务人员也看到了这朵奇怪的云，而且他们分别在当夜的22时30分和22时45分看见了两次。另外，还有两架前往安克雷奇市的飞机也在当夜目击了这个酷似原子云的硕大云朵。

　　这4架班机的乘务人员在目击了怪云后，都及时通过无线电向安克雷奇市机场的管制塔做了报告。管制塔的值班人员在连续接到4起相同的报告后，吓得直冒冷汗——4架飞机所遭遇的会不会真的是原子云呢？如果是，飞机上的人肯定已经遭到了致命的核辐射。于是，值班人员立即打电话向当地有关部门汇报了此事。

安克雷奇市当局在获悉此事后高度警惕，立即让机场管制塔的值班人员通知那4架飞机的机长，要求他们全部改在安克雷奇的美军空军基地降落，并且不准任何人离开飞机，以便对他们进行放射性污染的检查。

就这样，4架飞机陆续降落到了美军空军基地，安克雷奇市当局派来的检查人员穿着防辐射服，在第一时间分别对4架飞机及全体乘客、机组人员进行了严密细致的检查。不过，检查结果让所有人都松了一口气，因为无论是对机舱内空气的取样化验，还是对乘客、机组人员的全身检查，都没有发现任何放射性污染的痕迹。安克雷奇市当局随后宣布，目击者们所看到的巨大蘑菇云并非核试验所产生的原子云。

可是，大家心中的疑团并没有解开，那个硕大的怪云到底是怎么产生的呢？那架日本班机的机长斩钉截铁地说："自然的云彩绝不可能扩散成那种形状，除了强烈的爆发物爆炸外，没有其他可能。"他认为肯定是由于核爆炸所产生的。但是根据有关方面的调查，4月9日当天，在蘑菇云出现的那一带海域并没有任何军队进行过军事演习。

那么，这种云有没有可能是因为自然界出现了异常情况才产生的呢？要知道，在近地面所形成的积云也偶尔会发展得很厚的。可答案也是否定的。因为根据气象局观测，当天在附近海域没有任何异常的自然迹象，而且卫星云图所显示的气象状况也非常稳定，不可能出现如此庞大的积云。

事后，有消息称日本航空自卫队对此事进行了详细的调查，他们在现场收集到了一些奇特的尘埃，不过最终并没有给出合理的解释。这到底是怎么回事呢？随着时间的推移，轰动一时的太平洋怪云成了一个悬而未解的谜，等待着更多对此事感兴趣的人去一探究竟。

麦田怪圈谁为之

格雷汉姆·海斯是美国费城某小镇上的一个农场主。一天早上，他和家人在自家的玉米田里意外地发现了几个紧紧连接在一起的庞大的环状神秘图案。海斯仔细查看了这些怪圈，看着看着不禁惊出了一身冷汗，因为玉米田里根本没有任何踩踏过的足迹，看上去倒像是外星球的飞船降落的痕迹。这件蹊跷的事情并没有就此画上句号，很快，世界各地都传出了农田里一夜之间惊现神秘图案的消息，人们惊恐万分。而伴随着怪圈的出现，更多的怪事也接踵而至。最后，邪恶的外星人闯入了海斯家中，对他们发动了攻击……这就是美国影片《天兆》中的精彩情节。

事实上，影片中围绕怪圈展开的离奇情节并非凭空臆造，而是根据几百年来频频出现的麦田怪圈设定的。所谓麦田怪圈，就是指在麦田里一夜之间出现的由某些麦秆弯曲伏倒而呈现出来的有规律的圆圈形图案。

1647年的一天，在英格兰的一片原本齐刷刷的麦田里，一夜之间竟出现了一个硕大的逆时针的巨型几何图画，这就是历史上最早出现的麦田怪圈。最初，这个怪圈虽然也引起了一阵不小的轰动，但由于当时科技水平的落后，最终没有人专门去研究它。

而从1981年起，英国人开始在汉普郡和威斯特一带的麦田里频频发现怪圈，于是把怪圈命名为"麦田怪圈"。从此，这种令人匪夷所思的麦田怪圈就成了媒体关注的焦点，吸引了全球人的目光。

几百年来，这种怪圈都在不间断地亮相于世界各地的麦田里，美国、加拿大、丹麦、澳大利亚、英国、德国、俄罗斯、韩国、中国等地都频频发现麦田怪圈。截至目前，全世界每年大约要出现250个麦田怪圈，麦田怪圈的图案变得越来越精美，越来越复杂，寓意也似乎越来越深刻。其图案包括几何图形、动植物形貌、电脑图画、古老的文字等。

英国的威尔特郡是出现麦田圈最多的地域之一。2008年6月18日，该郡的一片麦田里又突然出现了一个怪圈。经测量，这个怪圈的直径达46米，由一些不规则的几何图案构成。美国天体物理学家迈克·里德从网上看到这个怪圈的照片后，发现这个怪圈竟然是一个圆周率的"密码图"，象征着圆周率π的前10个数字——3.141592654！里德称，这个麦田怪圈的炮制方法和他制作圆周率密码图的方法简直一模一样，即先用线条把一个圆分成10等份，接着在这个十等分的圆形图案中，将圆周率的前10个数字按照不同的半径，用不同颜色和不同格数的色块来代表。在最靠近圆心处用3格红色色块来代表第一个数字3，用一个黑圆点代替小数点，1则用一格绿色色块代表，4用4格紫色色块代表……每个数字所在的圆形半径，都要比前面一个数字大一圈。在最后一个数字4后面，则是3个黑色的

种种分析显示，麦田圈在强大能量的作用下瞬间产生，其中隐藏了数学、化学、分子等科学信息，成为难解之谜。

圆圈，象征圆周率的无穷无尽。

路西·普林戈是英国著名的麦田怪圈研究专家，她听说这件事后，亲自来到了这个"圆周率"麦田怪圈现场察看。据了解，在这个麦田怪圈出现的前一晚，当地下过一场雨，可这个麦田怪圈中却没有任何脚印走动留下的痕迹。普林戈认为，在午夜时分，根本就没有人能在一块漆黑的麦田中做出如此精确的怪圈来，那到底是谁创造了这个奇迹呢？

麦田怪圈的频繁出现，吸引了许多科学家纷纷加入研究麦田怪圈的行列。一些研究者发现，麦田圈的农田周围通常没有任何足迹，麦秆的弯曲方式不是用脚压出来的，倾倒的麦秆没有明显损伤，一些麦田圈被检测出辐射量较大，是由强大的能量产生的。研究者还发现，大约有40%的怪圈中的植物种子变异了。而且怪圈中的植物的生长节肿大，就像被加热过。于是，许多人便将神秘的麦田圈与外星智慧生命联系起来，这些在空中才能完全看清的符号，是不是外星人给我们的某种信息呢？

也有很多科学家称，小麦倒地的螺旋图案很像是由UFO滚过而形成的。一位英国的天体物理学家甚至认为，麦田怪圈是外星人给地球人送来的象形字。很多人甚至拍到过"天外来客"制造麦田怪圈的场景，在这些录像中可以看到，一些神秘的小光球突然从天而降，来到麦田里有规律地飞行了一圈，而它们飞过的地方立刻就出现了一个硕大的麦田圈。短短几秒钟的时间，这些不明飞行物就消失在了夜空中。

不过，据一些怪圈的研究者调查，很多麦田怪圈其实是某些人的恶作剧。例如英国人马特·里德利就曾向媒体坦白，他和一些朋友就是麦田怪圈的制造者。他们事先设计好图案，在麦子快成熟的时候，将一根长钉钉在麦田里，然后以钉子为中心，用绳子贴着地面转一圈，一个麦田怪圈就出现了。有的麦田怪圈制造者甚至站在两把酒吧高脚椅垫上，在麦田里行走。

但是，还是有些现象是人为说所解释不了的。第一，就某些怪圈而言，科学家没有发现人为的证据；第二，有些怪圈的图案不是由重量或力量造成的，农作物的茎部只是变平，很少有被折断的痕迹；第三，人类很难将复杂的图案以几何学原理设计得如此完美无缺；第四，麦田怪圈的面积之大让人惊叹，人类不可能在一夜之间制造出这么大的图案。

时至今日，每年夏天仍有大批研究人员来到怪圈出现频率最高的英国进行研究工作。据统计，全世界有数以万计的人在为破解这个自然之谜而努力着。神秘的麦田怪圈，究竟是人类的恶作剧，还是神秘的自然现象，又或是外星人的杰作呢？研究者们的兴趣注定将持续到谜团解开的那一天。

探秘地光成因

2008年5月12日下午13点58分至14点02分，甘肃省天水市南郭寺上空出现了一片奇幻的地光。地光呈莲花形状，最初是粉、黄、绿三种颜色相间，最后逐渐变白。人们觉得非常新奇，以为这是太阳光的折射形成的，便给它录像、拍照。然而，令人想不到的是，奇幻的地光之后是令人惊恐的天塌地陷。26分钟之后，也就是2008年5月12日14点28分，四川省汶川县发生8.0级大地震，波及甘肃、陕西、河南等省市。截至10月8日，已有69200多人遇难，17900多人失踪，直接经济损失达上千亿元。就在人们为那些死去的生命扼腕叹息、潸然泪下的时候，有人发现，其实在地震发生前，神奇的地光就已经向人们发出了预警，只是当时人们不以为然。那么，什么是地光呢？地光和地震又有什么联系呢？

地光是一种奇异的自然现象，常与地震伴随发生，因此被看成是地震的先兆。地光持续的时间一般为几秒到数分钟不等，非常醒目。夜间，即使在离地光出现地点较远的地方，人们也能看得清清楚楚。此外，地光在地表上空的高度一般为几米到几十米不等，其表现形式因地震类型和地点而不同，有的蓝里带白，很像电焊火花；有的红如朝霞，映满天空；有的好似一团火球，沿着地面翻滚；有的则像条光带，划破长空……

地光出现的时间大多与地震同时，但也有在震前几小时和震后短时间内出现的。1965～1967年，在日本松代地震群期间，留下了难得的地光照片。中国1975年辽宁海城地震和1976年河北唐山地震，震前的地光现象也都非常明显。所以地光的来临，往往预示着大震很快就要发生了，如果此时能够迅速果断地采取一些避震措施，是有可能减少地震灾害带来的损失的。

1975年2月4日19点左右，一列客车从大连开往北京。当时天色已暗，柔和的光线，平稳的车速，让人昏昏欲睡。就在列车快要行驶到辽宁海城的时候，司机突然发现列车前方有大片紫红色的耀眼亮光，顶部呈圆弧形，照亮了一大片黑夜。经验老到的司机见此情景，脑海中马上闪现出一个念头——地光！他的大脑飞速地转动："地光的出现意味着要有地震发生，如果我们继续前行，很可能面临车毁人亡的险境。如果和上级汇报，又怕来不及。干脆我先紧急停车，保住人的生命最重要。"想到这里，司机按下了刹车，列车徐徐而止。果然，19点36分，辽宁省海城营口一带发生了7.3级的强烈地震。司机的果断决定挽救了一车人的生命。

地震时为什么会产生地光呢？有一种说法认为，当地震将要发生时，由于地下岩石发生破裂、错断，岩石间的相对摩擦滑动会产生一种电磁效应作用，从而

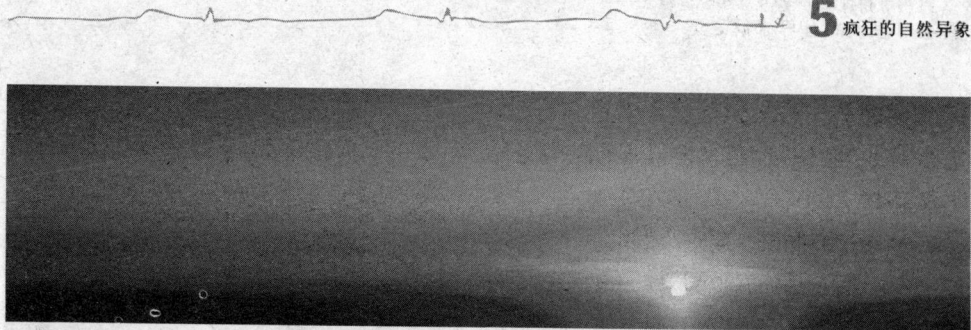

在大地震发生前，人们用肉眼便能观察到地光现象。通常低空大气中出现的光为青白色，地面上冒出的火球、火团等则多为红色。

造成一个较大范围的放电现象，并沿着断裂缝隙通向大气层，在低空引起大气电离和发光现象。

加利福尼亚大学物理学家弗里德曼·弗罗因德则认为：地震前，地面的岩石受到过大的压力，致使岩石发生电离，一些电荷就会达到岩石表面，聚集在一起，产生奇怪的发光现象。还有人认为：地震时地面上的空气在一些因素的作用下放电了，产生发光现象。

然而，不是所有地震都出现地光，同样，地光出现不一定就会发生地震。在我国广西壮族自治区隆安县附近有座小山，从20世纪80年代中期开始，这里每年冬季山上就会出现环状的光芒，然而人一走到山脚下它就不见了。看来，地光产生的原因相当复杂，不能一概而论。

诡异的"冬热夏冷"之地

众所周知，冬天冷、夏天热，但是，你是否听说过冬天热、夏天冷的地方呢？在我国辽宁省东部的桓仁满族自治县，就有这样一个神奇的地方。

在19世纪末的一个夏天，桓仁满族自治县沙尖子镇的农民任洪福在堆砌房子北边的护坡时，偶然注意到，被扒开的表土的岩石空隙里不断地冒出阵阵寒气，他感到非常惊讶。当时，任洪福就在冒气强烈的这段护坡底角，用石块垒成了长宽各约半米、深不到1米的小洞。

盛夏时节，外面烈日炎炎，这个小洞中却如同寒冬。如果在洞口放上鸡蛋，没过多久鸡蛋就会被冻破壳；如果在洞内放上1杯热水，不到1个小时，这杯热水就会变成冰块。每当夏季下雨的时候，雨水流入洞内的石缝中，就会冻成一根根水柱。人站在洞口六七米外，只需一两分钟就会冻得全身发抖。如此寒冷的夏季冰洞，让人不得不称奇。

据说，1946年的一个夏天，一名国民党军官曾将大汗淋漓的战马拴在洞口附近的树桩上。第二天早晨，当这名军官再去牵马的时候，这匹马已经冻倒在地上，不能动弹了。

后来，经测量，夏季小洞内的平均温度仅-2℃，而石缝的温度只有-15℃。这个小洞的离奇之处，不仅在于夏天寒冷无比，而且在于冬天温暖如春。

立秋以后，小洞外部的地温不断降低，而内部的地温反而由冷趋暖。到了严冬腊月，野外冰封雪冻、寒风凛冽，各种草木都纷纷枯萎、凋零。但在小洞里，却是热气腾腾、温暖如春。而且，小洞附近也有如小洞一样暖和的地方。在任家附近

在冰天雪地的寒冬之季，有的角落竟炎热似火。

的山岗上，凡是冒气的地方，整个冬春始终存不住冰雪。

无独有偶，在河南省林州市石板岩乡西北部的太行山半山腰上，有一个海拔1500米，被称为"冰脊背"的地方，也是"冬热夏冷"之地。在这里，阳春三月开始结冰，冰期长达5个月。到了寒冬腊月，这里热气如蒸，从乱石下溢出的泉水温暖宜人，小溪两岸的奇花异草嫩绿鲜艳。

一般来说，冬冷夏热是季节变换的普遍规律。而像桓仁满族自治县沙尖子镇和河南省林州市石板岩乡这样冷热颠倒的地方却打破了这一规律。这到底是为什么呢？相关专家曾多次派人到这些"冬热夏冷"的地方进行实地考察，并就其成因开展学术讨论。

有人认为，这些地方地下可能有庞大的储气构造和特殊的保温层，能使地下储存大量的空气，使地下的温度变化比地面慢得多。冬季，冷空气不断进入储气构造，可以一直保温到夏季才慢慢放出来；而夏季进入的热空气又直至冬季才慢慢释放出来。也有人说，由于特殊的地质条件，这些地方的地下可能有一冷一热两条重叠的储气带。这两条重叠的储气带始终同时释放冷热气流。遇到寒冷季节时，冷气不为人发觉，而热气则容易察觉；遇到暑热季节时，热气不为人发觉，而冷气则变得明显。还有人猜测，大概这些地方地下的庞大储气带上有一些方向不同且会自动开闭的天然阀门，冬天呼进冷气，放出热气；夏天吸进热气，放出冷气。

至于答案究竟是什么，这还有待于专家的进一步研究。也许正因为这些"冬热夏冷"之地刚刚撩开神秘的面纱，还没有袒露深处的秘密，所以它们才更显神秘。

MYSTERIOUS
.....

6 惊悚的生物秘闻

在与我们人类息息相关的动植物世界里，也隐藏着无数动人的秘密，它们具有绝对的诱惑力，吸引着诸多科学家为之付出毕生的精力。例如，青蛙和蟾蜍为什么能存活上万年？蛇真的会信奉上帝吗？鲸鱼为什么要集体"自杀"？野蜂为什么会"吃"人？蝴蝶和蚂蚁为什么会互食？旅鼠自杀的动机何在？狗的神秘第六感究竟又是怎么回事……动植物的世界别有一番风景和乐趣，让我们一起去探索吧！

青蛙、蟾蜍长寿之谜

无论是人类还是动物都渴望长寿，然而生命是有限的。一般来说，人的生命极限为200到250年，狗可活15到20年，马可活30到40年，青蛙和蟾蜍的生命极限为10年。然而，令人匪夷所思的是，人类竟发现了活了上百万年的青蛙和蟾蜍。

1782年4月，在法国巴黎近郊，一位采石工人在开采石头。当他开采到地下4米深处的石灰岩层时，他劈开了一块巨大的石头，眼前的一幕让他惊呆了，他发现石头内藏着4只蟾蜍，竟然还活着。这4只蟾蜍并排在一起，每只蟾蜍占据一个窝坑，窝坑比蟾蜍稍大一点。石头被劈开后，这4只蟾蜍蹦了出来，看起来还很有活力。蟾蜍是怎么进到石头里的？它们怎么可能钻到石头中去呢？难道是在石灰岩层形成之初就被埋在地下了吗？采石工人觉得不可思议，就把这件事上报给当地政府。很快，科学家来到这里，对这里的石灰岩层进行了科学测定，证实它们形成于100多万年之前，也就是说蟾蜍在石层中已经冬眠100多万年了。

小小的蟾蜍能够挑战生命的极限，竟然能够存活100万年，这不禁让人唏嘘不已。然而，奇迹仍在上演。100多年以后，一只活了200万年的青蛙再一次震惊了世人。1946年7月，一位石油地质学家在美洲墨西哥的石油矿床里，发掘出一只冬眠的青蛙。这只青蛙被埋在地下2000米深的矿层内，被挖掘出来时皮肤柔软，富有光泽，能活动，经过两天后才死去。地质学家对这个矿层进行了科学测定，发现这个矿床是在200万年前形成的，而这只青蛙是在矿床形成的时期被埋在矿层内的。也就是说，它在矿层内已经生存了200多万年。

面对这样的生命奇迹，人们不禁要问：在如此漫长的时间内，这些蟾蜍和青蛙在没有食物、水和阳光的情况下，是怎么维持生命的呢？

有的科学家分析说，可能是这些动物在冬眠的时候地壳发生了变动，它们所在的淤泥变成了岩石。这些岩石虽然看起来很坚固，其实存在着不少的微小缝隙，所以水分和空气能够进入岩石中，它们便可以生存了。但是，动物要维系生命，还需要一定的热量，尽管蟾蜍或青蛙在冬眠时热量消耗非常低，但它们自身的热量，无论如何也无法维持数千年甚至数万年之久啊！

生存了200多万年的青蛙依然像普通青蛙一样有着柔软而富有光泽的皮肤，这不能不说是一个奇迹。

有的科学家解释说，蟾蜍和青蛙能经过上百万年仍有生命体征，得益于它们生存在一个保持"恒温"的状态下。封存它们的岩层或矿层就是这样一个恒温的状态。在这样一个状态下，它们不会受到任何外界的刺激，天气阴晴冷暖、四季交替对它们都没有什么影响。蟾蜍和青蛙实际上等于把生命贮藏起来，不进行新陈代谢，不消耗能量，所以能长期不吃东西而不死亡。

还有科学家认为，蟾蜍和青蛙长寿是因为其体内有一种甘油在起作用。美国的一位科学家就曾做过这样的实验：他先把几只快要冬眠的青蛙放到-6℃的环境中，一周之后，他给青蛙慢慢地提高温度解冻，并检查青蛙的肌肉成分，结果发现它们的肌肉中多了一种甘油。于是他认为，蟾蜍和青蛙在冬眠时，由于体内形成了一种甘油，所以才能长久不死。

另有一些科学家认为，上述解释都还不够充分。迄今为止，对于蟾蜍和青蛙如何长久维持生命的问题，科学家们还没有形成一致的结论。但随着生物科学的迅速发展，相信这个谜团最终会被解开，这可能还会对研究人类长寿问题有启迪和借鉴作用呢。

"信奉上帝"的虔诚怪蛇

在希腊西部西法罗尼亚小岛上有个小村庄，村民们谦和淳朴，过着与世无争的生活。除了希腊那些传统节日外，对这个村庄的村民来说，还有一个日子非常重要，那就是每年的8月6日。每到这一天，全体村民会集体出动，聚集在教堂附近的一块大岩石前，等待一个奇迹的出现。

他们到底在等待什么呢？且来看看下面的故事吧。这一年的8月6日，天气炎热，空中连一丝风也没有，可老老小小的村民仍早早地等候在岩石旁。四周一片寂静，没有一个人说话。

忽然，人群中出现一阵骚乱，有人喊着："快看，有蛇出来了！"听了这话，一位老者把自己的孙子放在肩膀上，以便让孩子看得清楚些。

"爷爷，我看到了！"孩子的眼睛瞪得大大的，呼吸变得急促起来，"蛇！毒蛇！好多好多的毒蛇！爷爷，怕！我们快跑吧！"孩子的声音里带了哭腔。

老者也随着孩子的目光看过去，只见数以千计黑白相间的毒蛇从悬崖峭壁和山林洞穴里爬出来，爬向教堂。它们的身体彼此纠缠，快速扭动，两眼闪着寒光，嘴里吐着芯子，发出"咝咝"的响声，让人不寒而栗。为了转移孩子的注意力，老者假装发现新大陆似的对孩子说："你看那些毒蛇，头上都顶着十字架呢。"

　　孩子揉了揉泪眼，壮着胆子仔细辨认着，果然那些蛇的头部都有一个"十"字形花纹。这下，小家伙的兴致来了！他脸上还挂着泪，却笑着问："真的啊！爷爷，爷爷，这毒蛇是教徒吗？它们头上的十字架是谁给打上去的呢？"

　　老者慈祥地笑着，然后讲起了一个古老的故事："很久很久以前，我们的西法罗尼亚岛美丽富饶，这里的人们过着丰衣足食的生活。有一天，一群海盗洗劫了我们的小岛，还把岛上的24名修女给捉走了。善良的圣母得知这个消息后，就把这些修女变成了毒蛇。满载而归的强盗们看到自己掳回的都是毒蛇，

100多年来，每年的8月6日到15日期间，希腊西法罗尼亚岛上总会有数以千计的毒蛇前往教堂"朝圣"。

都吓得四散逃跑了。这样，修女们才摆脱了被玷污的命运。可后来，毒蛇再也没有变回人。不过，它们仍然深深地感谢圣母。为了报恩，它们就在每年的8月6日到15日，去教堂朝拜感恩。从那时候起，它们的头顶上就有了十字架的标记。"

　　孩子有些迷惑了，他闪着亮晶晶的大眼睛，又问："爷爷，那你说，这些蛇是那些修女变成的吗？"

　　"当然是啦！不然，它们的头上怎么会有十字架呢？而且，毒蛇是很凶的，凡是被它们咬上一口的人，几乎都会丧命。可每年到了这几天，它们就会对人格外温驯，甚至能与我们人类和睦相处。还有，8月6日是我们纪念上帝的日子，8月15日是我们纪念圣母的日子。这些毒蛇每年8月6日准时出来，一直到15日才会回去。这说明它们和我们一样，都是来朝圣的。而且，它们这个习惯已经保持了120年了。"老者十分肯定地说。

　　这时，一个小伙子笑着说："老人家，您说的是传说，没有科学根据。我查阅过相关资料，有人说，这和地理环境有很大的关系。"

　　老人和小伙子的争论引起了人们的兴趣，于是人们七嘴八舌，纷纷发表了自己对毒蛇"朝圣"的看法。有的说："现在是8月，气温很高，毒蛇耐不住高温，所以跑到教堂乘凉了。"有的说："可能是教堂有某种毒蛇喜欢的气味，蛇闻到了这种气味，才会集体出来的。"还有的说："8月正好是毒蛇的繁殖期，它们是到教堂进行交配的。"

　　…………

其实，关于西法罗尼亚小岛上毒蛇"朝圣"的事件，除了村民在揣摩其原因以外，科学家与生物学家们也在孜孜不倦地研究其中的奥秘，相信用不了多久，毒蛇"朝圣"之谜就会水落石出！

深海巨蟒惊魂记

浩瀚的大海总给人们留下深不可测的印象，一直以来，有关深海巨蟒的传闻加深了我们对它的恐惧。在无边的孤海上与巨蟒搏斗，那会是怎样一种惊心动魄的体验？

1851年1月13日早上，美国捕鲸船"莫伊伽海拉"号正在南太平洋马克萨斯群岛附近海面航行。船员们有的在操作室里工作，有的在甲板上观察海面上的情况。

"天啊，那是什么？"一个站在桅杆上瞭望的船员忽然惊叫道，"不像是鲸鱼，我从来没有见过这样的怪物。"

其他船员也闻讯赶来了，其中包括船长西巴里。西巴里拿着望远镜朝怪物那边望去，它看起来像是一条巨蟒，头扁平，尾巴尖，背部是黑色的，腹部呈暗褐色，身体中央有一条细细的白色花纹。这条巨蟒犹如一条大船，身长数十米，颈部直径将近6米，身体最粗的部分直径估计有10米左右，如此一个庞然大物，西巴里也是第一次见到。船员们看到这条巨蟒，不由得紧张起来，他们担心这条巨蟒会攻击"莫伊伽海拉"号。

眼见这条巨蟒离"莫伊伽海拉"号越来越近，船员们越发紧张和恐惧。"与其被动地受巨蟒的攻击，不如先干掉它！"西巴里想到这里，急忙下令船员拿上长矛，乘坐3艘小艇，朝着巨蟒疾驰而去。当小艇摇摇晃晃地接近巨蟒的时候，西巴里大叫一声："快用长矛刺它，把它刺死！"他的话音刚落，一场海上人蟒大战就拉开了序幕。几艘小艇上的船员一起奋力举矛向巨蟒刺去。顿时，血水四溅。受到突然袭击的巨蟒在大海中不停地翻滚，激起了一阵阵冲天巨浪。受惊的巨蟒也开始向小艇撞去，小艇的驾驶员小心地躲避着巨蟒的撞击，有几次差点被撞翻。幸好这些船员都有捕鲸的经验，在几番殊死搏斗下，巨蟒的动作越来越缓慢，最后尸体漂浮在了海上。

西巴里和他的船员们与巨蟒生死搏斗的故事，使人们开始思索一个问题：世界上真的有海洋巨蟒吗？其实，不仅在太平洋海域，在非洲附近的海上也有人遇到过巨蟒。

1817年，索罗门·阿连船长在美国马萨诸塞州格洛斯特港的海面上，也曾目

近百年来，有一个问题一直困扰着海洋生物学家：海洋中到底有没有水怪？许多专家对此都抱怀疑态度。可是，人类与海洋怪物的搏斗却一次又一次地上演。

击了海洋里的巨蟒。据这位船长回忆，当时，有一条像巨蟒似的怪物在离港口30米左右的地方游弋。这条巨蟒长约40米，身体粗得像一个大啤酒桶，它的整个身子呈暗褐色，头部形状像响尾蛇。发现这条巨蟒后，阿连船长既紧张又兴奋，他一直观察着这条巨蟒的行动。只见它在水面缓慢地游动着，一会儿绕圈游，一会儿直游；一会儿笔直地钻进海底，可过了一会儿，它又从约180米远的海面上出现，然后又消失了。

后来，船上的玛休·伽夫涅、达尼埃尔·伽夫涅兄弟和奥嘎斯金·维巴一同乘坐一艘小艇到海面上钓鱼。这时，他们又看到了这条巨蟒。"快打死他！"达尼埃尔叫道。于是，玛休立即向这条巨蟒开了枪，当时，他们距离这条巨蟒大约20米左右。玛休的枪法很好，他肯定自己已经射中巨蟒的头部。可是，这条巨蟒好像丝毫没有受伤，仍然保持同样的速度向玛休这边游来，玛休等人顿时倒抽了一口凉气。幸运的是，巨蟒并没有攻击他们，它一靠近他们的小艇，就像一块岩石似的沉了下去。他们逃过了一劫。

阿连船长的叙述似乎再一次证明，海洋巨蟒很有可能存在。而且类似的记录还有很多。1875年，一艘英国货船在洛克海角发现巨蟒。据货船的船员们说，他们当时还与这条巨蟒进行了长时间的搏斗。1910年，在洛答里海角，一艘英国拖网船在海上发现巨蟒，这条巨蟒抬起镰刀状的头部，向这艘船展开攻击，幸好没有人员伤亡。

由此推测，也许深海中真的有这样的巨蟒存在。但是，遗憾的是，迄今为止，还没有捕获深海巨蟒的记录。几十年前，摩纳哥国王为了捕获海洋巨蟒，还建造了一艘特别的探险船。船上装备了直径5厘米、长达数千米的钢缆和能吊起一吨重物体的巨大吊钩，船上还载有12头猪作为诱饵。可惜的是，这艘探险船无功而返。所以，人类对于海洋巨蟒的来历、习性以及它们属于什么物种等问题仍然一无所知。而对于在海洋上航行的船员来说，他们可能更不愿意见到这些巨蟒，因为他们担心，有朝一日，自己会和它来一场生死搏斗。

会爆炸的"魔鬼鲨"

加布林鲨鱼是一种噬人鲨，因为它生活在海洋深处，性情凶猛，所以，又被称为"魔鬼鲨"。"魔鬼鲨"不仅长相可怕，脾气也很暴躁，传说当它被人捕捞而无法挣脱时，就会用爆炸的方式结束自己的生命。鱼真的会爆炸吗？这听起来简直不可思议，但美国海洋协会的会员约翰逊却声称曾亲眼目睹过这样的场面。

那是2004年4月的一天，约翰逊和他的同事吉拉在进行一次海洋考察。突然，他们遇到了一大一小两条奇怪的鲨鱼。这两条鲨鱼样子丑陋，相貌凶恶，小小的眼睛里闪着冷峻无情的光芒。短剑一样的鼻子向外突出，看上去让人不寒而栗。更可怕的是它们的牙齿像钉子一样根根直立，寒光凛凛。它们所到之处，鱼群四散逃离。

"天啊，这是什么鱼啊？样子真可怕！连鱼皮都闪着金属一样的光泽！"吉拉倒抽一口冷气，感叹着说。

约翰逊朝鲨鱼的位置看过去，不由得激动起来："天啊，这就是加布林鲨鱼！这种鲨鱼稀有而珍贵，据说直到现在还没有人捕捉到一条活着的标本。看来，今天对我们来说是个机会，捉到它们，对我们以后的研究会有很大帮助。"

"还等什么？跟上它们！"吉拉听到这里，不等约翰逊说完，就大声地喊着，样子比约翰逊还要兴奋。于是，约翰逊叫驾驶员打开能够让鱼安静的磁力装置，并令潜水艇悄悄跟着这两条鲨鱼，耐心等待捕捉的时机。

磁场很快发挥作用，刚才还凶恶异常、充满警惕的鲨鱼，不一会儿就变得毫无戒备，在饱餐之后快乐地玩耍起来。约翰逊见时机已到，命令将网放下去，整个罩在两条鲨鱼的头顶。看到渔网铺天盖地而来，大鲨鱼迅速逃跑了，只留下还没反应过来的小鲨鱼被捕到网里。小鲨鱼在网里声嘶力竭地挣扎着，叫声凄惨，仿佛在向大鲨鱼求救，也仿佛在对人类进行控诉。

就在人们满心激动，盼望着早一点把鲨鱼打捞上来的时候，潜水艇忽然猛烈摇晃起来，像是遭到了袭击。驾驶员大声说："不好了，那条大鲨鱼回来了！它在拼命撕咬着渔网！看样子，它想救小鲨鱼出去。"

人们朝水里望去，都被那情景震撼住了。只见那条大鲨鱼疯狂地撕咬着渔网，网上的倒刺都把它的嘴划破了，但它还在坚持着。它每张一次嘴，便有血水翻飞。网里的小鲨鱼也好像明白了大鲨鱼的心思，和大鲨鱼一起撕咬起来，很快，海水被一缕缕鲜血染红了！

好在潜水艇一直在上升，只要到达海面，这次捕捉行动就成功了！大鲨鱼好像忽然明白了这一点，它绝望了，猛地朝小鲨鱼冲去，然后张开血盆大口咬向了小鲨鱼！还在等待援救的小鲨鱼还不知道是怎么回事，尾巴上已被咬掉一块，鲜血喷涌而出，很快染红了海水。人们无法阻止大鲨鱼的行动，只有睁大眼睛，攥紧拳头，紧张地观看着这一切。

大鲨鱼像是疯了一样，不停地咬着小鲨鱼，那样子，像是对待自己不共戴天的仇人！很快，小鲨鱼体无完肤，躺在被红色海水包围的渔网里！

大鲨鱼围着渔网来回转了几圈，忽然发出一串叫声，声音悲愤凄凉。

船上有人悄悄抹起了眼泪："太可怜了，它们一定是母子，否则大鲨鱼不会这么难过。"

人群中出现短暂的沉默。

忽然，有人大喊："快看，那条大鲨鱼！"人们闻言向大鲨鱼望去，只见大鲨鱼的两只小眼睛，不知道什么时候朝外鼓了出来，看上去更加凶残可怕。它整个身子像是被怒气盛满了，剧烈膨胀！可能是因为膨胀把皮肤撑薄了，它身上的血管都清晰可见。

"天啊，它要干什么？"

只听"嘭"的一声巨响，人们还没来得及喊出声，就看到海水里大块大块的碎肉随着水势上下翻飞，潜水艇的外面，成了红色的海洋！

"天啊！那大鲨鱼，自杀了！"约翰逊失落地说。

人群中一片寂静，没有人能形容出自己当时的心情。约翰逊没有办法，只好命人打捞了一些碎片，之后，一行人黯然归来。

据说，约翰逊至今仍保留着那些碎片。他到现在都不明白，明明是一条活着的鲨鱼，为什么爆炸后尸体的碎片会像摔坏的瓷器呢？断口处参差不齐，接到一起，还不差分毫。尽管有很多疑问，但约翰逊说，以后再也不会妄想捕捉加布林鲨鱼了，因为害怕它们会再次爆炸！

这个故事一传出，很多人纷纷质疑，认为鲨鱼爆炸纯粹是子虚乌有的事。而事情仅有约翰逊等人的描述，也确实难以说得清。所以，加布林鲨鱼是否真的会爆炸，它又是凭借什么把自己炸成碎片的？目前为止，还没人能给出科学的解释。也许，大千世界中，还有很多这样奇怪的现象等着我们去探索呢。

巨鲸为何"轻生"

塔斯马尼亚岛位于澳大利亚的南端，这里风景优美，气候宜人，是著名的旅游胜地。不过，这个小岛却有个"鲸鱼墓地"的恶名。原来，该岛的海滩上几乎每年都会发生大批鲸鱼搁浅死亡的事件。据不完全统计，在过去的80年间，共有300余起鲸鱼"集体自杀"事件在这里发生。

2003年，在小岛西南侧一片偏僻的海滩上，9头抹香鲸、110头座头鲸和20头海豚在这里搁浅死亡。

2004年11月末的一天，在短短的24小时之内，澳大利亚和新西兰相继发生了3起共210多头鲸鱼和海豚冲上海滩搁浅死亡的事件，而其中有2起发生在塔斯马尼亚岛！

2004年的11月28日是一个星期天，傍晚时分的海滩格外凉爽，人们三三两两地来到海边的沙滩上散步，享受着惬意的海风。

突然，有几个人惊讶地发现，前方的海滩上横七竖八地躺着很多鲸鱼和海豚，它们正在沙滩上惊恐地挣扎着。这几个人都是当地居民，他们看到鲸鱼和海豚痛苦地摔打着尾鳍，立刻打电话通知了当地渔政部门。

没过多久，几十个救援人员和一些警察就匆匆赶来了。他们立刻动用挖土机，开始从搁浅的鲸鱼和海豚身边挖一条通向海洋的深沟，好把这些鲸鱼、海豚引回大海。不一会儿，很多当地的热心居民也赶来了，大家一起动手，很快把那些体型较小的幼鲸和海豚费力地推到了海里。而那些搁浅的成年鲸鱼体型庞大，平均体重达几吨，人们用了20多个小时，才把其中一小部分推回深水。不幸的是，还有整整98头鲸鱼和海豚因长时间缺水断氧而死去了。看着海滩上大大小小的黑色尸体，在场的人无不感到痛心。

没想到，两天之后，悲剧再次在小岛上演了。11月30日一早，塔斯马尼亚岛的东南部又传来了大量鲸鱼搁浅死亡的消息。那惨痛的一幕牵动了无数人的心，也激发了人们强烈的好奇心，鲸鱼为什么会游到海滩上来呢？按理说，轻生之举似乎应该与动物无关，因为动物从来都是由于外因或衰老而死的，可这些鲸鱼的行为看起来却像是自寻死亡的。这到底是怎么回事呢？

其实，有关鲸鱼集体搁浅死亡的事件，在世界其他海域也曾屡次出现过。早在1784年，法国奥捷连恩湾的海岸就发生过这样的悲剧。当年3月13日，正在奥捷连恩湾海滩上的人们惊讶地发现，一群抹香

在世界的某些海滩上，有时会发生这样的事情：数十头大鲸主动跃上海岸，搁浅在那里，直至死去。

鲸随着上涨的潮水奋力游上了海滩，而退潮时，它们却没有随着潮水回到海里，而是固执地留在海滩上，痛苦地挣扎了几十分钟。它们痛苦的哀号声传到了几千米之外，闻讯赶来的人们无不为之动容。可悲的是，当时人们还没有援救鲸鱼返回大海的意识，结果眼睁睁地看着32头抹香鲸死在了沙滩上。

1946年10月的一天，在阿根廷马德普拉塔城的海滨浴场，也发生了一场惊天悲剧——800多头虎鲸随上涨的潮水奋力冲上了海滩，结果全部搁浅死亡。

1970年1月11日，美国佛罗里达州的一处海滩也成了鲸鱼葬身的墓场。当时，海岸警备队的工作人员正在海上巡逻，他们突然发现约有250头逆戟鲸游入了浅水中。涨潮时，其中的150多头逆戟鲸不顾一切地冲上了海滩，并且不肯再回到海里。队员们见势不妙，赶紧组织了数百名志愿者分批行动，有的人跳进冰冷的海水中去阻止那些仍在浅水区徘徊的鲸鱼冲上岸，可有些鲸鱼还是在拼命朝岸上游。有的人用消防水管不断给搁浅的鲸鱼喷水，想延缓它们的死亡。有的人则开来起重机，试图把鲸鱼拖回大海，不料鲸鱼太重，反而拖翻了起重机。最后那些搁浅的鲸鱼只能痛苦地死去了。

看到这里，我们已经不难知道答案了：大量鲸鱼疯狂地冲上海滩并非误入歧途，而好像真的是集体自杀行为。因为每每人们设法阻挡它们冲上海滩或是试图将它们拖回大海时，所做的努力往往都是徒劳的，鲸鱼还会重新冲上沙滩，人们只能眼睁睁地看着它们死去。

那么，鲸鱼为什么会这么做呢？它们到底有什么"苦衷"，非要一死了之呢？各国科学家通过大量的考察和研究，提出了种种推断。

一些海洋生物学家经过研究发现，个别搁浅鲸鱼的尸体上有被撕咬的痕迹。于是他们据此认为，这些鲸鱼可能是因为被凶猛的鲨鱼追杀，所以才被迫搁浅的。而鲸鱼是恋群动物，领航鲸具有强大的群体凝聚力，这有助于它们在大海里集体行动。但这也意味着如果其中的一头遇上麻烦，其他的鲸鱼也不能幸免。

不过，很多科学家都不赞同这一观点，他们认为鲸鱼自杀与其体内的回声定位系统有关。鲸鱼的视力极度退化，但它们能发射出频率范围极广的超声波，这种超声波遇到障碍物即反射回来，形成回声。鲸鱼就根据这种超声波的往返时间来准确地导航、测物和捕食。而如果鲸鱼出现内脏不适、有寄生虫，或者其回声定位系统本身的某些原因，都可能使回声定位系统出现故障，让鲸鱼迷失方向、四处乱跑。其理论依据是：他们在解剖自杀鲸鱼尸体时，发现它们的耳朵中都有一种身长仅2.5厘米、生活于污染海水中的小虫。

也有科学家认为，军舰声呐装置和回声探测仪所发生的声波及水下爆炸的噪音会使鲸鱼的回声定位系统发生紊乱，这是导致鲸鱼搁浅致死的主要原因。因为几年前，美国海军在巴拿马岛的深海中使用了大型的声呐设备，而随后，一些鲸鱼、海豚纷纷在附近的海滩搁浅死亡。

还有科学家认为，日益严重的海洋污染是导致鲸鱼搁浅的原因，因为被污染的海水含有大量有害的化学物质，会扰乱鲸鱼的神经系统，导致它们搁浅死亡。

看来，各种说法都有一定道理，但孰是孰非尚无定论。但愿科学家们能早日揭开这个谜团，让鲸鱼搁浅丧生的悲剧不再重演。

直击"野蜂吃人案"

19世纪末的一天，太阳无情地烘烤着泰国大地，空气里布满了灼热的气息。一支探险队一边咒骂着天气，一边摇摇晃晃地赶路。

"不行了，我要被热死了。"一个皮肤黝黑的探险队员用帽子扇着风，喘着粗气说。

"先歇息一下吧。"队长看着已经累得东倒西歪的队员们说道。

于是，大家坐到一棵大树下，准备吃点东西补充一下能量。就在这时，一阵嗡嗡的声音传来，还夹杂着女孩子的惊恐痛苦的叫声。

"怎么回事？"大家举头四顾，却看不到一个人影，只看到一大群野蜂扇动着翅膀朝不远处的草地飞去。而女孩的叫声就是从草丛里发出来的。

"快去看看。"队长说完，便率先朝草丛跑去，其他人尾随而至。可接下来，他们却被看到的情景吓呆了：只见一群野蜂黑压压地挤在一个女孩身上，说她是女孩，完全是通过声音判断的。因为从外形上看，那个人只是一个在草丛中不断翻滚的黑球。她不断挣扎着，翻滚着，尖叫着，可野蜂仍然成群结队源源不断地从四面八方飞来，残暴地啃噬着小女孩的肉。

"还愣着干什么？快帮忙！"队长一面说，一面脱掉外衣，朝野蜂用力挥舞着。头顶的野蜂因为受到了阻挠，愤怒地朝探险队员们飞来。大家很快也被黑蜂包围了。而女孩身上的那些野蜂，仍然歇斯底里地啃噬着女孩。不久，女孩就停止了挣扎，成了野蜂的腹中之物。

野蜂也像蜜蜂一样，密密麻麻地聚在一起，过着集体生活。如果有大规模的野蜂群经过天空，甚至能把阳光遮住。

探险队员们拼命地挥舞衣服，然而，刚刚享受完美餐的野蜂并没有就此罢休，它们迅速离开女孩的尸骨朝他们飞来！

看着一群一群的野蜂前赴后继，有的队员因为恐惧，拔腿就跑！可那些野蜂哪里肯给他们逃跑的机会，它们在后面扇动翅膀，紧紧跟随。在这种危急的情况下，队长让大家拣起地上的大树枝，用力挥舞起来。野蜂被树枝扫到地上，队员们迅速把它们踩死。就这样，一拨拨的野蜂被打落在地。终于，野蜂的士气减弱了，心不甘情不愿地退兵了！地上，黑压压的一片，全是野蜂的尸体！

"天啊，我是不是在做噩梦？"一位浑身酸软的队员抹着头上的汗水，心有余悸地说。

"是啊！我也不敢相信这是真的！太可怕了！这些野蜂竟然吃人！从没听说过有这样的事情！"另一个队员也说。

而队长则一言不发地注视着地上那层厚厚的野蜂尸体，若有所思。

过了一会儿，队长说道："通常，蜂类以植物为食，怎么这里的野蜂竟然吃人呢？而且速度还这样快！"队长边说，边用两根手指捏起一只野蜂，认真观察起来。只见这只蜂的个头是普通蜜蜂的10~15倍，嘴是一根又粗又硬的黑色"针管"，可能野蜂就是用它来吸食人肉的。在这根"针管"的旁边还有几排小牙齿，可以用来咀嚼。而野蜂那个鼓鼓囊囊的大肚子，似乎永远填不饱。

其他几个队员也随着队长仔细看了起来，有人小声嘀咕着："难怪啊，看它们长得这样子，真的好凶啊！一看就是对血腥物质非常敏感的家伙。"

可是，这些野蜂为什么要吃人呢？难道人肉会带给它们必需的能量吗？这又是一种什么蜂呢？事后，虽然有人研究了此事，但没有得出明确的答案。"野蜂吃人案"成为一个不解的谜题。

蝶、蚁互食为哪般

中国的兵法讲究"以退为进"、"欲擒故纵"的战术，殊不知这样的法则在动物界中也适用。生活在欧石南树上的棕纹蓝眼斑蝶就

蝴蝶看起来美丽纤弱，却是自然界的一位用计高手。

深谙此道，让我们一起来看看它们是怎样施展自己的战术的吧。

20世纪末的一天，天气非常炎热，树木全都被太阳烤得无精打采地耷拉着叶子。这时，一位美国动物学家来到荒凉的野外，他不时揩着额头上的汗水，四下张望。忽然，他的目光被一条胖嘟嘟的毛虫吸引住了，这条毛虫弓着身子，一点一点地向前蠕动，居然进了一条蚁道。动物学家很好奇，悄悄地跟在毛虫后面，蹲着身子观察。

通过仔细地辨认，他确定眼前的这条毛虫是棕纹蓝眼斑蝶的幼虫。这时，正巧有一只蚂蚁从对面爬过来，当两者擦身而过的时候，蚂蚁用尖尖的触须在毛虫身上轻轻地刺了一下，毛虫立即缩成一团，不再动弹。谁知道，蚂蚁并不吃这一套，它爬到毛虫身上，大摇大摆地走来走去。走了一会儿，它又用触须刺进毛虫的腹部。这一刺，蚂蚁看起来好像有点喜出望外，赶紧向附近的同伴发出信号。不一会儿，一大群工蚁浩浩荡荡地向这里开来，最后，它们齐心协力地将这只毛虫拖进了蚁穴。

"可惜这只毛虫还没来得及蜕变，就成了蚂蚁的腹中之物了。"动物学家见此情景，不禁感叹道。等蚂蚁进洞以后，他在蚁穴处做了一个标记，以便下次观察时好找。

过了一段时间之后，动物学家循着自己做的标记，再次光临这个蚁穴。突然，一只蝴蝶从蚁穴里飞了出来，忽闪着翅膀掠过他的眼前。"棕纹蓝眼斑蝶！"动物学家一看到它身上的花纹，就认出来了。可是，他转念一想："蚂蚁洞里怎么会飞出蝴蝶呢？难道就是那只棕纹蓝眼斑蝶幼虫蜕变的？它不是死了吗？"为了一探究竟，动物学家掘开了蚁穴。让他奇怪的是，蚁穴里除了众多蚂蚁外，既没有蚁卵，也没有幼蚁。

之后，这位动物学家查阅了大量的资料，并采集了众多棕纹蓝眼斑蝶幼虫的标本。经过一番研究，他才发现，原来蚂蚁的幼虫是棕纹蓝眼斑蝶幼虫所需要的食物，而棕纹蓝眼斑蝶幼虫肚子里则有一种令蚂蚁们陶醉的甜汁。因此，棕纹蓝眼斑蝶幼虫便采取了欲擒故纵的策略，故意让蚂蚁们把自己拖进蚁穴，以便随意食用蚂蚁幼虫；而雄蚁和蚁后则靠食用棕纹蓝眼斑蝶幼虫身上的甜汁来强身健体，为此，蚂蚁们才不惜引"狼"入室。这真是生物界的一大奇观。

然而，为什么棕纹蓝眼斑蝶幼虫知道蚁穴里有自己成长所需要的食物呢？它们又为什么一出生就会对蚂蚁使用欲擒故纵的手段呢？这些问题确实耐人寻味。

蝴蝶"吃人"事件

在自然界中，人们对五颜六色的蝴蝶往往非常喜爱，我们经常可以看到孩子们在草丛中与蝴蝶嬉戏。所以，在人们的印象中，蝴蝶是无害的。然而，在巴西山区，传说有一种能"吃人"的蝴蝶，被这种蝴蝶攻击的人往往当场死亡。

1966年7月28日，在巴西北部山区的一个丛林附近，一群孩子拿着捕蝶网，正兴高采烈地捕捉着头顶上飞来飞去的黄色大蝴蝶。这些蝴蝶比一般的蝴蝶大很多，甚至比人的手掌还要大。这些孩子被迷人的蝴蝶吸引住了，跟着它们到处跑。不知不觉间，一个叫马琳达的女孩跟其他孩子走散，独自跑进了丛林中。后来，其他孩子突然听到马琳达的呼救声，他们循声去找马琳达，可是在他们找到马琳达之前，他们已经听不到她的声音了。天色已晚，孩子们只好跑回家，把事情告诉给了他们的父母。

大人们立即出发寻找马琳达，直到第二天早晨，他们才在一棵大树下找到了马琳达的尸体。只见可怜的马琳达遍体鳞伤，身体肿得很厉害，全身呈紫色。医生根据马琳达的验尸报告以及尸体周围的环境推测，她很可能是被一种飞行的昆虫咬死的，而且这些飞行的昆虫很可能是成群的。由于当地一直流传着山区蝴蝶咬人的说法，所以医生猜测，马琳达很可能是被这种蝴蝶咬死的。医生还因此推测了当时的情景：马琳达玩得正起劲的时候，不知从什么地方，飞来了好几百只蝴蝶，这些蝴蝶朝着马琳达猛扑过来，马琳达被这些蝴蝶吓坏了，她一边大声呼救，一边用力地挥着自己的捕碟网，希望能够赶走这些凶猛的蝴蝶。但是，她的反抗似乎起不到任何作用，不一会，这些蝴蝶就把她整个包了起来，马琳达就这样死了。

从此以后，这些孩子们再也不敢在这个丛林附近玩耍了。

几年后，类似的事件再次发生。一天，一支由10人组成的科学考察队从巴黎出发，来到了巴西北部的一个偏僻山区。他们此行的目的，就是为了了解山区里动物的习性。开始几天，考察工作一直进行得比较顺利。

但是，在一个雨过天晴的下午，意外发生了。当考察队员在山区穿行时，一个叫哈尔德的队员掉了队。到了吃晚饭的时间，队员们发现哈尔德还没有回到营地，他们感到非常奇怪，于是开始分头去找。没过多久，考察队员在一个草丛里找到了哈尔德的尸体，只见他的尸体周围到处是颜色艳丽的蝴蝶。这些蝴蝶有的停在哈尔德的尸体上，有的绕着哈尔德的尸体来回地飞。他们连忙用树枝赶走了这些蝴蝶，并把哈尔德的尸体抬到了当地医院。经过医生的检查以及考察队员对现场的描述，警方判断，哈尔德很可能是被这些蝴蝶咬死的。

蝴蝶真的会咬人吗？小小的蝴蝶是怎么咬人的呢？为了进一步研究蝴蝶咬人的秘密。考察队员们捉住了几只蝴蝶，这些蝴蝶和在哈尔德尸体旁出现的蝴蝶长得很像。考察队员将它们和老鼠关在了一起。他们发现，当这些蝴蝶进攻老鼠的时候，会集体出动，把老鼠包围起来，然后啃咬这些老鼠。考察队员对这些死后的老鼠进行化验，结果发现，这些蝴蝶的唾液里含有一种剧毒物质，当它们咬了人或动物后，这种剧毒物质就进入人体或动物体内，先使其失去知觉，然后这些蝴蝶再啃食它们。准确地说，这些蝴蝶不是"咬人的蝴蝶"，而是"吃人的蝴蝶"。

考察队员经过几个月的观察，进一步证实了他们的实验判断。他们发现，这些蝴蝶以食肉为主。遇到兔子、山鼠这样的小动物时，它们就三五成群地蚕食这些小动物。遇到诸如牛羊这样的大动物时，它们则数以千计地联合起来，进行围攻叮咬，直到把对方叮死，然后一点点地分食。

据当地人介绍，在巴西山区，经常可以看到一些被蝴蝶袭击的动物尸体，这些尸体全身肿胀，有明显的中毒迹象，而且它们身上有许多伤痕，估计是蝴蝶啃食的痕迹。虽然在这里，蝴蝶袭击人的案例并不多见，而且这些蝴蝶还是以攻击动物为主。但是，为了以防万一，这一带的山民们进山的时候，都会穿上防护衣。

值得庆幸的是，这些蝴蝶只产自巴西的北部山区，在其他地方并没有发现。至于自然界为什么会出现这种"吃人的蝴蝶"，它们是自然生长的一种蝴蝶，还是蝴蝶的变种，我们目前还不得而知。

巨型怪鸟吃人谜案

提到马达加斯加岛，你可能会想到蜚声世界的电影《马达加斯加》，电影中把它想象成一个充满梦幻与神奇色彩的地方。事实上，马达加斯加岛不仅是影视作品中所描绘的奇异乐园，在现实中它还是一个上演传奇的地方，耸人听闻的怪鸟吃人事件就发生在这里。

马达加斯加岛位于非洲大陆的东南海面上，岛上繁衍着许多野生动物，巨型怪鸟就是其中最令人畏惧的动物之一。

1965年的一天，马达加斯加岛空军少尉米德驾驶着一架飞机执勤。突然，他发现飞机的左后方有一个物体在飞行，大小与飞机几乎相同，速度比飞机还要快。待这个飞行物体距离飞机越来越近时，米德少尉用眼角的余光扫了一眼，不禁大吃一惊，原来这个尾随而至的飞行物不是人造飞行器，而是一只巨型怪鸟！这只怪鸟全身血红，嘴扁平而且很长，颈部以及背部有一层厚厚的肉鳍，尾部则高高地翘起。米德少尉从来没有见过这么大的鸟类，一时惊愕得不知如何是好。过了一会儿，他才从惊恐状态中缓过神来，这时，怪鸟已经靠近了飞机的边缘。

"加速！升空！"米德少尉熟练地操纵着飞机，想摆脱怪鸟的追踪，然而这只怪鸟似乎对米德少尉的飞机很感兴趣，振动翅膀紧追不舍。它飞行时非常灵活，时而随着飞机急速升空，时而轻松地变换飞行方向，犹如在进行一场精彩绝伦的飞行特技表演。这样持续了半个小时左右，米德少尉还是无法摆脱怪鸟，他有些急躁和慌乱。就在这时，怪鸟突然加速，向飞机直扑而来。米德少尉来不及躲闪，飞机顿时被撞得支离破碎，坠入大海。怪鸟仅叫了一声，就飞远了。而米德少尉幸亏及时打开了逃生装置，才得以顺利脱险。

据说，就在此事发生之前，这里还发生过一起巨鸟伤人事件。当时，马达加斯加岛的渔民得尼和艾迪两个人驾船出海捕鱼。他们这次出海非常顺利，很快各种活蹦乱跳的鱼就装满了船只。得尼高兴地说："啊哈，这次我们收获颇丰，要是再能卖一个好价钱，就可以大挣一笔了。"艾迪也微笑着说："是啊，我们得开足马力，在鱼活着的时候卖出去，这样才能卖个好价钱。"两人一边说着，一边准备返航。

可是就在这时，远处的天空中传来一阵长啸声，一只全身血红色的怪鸟飞速向两个人冲了过来，瞬间就到了小船的上空。它的体型很大，把太阳都遮住了。"这是什么鸟？它要干什么？"得尼和艾迪毫不清楚对方的来历和目的，心一下子提到了嗓子眼。只见怪鸟微微向下斜探，用利爪轻轻一抓，便将得尼抓给走了。"救命啊！救命啊！"得尼凄惨的叫声从高空传来。艾迪眼睁睁地望着得尼被怪鸟掠走，却无能为力。几天以后，得尼惨不忍睹的尸体出现在海面上，内脏已被掏空了。

科学家们纷纷赶到马达加斯加岛进行调查，他们通过所搜集到的血红色羽毛，推断这种怪鸟可能是一种存活至今的古代生物。那么，它究竟是哪种古代生物呢？它是如何生活到现在的？它吃人吗？得尼被掏空的内脏是被它吃掉了吗？为什么与米德少尉相遇的那次事故中，它没有将坠机的米德少尉叼走吃掉呢？这一连串的疑问直到现在还困扰着科学家们。他们将继续进行调查，以了解这种神秘的巨型怪鸟究竟是什么动物。

每隔3～4年，旅鼠就会从四面八方聚集到一起，义无反顾地投向大海。

旅鼠集体自杀之谜

老鼠也会自杀，这听起来有点不可思议，但确确实实地发生过，而且还是成群的老鼠集体自杀。到底是怎么回事？我们一起来看看下面的故事吧。

1868年的一天，风和日丽，一艘轮船平稳地航行在挪威海海面上。当时正是用餐时间，人们一边享用着精美的食物，一边愉快地交谈着。

"这次旅行能够碰上这么好的天气，真是让人愉快。"

"可不是吗？海水看起来就像发光的蓝宝石，太美了。"

…………

突然，轮船剧烈地晃动了一下，然后就不动了，人们不由自主地往前倾，有的正端着酒杯啜饮，深红色的葡萄酒洒了出来；有的差点让手中的餐刀切到手；有的正在品尝香浓的奶酪，不想奶酪趁机捣乱，一股脑儿黏在了食客的身上……船上的物品也东倒西歪，一片狼藉。

"天啊，发生了什么事？"

"轮船是不是搁浅了？难道触礁了不成？"

人们一下子骚动起来，纷纷走出船舱检查情况。站在甲板上，人们被眼前的一幕惊呆了。原来这不是触礁，而是一片数以百万计、铺天盖地、黑压压蠕动着的旅鼠堵住了轮船的通路。只见前面的旅鼠抱在一起，像一座架起的浮桥，在海面翻滚、沉浮，密密层层宽达三四千米，后面的旅鼠则踏着同伴的血肉之躯继续前进。它们前仆后继，义无反顾，前面的旅鼠一旦葬身大海，后面的旅鼠就主动替补上，最后只有极少数幸存者能活着爬上不远处的小岛。轮船在旅鼠的重重包围下徐徐前行，足足有十五分钟才冲出这个旅鼠大军。如此惨烈悲壮的场面让人们唏嘘不已。据调查，几百年来，旅鼠几乎每隔三四年就会集体自杀一次。

旅鼠为什么会周期性地集体自杀呢？科学家们对此进行了大量的观察和研究，却仍然众说纷纭，莫衷一是。有人认为，旅鼠的集体自杀，可能与它们的高度繁殖能力有关。一只母旅鼠一年可生产6～7窝幼崽，新生的小旅鼠出生后30天便可交配，经过20天的妊娠期，即可生下一窝小旅鼠，每窝可生11～20只。据此速度，一只母鼠一年可生成千上万只后代。每隔三到四年，旅鼠就会发生数量"爆炸"，约为原种群的100～1000倍！这样就会使旅鼠的食物和活动空间极度短缺。为了解决这个问题，它们不得不集体迁徙，以便给后代留下足够的食物和空间。旅鼠之名就是因为它们过着"旅游"生活而得来的。在迁徙的过程中，它们慌不择路，遇崖便跳，逢海就投，因此就发生了集体自杀的现象。这种观点流传甚广，但是，旅鼠在迁移过程中即使遇到食物丰富、地域宽广的地区也决不停留，仅此一点，就可以将上述观点有力地驳倒。

另外一种观点则认为，由于种群数量骤增，导致旅鼠活动过度，它们东跑西颠，吱吱乱叫，打架闹事。结果，旅鼠的肾上腺增大，神经高度紧张，焦躁不安，而且运动的欲望十分强烈，于是它们便开始分散和迁移。在迁徙过程中，有些企图渡江过海，尽管它们善于游泳，但终因体力不支而被溺死。而那些能够侥幸游到岸边的旅鼠，因为需要适应新的环境和食物，生育能力随之下降，于是种群数量开始锐减。不过，此学说也有一定的缺陷，因为高密度的后果往往不会立即在当代出现，而是在下一代才受影响。

总之，对于旅鼠集体自杀的问题，有外部环境条件的影响，也有旅鼠自身生理、行为上的因素。面对如此复杂的问题，还需进行大量细致的研究，才能真正揭开旅鼠集体自杀之谜。

狗的神秘第六感

狗有时会表现出来一些让人们匪夷所思的行为，例如，它们有的会沿着从来没有走过的路线找到主人，有的能预感到主人将发病，有的能预知地震的发生。人们猜想，狗也许具有一种超常感，人们将这种超常感称为"第六感"。

1923年8月，美国一只牧羊犬博比在与主人外出度假时走失。为了寻找主人，博比开始了漫长的旅程，吃尽了苦头。1924年2月的一天，在长途跋涉了6个月之后，博比终于一瘸一拐地回到了它所熟悉的家。人们得知博比的经历后，都纷纷赞扬它的忠诚、勇敢、坚毅。但同时，科学家们也在思考着这样一个问题：博比在数千里外的地方是怎样找到回家的方向和路径的？因为据了解，当初它的主人是驾驶汽车带它外出度假的，而它的返程路线，却与主人开车所走的路线相距甚远，因此，说它是靠追踪主人的气味走上归途的话，似乎说不通。于是，科学家们相信，博比是靠着一种特殊的能力和感觉找到回家的路的。这种感觉绝不是人类已知的那些犬类的感觉。

美国有100多个驯狗中心，有些狗在经过基本的训练后，便可学到对癫痫病发作产生反应的预警技能。在主人的癫痫病发作前，这种狗会产生异常反应，或者不停地哀号、吠叫，或者突然跳到主人的腿上，做出推挤动作，向主人暗示。它们发出的这些警告，给病人带来了宝贵的时间，即使几分钟，也可以让癫痫病人找到一个安全的休息地方，甚至接受医疗照顾。

美国堪萨斯州的盖瑞夫人有一个患癫痫病的儿子杰克博。杰克博在一次癫痫病发作时摔得很重，撞掉了几颗牙。后来，盖瑞夫人把一只名叫"猎手"的狗送给了杰克博。"猎手"来了一个月后，他们发现这只狗常常去推盖瑞夫人或她的丈夫，有时甚至是硬去拽他们，把他们拉到杰克博身边。大约30分钟后，杰克博的病发作了。有了"猎手"的警告，他们就有了充足的准备，避免杰克博受伤。

此外，狗对地震可能也会有特殊的第六感，在地震发生之前，很多狗都会有异常的举动。2008年5月12日下午2点左右，四川省绵阳市平武县南坝镇杨凤平独自在家。突然，一向乖巧的哈巴狗"乖乖"狂吠不止，咬着杨凤平的裤脚拼命向外拉。当时杨凤平正在干活儿，所以没有理会它。于是"乖乖"松了口，急速跑出门去，又迅速跑进来。杨凤平心想："这只狗是不是疯了，能有什么急事？"

可是，"乖乖"就是停不下来，它不停地在门里门外跑，还时不时地咬杨凤平的裤脚往外拉。杨凤平被惹恼了，就驱赶小狗。"乖乖"跑到街上，杨凤平也跟着跑出屋子。刚到街上，杨凤平所住的5层楼房瞬间因地震垮塌，飞起的砖石把她的手臂砸伤了。烟尘中，她看到"乖乖"正摇着尾巴，老老实实地待在她的身旁。从那以后，杨凤平逢人就说："乖乖让我捡回了一条命。"

以上这些离奇的事件能否说明狗的"第六感"在起作用呢？这种"第六感"到底是怎么回事？它是如何起作用的呢？这些问题也正是当今许多科学家正在努力研究的课题。

狗究竟有没有能预知未来的第六感呢？

创世卓越　荣誉策划
Trust Joy Trust Quality

图书在版编目（CIP）数据

最不可思议的世界未解之谜／龚勋主编.—合肥：
安徽科学技术出版社，2013.3
　（勇敢者探秘系列）
　ISBN 978-7-5337-5947-6

Ⅰ.①最… Ⅱ.①龚… Ⅲ.①科学知识－青年读物②
科学知识－少年读物　Ⅳ.①Z228.2

中国版本图书馆CIP数据核字（2013）第044530号

勇 敢 者 探 秘 系 列

最不可思议的世界未解之谜

总 策 划	邢　涛	
主　编	龚　勋	
设计制作	北京创世卓越文化有限公司	
图片提供	全景视觉等	
出 版 人	黄和平	
责任编辑	余登兵	

出版发行	时代出版传媒股份有限公司
	http://www.press-mart.com
	安徽科学技术出版社
	http://www.ahstp.net

地　　址	合肥市政务文化新区翡翠路1118号
	出版传媒广场
邮　　编	230071
电　　话	（0551）63533330
经　　销	新华书店
印　　刷	北京楠萍印刷有限公司
开　　本	787×1092　1/16
印　　张	12
字　　数	200千
版　　次	2013年3月第1版
印　　次	2013年3月第1次印刷
书　　号	ISBN 978-7-5337-5947-6
定　　价	25.80元